Georg Naundorfer
Die Arglosen in Ägypten

AF223112

Ägypten ist nicht nur ein Tipp für Badeurlauber. Dieses Land bietet uns eine faszinierende Mischung aus arabischer Kultur, Vermarktung pharaonischer Geschichte, Anschlussversuchen an die technisch geprägte Zivilisation des Abendlandes und in unseren Augen noch romantischen Lebensbedingungen. Vor Europas Haustür liegend, ist es unserer Geschichte schon seit der Antike näher verbunden als der asiatische Raum und gleichzeitig fremder als Amerika oder Australien, die nachträglich von Europa aus besiedelt und geprägt wurden.

Was hier aufgeschrieben wurde, findet sich in keinem Reiseprospekt. Außer dem Mentalitätsspektrum derer, denen man dort begegnet, wird die nachvollziehbare Entlarvung angeblicher Wunder geboten und Zugang zu Dingen gewährt, deren angebliche Geheimnisse sich bei genauerer Betrachtung vor Ort ganz einfach erschließen. Die Wirklichkeit ist oft schöner als alle Illusion.

Das ist ein essayistischer Reise-, aber kein Expeditionsbericht. Das kann jeder noch heute da erleben, sogar als Pauschalreisender im Rahmen einer ganz normalen Urlaubsreise jedes beliebigen Reisebüros, wenn er neugierig mit wachen Sinnen und vorurteilslos mit etwas Verständnis in sich aufnimmt, was ihm dort geboten wird.

(Skizze der Reiseroute auf Seite 191)

Georg Naundorfer

Die Arglosen in Ägypten

*Impressionen
einer Pauschalreise mit wirklich
allen Schikanen*

Erweiterte Neufassung 2017

Bibliografische Information der Deutschen Nationalbibliothek:
Die Deutsche Nationalbibliothek verzeichnet diese Publikation in der
Deutschen Nationalbibliografie; detaillierte bibliografische Daten sind
im Internet über http://dnb.d-nb.de abrufbar.

Herstellung und Verlag: BoD - Books on Demand, Norderstedt

ISBN 978-3-8370-3784-5

Der Anfang

Nie im Leben hätte ich mir träumen lassen, dass ich die Möglichkeit hätte, einmal nach Ägypten zu kommen. Ägypten, das war von klein auf mein Wunschtraum. Wir hatten zu Hause zu viele Bücher im Schrank, in denen die Wunder der pharaonischen Kultur beschrieben waren. Dazu gab es noch Romane von Max Eyth, eine spekulative Abhandlung über die kosmischen Zahlen der Cheopspyramide und auch ein Buch über das Grab des Tut-ench-Amun. Schon mein Vater, den ich früh verlor, hatte diesen Traum gehabt, ihn sich aber auch nur aus dem Papier der Bücher erfüllen können. Er hatte erst kein Geld für eine solche Reise gehabt, dann kam ihm der Krieg dazwischen, und ich hatte später aus der DDR nicht dahin heraus gekonnt.

Plötzlich gab es dann unerwartet die Wende. Wie das nun einmal so ist, erst hat man keine Möglichkeit, das zu unternehmen, was man gern möchte, dann fehlt einem die Zeit dazu. Endlich nimmt man sie sich und überrollt sich dabei nicht selten selbst. Eingebunden ins Arbeitsleben ist der Urlaub etwas, was man wohl braucht, aber die Erlebnisse hinterher besinnlich auskosten, dazu fehlt wieder die Zeit. Es bleiben im nahtlos anschließenden Alltagsstress nur Erinnerungsfetzen, und falls man wirklich endlich zur Ruhe kommt, ist der Kraftaufwand, zu sich selbst zu finden oft so groß, dass es dann meist auch unterbleibt, weil die unverarbeiteten Erinnerungen schon verblasst sind. Als mich schließlich das Aus der Rente ereilt hatte, nahm ich mir vor, in Ruhe zu sichten, was sich in Jahren bei mir unsortiert in Schachteln und Schubladen angesammelt hatte und mir Regale und Kartons in der Wohnung blockierte. Da war zwar die Absicht gewesen, das alles nach kurzer Sichtung radikal von Überflüssigem zu bereinigen und das Meiste wegzuwerfen. Aber mittendrin merkte ich, dass ich dabei war, wegzuwerfen, was mein Leben ausmachte, und das sind die Erinnerungen, solange man sie noch heraufzubeschwören imstande ist, was meist nur an Hand sogenannter Erinnerungsstücke geht. Den größten Haufen dieser Dinge hat man, so auch ich, von den verschiedensten Urlaubsreisen mitgebracht. Es kam, wie es kommen musste. Statt auszusortieren und wegzuwerfen kam ich ins Sortieren und mit dem Sortieren entstand das

Problem der Zuordnung. Ein Schnipsel folgte auf den anderen, eine Eintrittskarte kam zur nächsten, ein Foto zog die Suche nach dem nächsten nach sich. Ein Prospekt wurde ergänzt von einem Katalog, und auch an mitgebrachten Nippes oder Folklorestücken hingen für mich szenische Fetzen. Die Erinnerungen drängten auf Wiedererweckung, statt zum Vergessen.

Es wurde zu viel, und ich sah mich gezwungen, bei meiner Sortiererei auszuwählen. Ehe ich mich versah, hatte ich einen Wust verschiedenster unbewältigter Erinnerungen zu den vor allem mit der Familie unternommenen Urlaubsreisen beieinander, die vielleicht für mich, aber nicht für jeden von Interesse wären. Eine Sache drängte sich aber in den Vordergrund, die sich auf meine erste, wenn auch nicht weiteste, aber doch etwas weiter in die Fremde führende Reise bezog, und zwar die nach Ägypten.

Es war ein unwiderstehlicher Drang in mir, wenigstens das alles noch einmal alles nicht nur für mich, sondern auch für daran Interessierte nachzuvollziehen, wie das gleich nach der Wende war, und weil ich mir auch gerade einen neuen Lap-Top zugelegt hatte, bot es sich an, das auch gleich geordnet festzuhalten, zumal ich damals kein Tagebuch geführt hatte und mich auch nur mühsam anhand der nachträglich von Mitreisenden gekauften Fotos durch den Reiseverlauf zu hangeln vermochte, weil mir damals in Ägypten die Kamera nach einigen Tagen kaputt gegangen war, was ich erst ziemlich spät bemerkt hatte. Zwanzig Aufnahmen übereinander sehen als fertiges Bild zwar interessant aus. Vielleicht hat das sogar einen künstlerischen Wert in seiner Verdichtung auf das absolute optische Minimum. Man kann aber nichts darauf erkennen. Wer also Bilder in diesem Text vermissen sollte, dem kann ich nur raten, sich einen der vielen Bildbände über Ägypten zu kaufen. Da findet er mehr gute Aufnahmen zu den von mir beschriebenen Dingen, als ich sie ihm je liefern könnte.

Dieser Bericht ist auch keine Aufzählung oder ein Nachweis für den Besuch bestimmter Sehenswürdigkeiten, sondern er soll Ihnen ergänzend bringen, was Sie in keinem Reiseführer finden, das, was man sieht, wenn man es zu verstehen versucht.

Es wurde ein Bericht aus einem nahen und wenn man dort ist, doch so fernem Land, keine abenteuerliche Forschungsreise, aber doch abenteuerlich genug. Sie brachte mir den Beweis, dass wir uns keineswegs beschaulich zurücklehnen können und sagen, wir hätten alles gesehen, man hätte uns alles erzählt und die große weite Welt sei eigentlich nur etwas sehr breit gestreutes, was man im Fernsehen viel gemütlicher, informativer, gedrängter und umfassender auch haben könne. Vielleicht verlocke ich doch jemanden dazu, sich ebenfalls der Unmittelbarkeit einer nicht voll nach Drehbuch ablaufenden Reise und ihren Überraschungen auszusetzen. Ganz so spektakulär wie das mir passiert ist, braucht es ja nicht zu sein. Selbst Pauschalreisen können spektakulär verlaufen, ohne dass man darauf gefasst wäre.

Ich bin ein Bewohner der neuen Bundesländer. In Sachsen geboren, von den Amerikanern erobert, dann den Russen überlassen, anschließend von der DDR übernommen und bin nach der Wende 1990 dem Gebiet der Bundesrepublik Deutschland mit beigetreten worden. Dass mit mir das wie Millionen anderen auch passiert ist, dafür kann ich nichts.

Was sich in mir in den ganzen Jahren herausgebildet hatte, würde ich selbst als Fernweh bezeichnen und zwar nach den Weltgegenden, die mir verschlossen waren. Herumgekommen bin ich eigentlich nur in der DDR und mal in der CSSR. Es zog mich nicht in die Weiten Russlands oder wohin man sonst reisen durfte. Mit der Wende und der darauffolgenden Wiedervereinigung bestand plötzlich die Möglichkeit, das nachzuholen. Westeuropa, der Nahe Osten und Nordafrika, Stätten uralten Kulturgutes unserer westlichen Zivilisation waren nun unkompliziert bereisbar. Es zog mich weder nach Amerika, noch nach Australien. Auch die Südsee wäre mir auf Dauer zu langweilig.

Die Wende hatte aber auch eine Seite, die nicht vorhersehbare neue Erfordernisse mit sich brachte, die dem etwas entgegen standen. Um reisen zu können, braucht es außer Geld, was die meisten nicht hatten, vor allem Zeit. Die Notwendigkeit des Gelderwerbs zwecks Erhaltung der Existenz war vorrangig. Zuerst brach im Osten die Wirtschaft zusammen und jeder sah deshalb zu, wo und wie er sich damit einrichten könnte, ohne mit in den Strudel der Ereignisse weiter hineingerissen zu werden, als nötig.

Die Zeit verging. Das Jahr 1992 näherte sich schon seinem Ende, und es wurde September, ohne dass sich für mich in der ganzen Zeit die Möglichkeit ergeben hätte, mehr als nur kurz mal einige Tage Urlaub zu nehmen, weil im Zuge der Nachwehen der Wende sich der wirtschaftliche Aufschwung immer noch nicht einstellen wollte, der Betrieb, bei dem ich angestellt war, eine kleine Druckerei im westsächsischen Raum, immer weiter abbaute, erst produktionsmäßig, dann personell, und ganz langsam, aber sicher Schulden anzusammeln begann. Es wurden uns nicht mehr so oft Rechnungen bezahlt, und wir konnten deshalb auch nur noch die wichtigsten bezahlen. Eine verhängnisvolle finanzielle Schraube kam in Gang und drehte sich immer schneller einem Konkurs entgegen, wogegen es sich zu wehren galt. Da war keine Zeit für Urlaub.

Endlich verramschte uns die Treuhand, nachdem sie sich lange dagegen gewehrt hatte, uns an uns selbst zu verkaufen, mal schnell für die übliche D-Mark, und übergab uns dem altbundesdeutschen Erwerber, der dafür aber auch die Schulden mit übernahm. Jetzt wurde der Rest des Personals gesichtet, umstrukturiert und die Arbeit anders unter den Anwesenden verteilt. Was vom „Humankapital" nicht gleich weiter zu gebrauchen war, wurde nicht übernommen und durfte gehen.

Wir taten von nun an das gleiche wie vorher, es war aber anders organisiert. Wenn erst noch etwas DDR-mäßiges in unserem Laden geherrscht hatte, mit festgelegten Arbeitszeiten, bezahlten Überstunden, freiem Sonntag, schriftlichen Arbeitsunterlagen und so, dann wehte nun ein schärferer Wind. Die Produktionsorganisation wurde auf computergestützte Datenverarbeitung umgestellt und wo vorher sechs oder auch sieben Leute an ihren Schreibtischen gesessen hatten, gab es ab sofort nur noch einen, der mit Hilfe eines Computers das gleiche Arbeitspensum zu erledigen hatte.

Gearbeitet wurde, wenn Arbeit da war, und so lange, bis sie fertig war. Der Kalender diente nur noch zum Zählen der Tage. Arbeitsanweisungen nur noch auf Zuruf und mit Verfallsdatum zwischen zehn Minuten und einer Viertelstunde. Tag und Nacht wurden zu genauso unbedeutenden Worten wie Sonnabend und Sonntag. Die Arbeitszeit betrug am Tag vierundzwanzig Stunden, und wenn das nicht langte, dann hängte man eben noch eine Stunde dran.

Wer das ihm aufgehalste Arbeitspensum nicht schaffte, wurde angehalten, etwas schneller arbeiten, denn für Bummelei beim Arbeiten konnte man keine Überstundenbezahlung erwarten, als Angestellter prinzipiell sowieso nicht. Geld war nebensächlich, denn man hatte bei diesem Arbeitszeitregime keine Gelegenheit, es auszugeben. Da brauchte der „Ossi" auch keins. Bezahlt wurde nicht die Anwesenheit im Haus, sondern die reine Maschinenlaufzeit, und wer mit dem Einrichten der Maschine zur Arbeit nicht zurechtkam, der musste eben eher da sein, wenn er es abends nicht Zeit anhängen wollte.

Als einer der leitenden Angestellten hatte man es schwer, den Arbeitskollegen begreiflich zu machen, was da ins Laufen gebracht werden musste. Sie ahnten, dass sich das nicht mehr ändern würde und höchstens noch chaotischer werden könnte, und richteten sich auf ihre Art jeder für sich darauf ein.

Die neuen Kunden aus den Altbundesländern mussten wir erst an uns gewöhnen. Wenn man Kunden gegenübersaß und einen Auftrag, den der Chef bei einem Geschäftsessen an Land gezogen hatte, auf technische Details durchsprechen musste, um überhaupt zu klären, was gemacht werden sollte, kämpften die sich oft sehr mühsam mit einem ab, um sich verständlich zu machen. Da hieß es Vertrauen aufbauen, und ich war oft versucht, sie zu trösten und zu sagen:

„Ich nix Türke. Ich Sachse. Ich deutscher Ingenieur. Ich verstehen Deutsch. Ich Deutsch lesen und ich auch schreiben gelernt ...“ Das tat ich aber nicht, dachte es mir nur ab und zu. Diese Selbstdisziplinierung half einem sehr. Da verhandelte es sich manchmal schon leichter. Auch wenn man nie als hergelaufener fauler Ossi bezeichnet wurde, wurde man doch als solcher behandelt. Mit der Zeit gewöhnte ich mich daran und benahm mich entsprechend. Es hatte nicht nur Nachteile.

Nach Hause kam ich nur noch zum Schlafen, während die Nachtschicht lief, und auch das nur, weil ich zu Hause noch keinen Telefonanschluss hatte, mit dem man mich schnell mal in den Betrieb rufen konnte. Tagsüber empfahl sich während der Arbeitszeit statt des Telefonhörers ein Headset, um wenigstens die Hände frei zu haben, weil der Computer für die Arbeitsvorbereitung keine Einhandtastatur besaß, ich also beide Hände zur Arbeit brauchte. Das führte anfangs zu Kommunikationsschwierigkeiten, weil nicht immer klar war, mit wem ich redete, ob mit dem Kunden am Telefon oder mit denen, die sich vor meinem Schreibtisch ansammelten, um angeleitet zu werden oder Nachschub brauchten. Wenn ich dabei gleichzeitig noch in den Computer schrieb, sah es auch noch nach Selbstgespräch aus. Man gewöhnt sich allerdings an alles, auch wenn es anfangs nicht zu vermuten ist.

Nachts schwieg das Kundentelefon. Ich vermutete stark, dass es in den Altbundesländern, unter unseren Kunden und auch sonst in der bundesdeutschen Wirtschaft eine Menge faule Säcke gab, die nachts tatsächlich schliefen. Da verlor man leicht den Respekt vor ihnen, also hielt ich diese Vermutung vor der Belegschaft besser geheim.

Eines Abends, als ich zu Hause bei meiner üblichen privaten Presseschau, die ich mir nie nehmen ließ, am Tisch kurz vor dem Einnicken war, fiel ein Prospektblatt aus meiner Zeitung. Ich hob es auf. Das Titelblatt zeigte die Cheopspyramide und im Vordergrund den Kopf der Sphinx. Und dann las ich:

Land der Pharaonen
15tägige Sonderkreuzfahrt nach
ÄGYPTEN
Mit 10tägiger Nilkreuzfahrt,
10.10.1992–24.10.1992
mit Luxusschiff „Nilkönigin"

Zu der Zeit begannen die Reisebüros den Osten erst langsam zu erschließen. Die Werbung erreichte uns also noch ziemlich spärlich, deshalb auch diese meine heutzutage unverständliche Reaktion, ein heruntergefallenes Werbeblatt wieder aufzuheben und tatsächlich zu lesen, was darauf steht.

Ägypten, ewiges Traumziel meiner Sehnsüchte. Für dreitausend Mark konnte man dich per Schiff komplett in zwei Wochen durchmessen. Irgendwie war mir im Stress der letzten Zeit ganz das früher so sehr ausgeprägte Gefühl des in der DDR Eingesperrtseins abhanden gekommen. Für die damalige Reiselust war einfach kein Platz mehr im Gehirn vorgesehen, weil andere Sachen sich hineingedrängt hatten.

Ägypten. Und wenn es auch das Sparbuch abräumte. Da musste ich hin. Meine Allerbeste entsetzte sich, als ich plötzlich munter war, statt wie immer über der Zeitung weiterzuschlafen, bis sie mich weckte, damit ich ins Bett ginge. Der erste und wichtigste Einwand war: *„Aber doch nicht mit dem Schiff. Da wird mir doch immer schlecht!"* Ich konterte sofort: *„Das ist wie mit dem Elbdampfer, da hat es dir doch auch nichts ausgemacht."*

Ich kenne mich. Wenn ich schon automatisch für etwas argumentiere, dann weiß ich, dass mir nicht mehr zu helfen ist. Falls ich das dann nicht gleich erledige, dann schleppt sich das ewig, aber vermeidbar ist es kaum noch. Am nächsten Morgen buchte ich deshalb diese Reise per

Telefon, und nach kaum zehn Minuten war alles geregelt, was meinerseits noch zu erbringen, welche organisatorischen Angelegenheiten zu beachten wären und wann wir wo bereitzustehen hätten, damit uns der Bus zum Flughafen Schönefeld mitnahm. Man hatte mir in der letzten Zeit nicht umsonst beigebracht unter Zeitdruck immer sofort, schnell, präzise und auch endgültig zu entscheiden, weil sonst nichts fertig wird.

Den Urlaub trug ich in den Wandkalender der Verwaltung ein und sagte Bescheid, dass ich in der Zeit nicht da sei. Dem Chef passte das nicht, er wollte auch nicht einsehen, dass ich sowieso nie einen Stellvertreter hatte und dass ich nicht auf seine verdeckte Kündigungsandrohung reagierte, muss ihm unverständlich gewesen sein. Das letzte Wort sei noch nicht gesprochen. Ich war aber der Meinung, dass vier Wochen vorherige Anmeldung ausreichen sollten bei einem Produktionsregime, welches auf maximal nur drei Tagen Vorausschau in der Auftragsabsicherung beruhte und bei dem die Reihenfolge der Aufträge in der Abarbeitung mehrmals täglich neu, je nach Lautstärke der Kundschaft am Telefon, umgesteuert wurde.

Damit war alles geklärt. Meine Frau und ich stiegen am 10. Oktober 1992 in den Reisebus, von da anschließend ins Flugzeug und machten endlich einmal wieder Urlaub. Während wir damit für alle Hiergebliebenen in Ägypten weilten, begann unsere Heimatzeitung die wir eigentlich nur zur Information über das Kreisgeschehen hielten, und die ihren Lesern sonst nur spärliche, vor allem nur politische Auslandsthemen näherbrachte, plötzlich unverdrossen fast täglich aus Ägypten über Ereignisse zu berichten, von denen wir unterwegs kaum etwas erfuhren. Wir hatten zu Hause jemanden beauftragt, die Zeitungen zu sammeln. Nach dem Urlaub lasen wir also:

Dienstag, 13. Oktober 1992
Erdbeben erschüttert Ägypten
Bislang 205 Tote und mehr als 2000 Verletzte

KAIRO (dpa). Bei einem Erdbeben in Ägypten sind am Montag Hunderte von Menschen getötet und Tausende verletzt worden. In der 15-Millionen-Stadt Kairo und dem Vorort Gizeh wurden nach Angaben des Innenministeriums bis zum Abend 205 Tote und mehr als 2000 Verletzte gezählt. Die Bergung der Opfer unter den Trümmern der mindestens 80 eingestürzten Häuser dauerte an.

11

Das stärkste Beben in Ägypten seit Jahren, das eine Stärke von 5,5 bis 6 auf der Richter-Skala erreichte, erschütterte um 15.09 Uhr Ortszeit vor allem den Großraum Kairo und dauerte mindestens 20 Sekunden. Aber auch andere Städte in Unter- und Mittelägypten waren betroffen.

In Kairo stürzten insbesondere kleinere baufällige und häufig ohne Genehmigung errichtete Gebäude in den dichtbesiedelten Vierteln, aber nach offiziellen Angaben auch mehrere Schulen und zwei 14stöckige Hochhäuser in den Vororten Maadi und Heliopolis ein. Passanten wurden von herabstürzenden Balkonen und Fassadenteilen erschlagen. In der islamischen Altstadt fielen drei von vier Minaretten der Hanafia-Moschee aus dem neunten Jahrhundert um. Das Beben war noch in Israel, Libyen und dem Sudan zu spüren. Das Epizentrum lag nach Angaben des ägyptischen Instituts für Astronomie und Geophysik rund 50 Kilometer südwestlich Kairos. Experten bezeichneten dies als ungewöhnlich, da der nächste Grabenbruch im östlich gelegenen Golf von Suez verläuft. Hier war es zuletzt 1979 zu einem schweren Erdbeben gekommen.

Die Nachrichten der Folgetage aus Ägypten waren auch nicht viel besser, oft noch schlimmer. Kein Wunder, dass man es zu Hause als unwahrscheinlich ansah, dass wir mehr als das nackte Leben aus dem Chaos gerettet haben könnten, wenn wir wirklich das Glück hätten, davongekommen zu sein.

Wir kamen uns am Ende direkt unanständig vor, als wir behaupteten, uns dort sogar erholt zu haben. Folgen Sie mir deshalb auf diese Reise, die zwar ungewöhnlich war, aber doch ganz glimpflich verlief. Ich werde mir jedenfalls erlauben, die ungefähr mit unserer Reise parallel laufenden Meldungen einer normalen Tageszeitung, und nicht etwa die eines Revolverblattes, in meinen Bericht mit einzustreuen. Auch diese knappen lakonischen Meldungen waren schlimm genug, wie Sie feststellen werden.

Ankunft

Das gleichmäßige Rauschen der Triebwerke unseres Airbus der „Egypt Air" wurde schwächer und das Geräusch der Klimaanlage nun deutlicher hörbar. Es klang jetzt wie Fahrtwind.

Ich hatte die meiste Zeit des Fluges geschlafen, die Änderung des Schalleindruckes, die jetzt leichte Absenkung des Flugwinkels in Verbindung mit einer leichten Richtungsänderung hatte mich aber geweckt. Wir befanden uns eindeutig in einer Linkskurve nach unten, und als ich aus dem Fenster sah, glaubte ich einen Sternenhimmel zu sehen. Das war nicht mehr die undurchdringliche Finsternis des Fluges über die Ägäis mit ihren verlorenen Lichtpünktchen. Das war ein Märchen aus tausendundeiner Nacht. Über das unter uns liegende Nildelta ging es in weitem Bogen auf Heliopolis, den Flughafen Kairos, zu. Hier war es jetzt eine Stunde vor Mitternacht, die Uhr hatte ich schon vorgestellt. Man sah zwar kaum Verkehr auf den Straßen, aber die Straßenbeleuchtung reichte hier wirklich bis in den letzten Winkel. Da fiel mir der Assuan-Staudamm ein und die darin verborgenen Turbinen, die dem Vater Nil die Kraft abschöpften, womit dieses Land sich beleuchtungsmäßig so großartig in Szene setzen konnte. Ein wirklich einmaliger Anblick. Das schwache Säuseln der Triebwerke und das vergleichsweise langsame Abwärtsgleiten in dieses Lichtermeer. Staunende Stille der wie gebannt aus den Flugzeugfenstern schauenden Passagiere. Die Maschine setzte schließlich auf, die Mitreisenden spendeten der Besatzung Beifall, und wir rollten eine Weile auf dem Flugfeld herum, bis wir anhielten und nun tatsächlich angekommen waren. Die Gangway wurde herangefahren, wir holten das Handgepäck aus den Fächern über unseren Sitzen und reihten uns langsam und zäh drängelnd in den Strom der Aussteigenden. Draußen war es finster, windig, heiß und trocken. Also am Flughafen sparten sie offensichtlich mit Strom.

Zu Hause hatten wir bei der Einsammelfahrt durch Sachsen noch bis in den Spätnachmittag hinein die weit fortgeschrittene Laubfärbung, der ab und zu schon kahl werdenden Laubwälder und die mittel- bis dunkelbraune Färbung der umgepflügten Felder betrachtet. Die langsam zum Vorschein kommende Wintersaat des Getreides wies ein dunkles

Giftgrün auf, die Wiesen ein noch unentschlossenes mittleres Grün, schon ins Grau spielend, und die Fichtenwälder der Erzgebirgsausläufer standen tief dunkelgrün und schwarz gegen einen blassblauen Himmel, über den flache, weiße, ins Grau verlaufende Wolkenfetzen zogen, von einer grellen, aber schon kraftlosen, niedrig stehenden Sonne beschienen. Mit Jeans, einem derben langärmeligen Hemd, den extra für diese Reise gekauften festen Schuhen und einer Windjacke bekleidet, wären wir gerade richtig fürs Herbstwanderwetter ausgestattet gewesen, Regenumhang mit Kapuze natürlich nicht zu vergessen. Das hier aber war Ägypten. Man hatte uns mitgeteilt, unbedingt eine warme Strickjacke oder einen Blouson für den Abend mitzunehmen. Es sei schon kühl. Hier aber war es um Mitternacht noch 30 Grad heiß. Natürlich im Schatten, denn die Sonne war gerade auf der anderen Seite des Globus mit dem Tag beschäftigt. Es war eine heiße Nacht im Nachtschatten der Erde.

Zuerst ging es zum Zoll, aber dort fand keine Kontrolle statt. Stattdessen musste man ein Zettelchen mit den wichtigsten Angaben aus dem Pass ausfüllen, was der zuständige Beamte sodann scharf prüfte. Bei mir strich er den Rufnamen durch und ersetzte ihn durch meinen zweiten Vornamen, der nicht einmal meiner Frau gleich eingefallen wäre und unter dem mich niemand kannte. Ich erhielt einen strafenden Blick, mein Visum, und dann war ich durch. Wenn ich jetzt etwas ausfressen würde, hätten sie keine Chance, mich zu kriegen. Sie machten das bei sonst keinem, nur bei mir. Alle durften ihren Rufnamen behalten, nur ich nicht. Warum, habe ich nie erfahren.

Anschließend warteten wir auf unser Gepäck. Um uns herum schwärmten Massen von freiwilligen Trägern, die uns helfen wollten und auf „Bakschisch" aus waren. Es wurde viel in Arabisch und in Englisch geredet, alles sehr schnell und natürlich unverständlich. Arabisch und englisch beschriftete Hinweisschilder mit angeblich international geläufigen Piktogrammen halfen uns, den richtigen Fleck zu finden, wo unser Gepäck als Wühlhaufen abgekippt worden war. Wir fanden mehrerlei. Zuerst das richtige, wenn auch teilweise deformierte Gepäck und anschließend sogar den Ausgang aus diesem Tohuwabohu durcheinanderwirbelnder, dunkle Ghallabijas und weiße Turbane tragender Helfer, die jeder auf eigene Rechnung zu arbeiten schienen. Nach ihrem Gepäck suchende Touristen, nach ihren Frauen suchende Männer, nach

ihren Kindern suchende Frauen, nach ihren Schäfchen angelnde Reise-
büro-Angestellte mit Schildern, auf denen die Logos ihrer Firmen auf-
geklebt waren, fliegende Händler und auf Geschäfte erpichte Taxifahrer
von Sammeltaxis, das alles gab es hier zu dieser nächtlichen Stunde zu
bestaunen oder auch abzuwehren. Wer wollte, konnte sich damit auch
einlassen. Was heißt: Wollte. Wir mussten!

Den Reiseunterlagen war zu entnehmen gewesen, jeder Reisende
zahle zu Beginn eine bestimmte Summe in die Trinkgeldkasse der Reiseleitung, aus der dann alle Verbindlichkeiten bezahlt würden. Das sei
bewährt und bewahre vor Unannehmlichkeiten und Belästigungen. Zu
Hause hatte die Bank uns allerdings keine ägyptischen Pfund ausgehän-
digt. Man warnte vor Diebstählen und pries Travellerschecks als das
internationale und sicherste Zahlungsmittel an. Von Bakschisch, not-
wendigem Kleingeld und Verhaltensregeln bei der Ankunft war keine
Rede gewesen. Nun sah ich mich fünf Ägyptern gegenüber, welche die
zwei Koffer und die Reisetasche, die meine Beste und ich als Reisegepäck ausgewählt hatten, aus der Halle tragen wollten, wobei wir noch
nicht wussten, ob überhaupt ein Bus des Reiseunternehmens bei dem
wir gebucht hatten da war, uns abzuholen, und was die „Helfer" als
Auslösung für unser Gepäck draußen haben wollten, wenn wir es überhaupt wiederbekämen. Sie waren nicht böse, aber laut und auch hartnäckig, und es gab hier bestimmt mehr als nur vier Himmelsrichtungen,
nach ihren Gesten zu urteilen.

Das kleinste Zahlungsmittel, welches ich besaß, waren Travellerschecks im Werte von zehn DM. Die wollte ich nicht so unter die Massen werfen, denn das entsprach 20 ägyptischen Pfund, und der Durch-
schnittslohn eines staatlichen Angestellten im gehobenen Dienst lag in
Ägypten, so hieß es, bei etwa 300 Pfund im Monat. Wir rafften unser
Gepäck wieder an uns, und der letzte, der zäh an uns klebte, ein Araber
um die Siebzig, dem man vielleicht eher *sein* Gepäck hätte tragen sollen,
ließ erst los, als ich ihm ein Fünfzig-Pfennig-Stück gab, was er nie und
nimmer wieder los werden würde, aber dankend annahm. Er wünschte
mir auf Englisch fünftausend Jahre Glück, Leben, Gesundheit oder
ähnliches und verschwand dann auch.

Wir schleppten uns nun samt Gepäck im Strom der anderen Reisen-
den aus diesem Hexenkessel von Gepäckausgabe und wurden vor der
Tür von Reiseleiterinnen der richtigen Firma auf Anruf aus der Masse

heraus gefangen und in einen Bus verfrachtet, der uns in unser Hotel bringen würde. Im Bus war es sehr windig und heiß, weil zwar die Klimaanlage auf Hochtouren lief, aber da die Türen offen standen, nützte das nichts. Langsam wurde es voll, und am Ende saßen wir alle, die wir Sachsen mittels eines Busses verlassen hatten, wieder einträchtig in einem Bus, diesmal in einem ägyptischen, der außen und innen ausreichend Beulen aufwies und dessen Fenster nicht alle vom gleichen Hersteller zu sein schienen. Die Türen waren undicht, es roch nach Diesel, und als wir losfuhren, krachte es ordentlich im Getriebe, ehe sich ein Gang endlich entschloss, kraftschlüssig zu werden und das Fahrzeug in Bewegung zu setzen. Gleich merkten wir, dass die Federn des Gefährtes nicht mehr die jüngsten waren, und auch die Stoßdämpfer schienen keine Lust zu haben, zum Fahrkomfort beizutragen. Das Vehikel nahm Fahrt auf, und als wir die Straße nach Kairo erreicht hatten, konnte man deutlich hören, dass der Bus aus Einzelteilen zusammengebaut sein musste, denn jedes Teil klapperte und scheppte in einer anderen Tonart. Dabei schaukelten wir in die verschiedensten Richtungen, und ich begriff nun endlich, weshalb es so viele Haltestangen, Überrollbügel und breite Griffe im Sitzbereich eines Busses gibt. Wer jetzt noch nicht wieder munter geschüttelt war, würde es auch nie werden. Draußen huschten die Villenvororte Kairos vorbei, von einer Straßenbeleuchtung angestrahlt, die aus großen Quecksilberdampflampen bestand, die ganz nackt und nach allen Seiten strahlend ohne jeden Schirm die Straße fast taghell erleuchteten. Das also war es, was wir beim Anflug gesehen hatten. Das grellweiße Licht gab der Kulisse etwas Gespenstisches, dazu das Scheppern des Busses und über dem allen die Stimme einer Reiseleiterin, die sich mittels Mikrofon und Bordsprechanlage vergeblich verständlich zu machen versuchte. Vielleicht wollte sie uns begrüßen, informieren, wie es weiterginge; vielleicht wollte sie auch etwas anderes von uns. Wir haben es nie erfahren.

Kairo bei Nacht, im Licht der Straßenbeleuchtung. Hier und da eine Moschee, moderne Straßenkreuzungen mit Ampelregelung. Moderne Hochhäuser, Verwaltungsgebäudefronten, ziemlich viel Grün am Rand der alleeartigen breiten Hauptstraße. Von einer Hochstraße herunter sah ich ein spärlicher beleuchtetes Wohnviertel aus eng aneinander gebauten hohen Lehmhäusern. Ein Aufblitzen des Nils, als wir ihn über eine Brücke querten. Es ging ziemlich schnell, und ehe wir uns versahen, hielt der Bus vor unserem Hotel. Auch hier war es heiß, sogar heißer als im Bus. Während sich das Hotelpersonal um unser Gepäck zu kümmern begann, folgten wir unserer Reiseleiterin in die Vorhalle des Hotels, wo sie uns bedeutete, wir sollten an der Rezeption unsere Anmeldeformulare ausfüllen und dann in den dahinter liegenden Raum kommen, wo sie uns dann auf die Zimmer verteilen würde.

An der Rezeption saßen zwei dunkelhaarige Frauen, die irgendeine eine Hoteluniform trugen und nun Formulare an uns zu verteilen begannen, aber keinerlei Auskunft gaben, da sie unsere Englisch-Brocken nicht verstehen wollten oder konnten. Es stellte sich heraus, dass sie nicht nur Formulare mit ausschließlich englischem Text verteilten, sondern auch, dass es sich um zwei verschiedene Arten von Fragebogen handelte. Schließlich tauchte ein sehr dicker und sehr freundlich lächelnder Herr auf, der überhaupt nicht sprach, aber ebenfalls einen Packen Formulare zu verteilen begann, die auch englisch, aber wieder anders gegliedert waren. Es fehlte an Stiften, an Platz zum Ausfüllen der Bögen, an Information, was wir überhaupt ausfüllen mussten und was nicht, wozu und bei wem das dann abzugeben wäre, denn die Rücknahme ausgefüllter Bögen wurde verwehrt.

Außerdem war die Fragestellung für manche Rubrik sehr lang, und man schien Text zu erwarten, wo wir nur Kreuzchen zu machen gewöhnt waren oder die Übertragung von Daten aus dem Pass. Einwandern wollten wir jedenfalls nicht. Ich kramte meinen Pass heraus und begann einfach etwas hinzuschreiben, jeweils dort, wo es am besten hinzugehören schien. Die meisten Felder ignorierte ich und ließ sie frei. Welches Formular das richtige war, war mir sehr nebensächlich. Jeder hatte eine andere Sorte.

Die Reiseleiterin erschien wieder auf der Bildfläche und regelte die Angelegenheit, indem sie alle Formulare für ungültig erklärte. Dann führte sie uns geschlossen in den benachbarten Raum ab, wo schon unser Gepäck auf uns wartete. Anhand einer Liste des Reisebüros begann sie erst die Namen und dann die zugehörigen Zimmer auszurufen, wobei sie bei Aushändigung der Schlüssel die Pässe einsammelte. Wir schnappten unsere Gepäckstücke und fuhren mit dem Fahrstuhl in eines der oberen Stockwerke, wo wir richtig das zugeteilte Zimmer fanden. Endlich allein in einem gut gekühlten großen Hotelzimmer! Leise rauschte die Klimaanlage. Zwei Betten, zwei Holzsessel, ein Tisch, ein

Gepäckregal, Kleiderschrank, Stehlampe, Fernsehen, Telefon, Kühlschrank, dazu ein großer Sanitärraum mit Wanne, Dusche, Bidet und WC.

Als wir den dicken gesteppten Fenstervorhang zur Seite wuchteten, lag das nächtliche Kairo vor uns und leuchtete. Den Reflex des Europäers, das Fenster zu öffnen, verkniffen wir uns schnell. Die Fensterscheibe war heiß gewesen und der Fenstergriff natürlich auch. Die zwei zugeteilten Flaschen Mineralwasser im Kühlschrank nahmen wir dankend an, und nach einer nicht besonders gründlichen Reinigungsprozedur fielen wir wie tot in unsere Betten. Gerade, dass wir noch den mitgebrachten Wecker stellten, um nicht zu verschlafen.

Wir waren angekommen. In Ägypten, dem Land meiner Sehnsucht, seit ich Max Eyth gelesen hatte und die Berichte über Pharaonen, das Grab des Tut-ench-Amun, die Mumien, Abu Simbel und was sonst noch in Geschichtsbüchern stand, von der nicht aussterben wollenden Gemeinde um Däniken, von Sitchins Deutungen und Velikovskys Untersuchungen und anderen mir zugefallenen populärwissenschaftlichen Veröffentlichungen verschiedenster Autoren und aus den Artikeln im „Urania Universum", dieser sich jährlich um einen Band vermehrenden Enzyklopädie, welche es nun nach dem Zusammenbruch der DDR auch nicht mehr gab.

Ich hatte mir einmal vorgenommen, falls es mir irgendwann möglich sein sollte, das, worüber ich gelesen hatte, wenigstens einmal anzufassen, und das ganz spezifisch Ägypten betreffend. Dazu war ich jetzt hier, und meiner besseren Hälfte hatte ich eingeredet, dass man mit dem Flugzeug fliegen kann, ohne dass einem gleich schlecht wird, und dass eine solche Menge Menschen, wie sie der Flieger mit einem Mal wegschleppt, wohl kaum der Meinung ist, dass man immerzu nur abstürzt, denn sonst würden sie ja nicht fliegen. Das hatte sich bisher glücklich bewahrheitet. Dann hatte ich mich noch dazu verstiegen zu behaupten, dass die Schiffe auf dem Nil nicht schaukeln, weil die Wellen viel zu klein sind im Vergleich zum Schiff und meine Frau deshalb keine Angst vor der Seekrankheit zu haben brauche. Ich hatte mich noch zu mehr verstiegen, was ich keineswegs vorher wissen konnte...

Kairo. Erste Berührung

Der erste Morgen fand uns nach einer Nacht, die geprägt war vom Ausschalten der Klimaanlage (wegen des Geräuschs), Einschalten der Klimaanlage (wegen der daraufhin zuschlagenden Hitze), Fenster öffnen und Fenster schließen mit kurzen Schlafphasen dazwischen, ziemlich mittelprächtig ausgeruht im Frühstücksraum des Hotels. Eine windige Frische umwehte uns, die auch aus der Klimaanlage kam und sich als sehr gewöhnungsbedürftig erwies, weil man sofort fröstelte. Das Wichtigste sei, dass man sich in den Tropen nicht erkälte, hatte es geheißen. Jetzt erst begriff ich. Wir befanden uns zwar in den Subtropen und das noch zu Beginn des Winters, aber erkälten konnte man sich nur mit Hilfe einer guten Klimaanlage. Der kurze Blick aus dem Haupteingang des Hotels hatte uns gereicht. Da packte einen die Hitze wie eine Faust an der Kehle, sobald man an die „frische Luft" geriet.

Die Speisekarte enthielt außer Arabisch nur Englisch. Wir gerieten an die Seite mit dem Frühstück und fanden allerlei „egg", und zwar „baked", „boiled", „roasted", „scrambled" und vielleicht noch drei oder vier weitere Sorten dieses „egg". Wir hatten wohl Zeit, aber der Kellner nicht. So haschte er nach Worten, die er notieren könnte, und während man noch fragte, was denn der Unterschied zwischen „fried" und „sunny side up" sei, hatte er schon notiert, welche Sorte „egg" man zu essen wünschte, obwohl man das doch selbst noch nicht wusste.

Das an jedem Platz stehende Wasserglas mit einer trüben roten Brühe schien eine Mischung aus Tomatensaft, einem Schuss Roter Bete und Wasser zu enthalten. Wir unterhielten uns auf der Basis, ob uns das Getränk bekommen würde oder nicht, denn wir waren vorbereitet, und das hieß: „*Wasche es, schäle es, koche es, oder vergiss es...*" Wir vergaßen es und bestellten Kaffee. So kamen wir gleich beim ersten Mal um den Genuss des immer und überall angebotenen und auch immer zu empfehlenden Hibiskustees.

Das „egg" kam und mit ihm Butter und auch Toast. Wir hatten Spiegelei und Rührei bekommen. Meine Frau das Spiegelei und ich das Rührei, woraufhin wir tauschten, denn wir mochten jeder nur gerade das andere. Nach absolviertem Frühstück sah die Welt sehr viel freundlicher aus. Anschließend gingen wir im Hotel auf Erkundung. Man muss schließlich immer wissen, wo die Toilette ist.

An einem Loch in der Wand des Durchgangs zum Foyer, welches sich als Bankschalter auswies, tauschten wir bei dieser Gelegenheit Reiseschecks gegen ägyptische Pfund und bekamen pro Mark zwei Pfund, so wie der Kurs ungefähr stand. Der kleinste Schein war der zu einem Pfund. Münzen gab es nicht. Eine ferne Erinnerung rumorte da in mir, die von „Piastern" nebelte, aber das war aus den Erzählungen aus der Zeit nach dem Zweiten Weltkrieg, als es noch Deutsche in britischer Gefangenschaft gegeben hatte. Die hatten nach eigenen Angaben noch um Piaster geschachert. An diesem Schalter sah ich auch zum ersten Mal eine der kleinen ortsüblichen, verhältnismäßig altmodisch wirkenden und schon sehr abgenutzten Geldzählmaschinen. Sie belüftete die speckigen Scheine der Inlandwährung, damit sie nicht aneinander klebten. Ich traute ihr nicht, aber wo wir später auch hinkamen, bei jeder Bank oder Geldwechselstelle hatten sie dieses primitive Ding, mit dem man besser Spielkarten gemischt hätte, und es verzählte sich nie.

Wir begaben uns in die Hotelhalle, wo die organisatorischen Fragen seitens des Reisebüros mit uns besprochen wurden. Zwar werde im Großen und Ganzen das Reiseprogramm eingehalten, beschied man uns, aber die Einzelheiten könnten sich täglich ein wenig von der Reiseausschreibung unterscheiden. Die Gründe wurden nicht genannt. Es war Oktober 1992, und meines Wissens hatte etwas in Ägypten gebrodelt. Die Meldung, dass in diesem Frühjahr ein Nilkreuzfahrtschiff mit Touristen von politischen Extremisten beschossen worden war, hatte ich irgendwo in meinem Hirnkasten gespeichert, ohne sie wahrhaben zu wollen. Die Gier, etwas zu sehen, war größer als die Angst, dass uns etwas passieren könnte. Kurz und gut, die Nilkreuzfahrt fände statt, aber die zweite Hälfte im Bus. Sollte sie doch. Das war etwas unklar formuliert. Die eine Reiseleiterin sprach von einer Brücke und die andere etwas vom Nilwasserstand. Wieso ausgerechnet der Unterlauf nicht schiffbar sein sollte? ... Die Nilschifffahrt erfordere es.

Das Ausflugspaket war „all inklusive", wenn man es vorher bezahlt hatte. Dass dieser Ausdruck wirklich alles umfassen kann, auch das, was man nicht will und auch gar nicht bezahlt hat, wurde uns erst später klar. Vorerst kam uns die Sache mit dem Ausflug nach Abu Simbel in die Quere. Der war nicht inklusive, sondern sollte pro Nase 250 DM kosten. Einige hatten den schon zu Hause gebucht. Wir nicht, und zwar infolge fehlender Information. Jetzt kam der Knüller. Wenn der Flieger von Assuan bis Abu Simbel nicht wenigstens halbvoll sei, fliege der Pilot nicht. *„Was denn, das ist nicht sicher? Und was ist mit unserem Geld, was wir schon bezahlt haben? Warum bekommen wir das denn nicht gleich wieder?"* Ach, wir sollten dann zu Hause den Antrag auf Rückerstattung stellen...

Ich wollte aber unbedingt dahin. Meine Allerbeste protestierte: *„Lass sein, das sind für uns beide immerhin fünfhundert Mark."* Ich blieb unerbittlich: *„Guck dir an, was das für ein Katzensprung auf der Landkarte von Assuan nach Abu Simbel ist. Ich komme im Leben nicht wieder in diese Gegend. Da würde ich mir zu Hause vor Wut in den ..."* „Es sind ungefähr 250 Kilometer." *„Ja, der Kilometer pro Person 50 Pfennige, hin und zurück."* – „Mach, was du denkst." - *„Wir möchten mit."* – „Zwei Personen, das macht dann 500 DM." – *„Ich habe hier einen Reisescheck über 500 DM."* – „Nur D-Mark." – *„Dann in ägyptischen Pfund."* – „Nein, nur D-Mark. Vielleicht wechselt es Ihnen jemand." Die Frage wurde laut an die Anwesenden gestellt, aber vergeblich. Wir waren alle „Ossis", und da waren 500 DM ein Monatslohn oder Monatsgehalt.

Was eine Kreditkarte war, wusste kaum einer, und die EC-Karte, falls man schon eine hatte, galt noch nicht überall in Europa, geschweige denn in Ägypten. Der Euroscheck wurde noch nicht einmal innerhalb Deutschlands ohne Bankauskunft überall akzeptiert, Geldautomaten waren noch in der Entwicklung begriffen. Vielleicht gab es davon in Ägypten überhaupt noch keinen.

Hilfreicher Hinweis: *„Sie können den Scheck auch einwechseln. Die Bank befindet sich gleich nebenan. Wenn Sie zum Hauptausgang hinauskommen, gleich rechts die nächste Tür."* Wir zogen ab, um unser Glück zu versuchen. Das Geschäft mit der Nachzahlung kam langsam in Schwung. Es wollten noch mehr mit nach Abu Simbel, und es wurde weiter fleißig kassiert.

Als ich vor dem Hotel stand, sah ich, dass es diese Bank tatsächlich gab. Zwischen zwei griechischen Säulen mit einem Giebeldreieck wie der Parthenon waren polierte schwarze Steinplatten eingelassen, die dreieckig vertiefte, mit Gold ausgelegte Inschriften trugen. Die wichtigste war „BANK", gerade über der großen Glastür in der Mitte. Aus der Hitze kommend, trat man förmlich in einen Eisschrank. Die Bank bestand aus einem einzigen, nicht sehr großen Raum. Publikumsverkehr fand wohl nur selten statt, jedenfalls nicht in der Zeit, in der ich diese Bank zu nutzen versuchte.

Hinter einem Tresen saßen drei Männer, zwei etwas weiter hinten und im Hintergrund noch einer allein. Einer lief zwischen denen allen herum. Während alle anderen schwarze Anzüge trugen, trug der Freilaufende nur ein schwarzes Jackett, aber darunter irgendetwas, vielleicht gestreifte Pumphosen, vielleicht eine hochgebundene Ghallabija. Seine Sandalen waren nicht die neuesten und er trug sie barfuß.

Man nimmt eben das Nebensächlichste zuerst auf. Ich grüßte mit *„Good Morning"*, bekam keine Antwort, lümmelte mich dem in der Mitte Sitzenden gegenüber an den Tresen, griente freundlich und erwartete eine Reaktion.

Meine Frau stellte sich neben mich. Ich grinste weiterhin den vor mir an und versuchte ihn mit einem lässigen *„Hello"* zu interessieren, denn er hatte viel in irgendeinem Buch zu blättern. Da meldete sich der links, stand auf und sprach mich an, was ich aber nicht verstand. Ich radebrechte, dass ich einen Travellerscheck von American Express in D-Mark umgewechselt haben wolle. Ich zeigte den Scheck, worauf er entgegengenommen, geprüft und anscheinend als echt akzeptiert wieder zu mir zurückkam. Man bedeutete mir, dass ich die zweite Unterschrift noch leisten müsste. Das tat ich nicht. Ich wollte erst wissen, ob sie mir tatsächlich D-Mark auszahlen würden und wie viel.

Man zeigte mir das *„Hau matsch"*, das *„Wie viel"* auf dem Scheck. Da stand „Fünfhundert". Kurs gab es anscheinend nicht. Der Linke warf schließlich seine Geldscheinzählmaschine an, nachdem der in der Mitte dem Rechten etwas gesagt hatte und der auf einer alten mechanischen, aber schon elektrisch arbeitenden Rechenmaschine eine Zahl erzeugt hatte, die von einem der in der hinteren Mitte Sitzenden auf einer alten robusten Schreibmaschine auf ein Formular getippt worden war.

In der Zwischenzeit hatte ich etwas Muße, den Hintergrund der Bank zu mustern, und beobachtete, dass der dort an seinem Couchtischlein auf einem Stuhl mit Armlehnen herumlungernde Schwarzanzügler sehr unbequem saß, denn er hatte trotz seiner unübersehbaren Korpulenz die Beine übereinandergeschlagen, versuchte dabei im Sitzen die Brust herauszudrücken und gleichzeitig Zeitung zu lesen, während der um ihn geduckt herum wieselnde Dienstbote ihm eine orientalische Kaffeezeremonie vorführte, mit Kännchen, Töpfchen, Siebchen, Löffelchen und was man sonst noch dazu braucht. Am Ende der Zeremonie stand ein einsames winziges Mokkatässchen auf dem Tischlein, welches neben Schaum höchstens einen kleinen Schluck Flüssigkeit enthalten mochte, die der Herr Bankdirektor, denn das musste er sein, nachdem er seine Zeitung umständlich und zeitaufwendig zusammengelegt hatte und seine wohl eingeschlafenen Beine anders überschlagen hatte, mit offensichtlichem Widerwillen in sich hinein kippte, um dann darauf zu warten, ob ihm das bekommen würde.

Vor mir auf dem Tresen lag nun ein Formular mit einer Zahl um die 900, wahrscheinlich Pfund, welches ich quittieren sollte. Dann war da eine Hand, die von mir den unterschriebenen Reisescheck forderte, und im Hintergrund lauerte einer mit einer Hand voller dreckiger Lappen, die den Gegenwert in handelsüblicher Währung darstellen mochte. Ich sagte: *„No pounds ... D-Mark"*, und schüttelte mit dem Kopf. Daraufhin schüttelte mein Gegenüber ebenfalls mit dem Kopf. *„Komm, wir gehen"*, sagte ich zu meiner Frau. Und wir gingen. Als ich die Tür öffnete, hörte ich hinter mir Gekicher. Wer es war, blieb mir verborgen, weil sie alle den Kopf unten hielten. Nur der Direktor im Hintergrund schaute grimmig, aber auf einen imaginären Punkt an der Wand. Der Kaffee mochte ihm nicht bekommen sein.

Wir überzeugten die Reiseleiterin, dass sie doch bitte selbst mitkommen und uns helfen möge. Sie hatte ihr Geschäft schon getätigt und ihren Flieger fast voll gekriegt. Sie ging mit uns mit. Da standen wir zu dritt am Tresen, und die da Sitzenden hatten vor ihr auch nicht mehr Respekt, nur dass alles schneller ging, weil alle anderen jetzt fließend Englisch sprachen, wovon ich natürlich nichts verstand.

„Sie brauchen nur noch Ihren Scheck zu unterschreiben und bekommen dann D-Mark ausgezahlt. So um die 480, sagen sie." Mit diesem Bescheid waren wir zwei wieder allein mit den Bankbeamten. Die Reiseleiterin ging, und der Dienstbote goss seinem Direktor, der seine eingeschlafenen Beine gerade anders überschlug, den nächsten Fingerhut Kaffee ein. Ich unterschrieb den Scheck und machte ihn so gültig. Das Formular mit der Zahl um die 900 Pfund erschien zur Unterschrift, und gleichzeitig begann die Geldscheinzählmaschine ägyptische Pfund zu spucken.

So hatten wir nicht gewettet. Mit der Bemerkung: *„Schnell, hol die Reiseleiterin ..."* schickte ich meine auch schlagartig reagierende Frau aus der Bank. Dann machte ich eine drohende Bewegung auf den sich plötzlich in seiner Ecke duckenden Geldeinnehmer zu, der aufgestanden war, um den Scheck anscheinend über den Hinterausgang zum Tresor in Sicherheit zu bringen, und schrie ihn an. Er erkannte vielleicht, dass es Deutsch war, aber nicht, was es bedeutete, jedenfalls wagte er nicht, sich zu verdrücken, denn ich machte Anstalten, über den Tresen zu springen. Er traute mir mehr zu als ich mir selbst.

In der entstandenen kurzzeitigen Lähmungspause kamen dann zum Glück schon die beiden Damen, auf die ich am meisten gewartet hatte, meine Frau und die Reiseleiterin. Der nachfolgende Wortwechsel war von allen Seiten äußerst schnell und drohend. Es wurden seitens der Bank viele Köpfe geschüttelt. Als das Streitobjekt zufällig in meine Reichweite geriet, ließ ich es nicht mehr los, und am Ende glaubte auch der Bänker nicht, dass er mit einem abgerissenen Stück davon glücklich werden würde. Wir verließen diese Räuberhöhle halbwegs siegreich, jedenfalls ohne materielle Verluste, aber ratlos. Die Verachtung der Bank stand wie eine Wand hinter uns. Der Bankdirektor, der sich aus allem herausgehalten hatte, stellte einen Gesichtsausdruck zur Schau wie Napoleon nach der Einnahme von Aspirin. Der herbeieilende Diener, von dem ich kaum annahm, er wolle uns die Tür aufhalten, kam etwas zu spät. Der Rest der Bankangestellten duckte sich glucksend hinter dem Tresen.

„Eigentlich ist so ein Travellerscheck auch Geld", sagte die Reiseleiterin draußen und nahm mir die amerikanisierten Deutschmark ohne weiteres ab. Das hätten wir vorher alles einfacher haben können. Flug und Rückflug Abu Simbel konnten stattfinden. Eigentlich war das alles wie früher abgelaufen, als es noch die DDR gab. Für DM gab es da bei der Bank zwar Forum-Schecks, aber für Forum-Schecks keine DM. Das ägyptische Pfund war demnach auch so eine Einbahnstraße. Das gehört mit zu dem Wissen, welches man sammeln kann, was einem aber gerade dann nichts nützt, wenn man in den Gültigkeitsbereich dieses Wissens gerät.

Assuan

Nach diesem Intermezzo in Hotel und Bank war es nun höchste Zeit, das Gepäck noch einmal auf Vollständigkeit zu prüfen, es zum Haupteingang zu bringen und auf den Bus zu warten, der uns zum Flughafen brächte. Das ging alles ganz fix, und ehe wir uns versahen, waren wir schon am Flugplatz, unsere Koffer los und befanden uns in der Luft. Unter uns die Wüste östlich des Nils und vor uns zwei Stewardessen, die uns die Handhabung der Schwimmwesten erklärten. Fallschirm wäre mir hier auf dem Festland lieber gewesen, aber die Vorschriften sind halt so. Wüste oder Meer, alles dasselbe, alles wüst, also Schwimmwesten.

In der blendenden Sonne leuchtete die Sandwüste in hellem Ockerton herein, und so wie vielleicht der letzte Regenguss vor wer weiß wie vielen Jahren den Sand um die einzelnen Dünen in den Wadis hin geschwemmt haben mochte, sah es noch aus. Trockene Flussläufe bis zum Horizont, der im Osten in einen hellblauen Streifen überging, dem ein weiterer ockerfarbiger folgte, und dann von blassblau zu dunkelblau der aufsteigende Himmel. Dass man aus dem Flugzeug die Sinai-Halbinsel sehen konnte und später auch bis zum Festland der arabischen Halbinsel, hatte ich nicht vermutet.

Nach einer Weile stand ich auf, um auch einmal auf der anderen Seite aus den Fenstern zu sehen. Da wurde ich von einem Anblick überrascht, der sich mir unauslöschlich eingeprägt hat. In der Tiefe unter uns floss der Nil ganz in Silber und Blau, und an seinen Ufern zogen sich die Vegetationsstreifen in einem saftigen Grün entlang, welche derartig scharf von der Wüste eingegrenzt wurden, dass dem Auge der Kontrast zwischen dem fast weiß wirkenden Sand und dem Dunkelgrün der Felder weh tat. Vereinzelte Dörfer lagen an der Grenze vom Ackerland zur Wüste. Fruchtbares Land mit Häusern zuzubauen lag außerhalb der Vorstellungskraft dieser Bauern. Jeder Quadratmeter musste Ertrag bringen. Wohnen kann man auch auf Wüstenboden. Wir querten den Nilbogen zwischen Nag Hammadi und Luxor, flogen ein Stück über Luxor hinaus und setzten mitten in der Wüste zur Landung an. Mir waren schon eine Weile zwei eigenartige kurze parallele schwarze Striche mitten in der Wüste aufgefallen, die sich beim Näherkommen als Start- und Landebahnen des Flughafens von Luxor herausstellten. Nach einer kurzen Zwischenlandung starteten wir weiter nach Assuan. Dabei stellte sich heraus, dass wir auch das Postflugzeug waren. Wir hoben wieder ab und landeten das nächste Mal in Assuan. Dort fand nach dem Aussteigen wieder die gleiche Zeremonie statt wie in Heliopolis. Ich füllte meinen Einreisezettel aus, der Zollbeamte strich wieder meinen Rufnamen durch und ersetzte ihn durch meinen zweiten Vornamen. Sollten sie doch. Sie machten das nur bei mir. Wenn mich jemand strafend ansieht, habe ich noch lange kein schlechtes Gewissen. Anschließend alle zum Bus, Gepäck verstauen, einsteigen, rasen, durchgeschüttelt aus dem Bus fallen, Gepäck aufnehmen...

Und da lag sie vor uns, am Nilufer vertäut und nur über eine schmale Gangway zu erreichen: Die „Nilkönigin", unser Schiff. Drei Stockwerke hoch stand ein Kasten mit Fenstern auf einer Art flachem Prahm, der aber auch noch Fenster hatte. Ganz oben gab es ein mit Sonnensegeln abgeschirmtes Promenadendeck, wo sich sogar ein Pool befand. So ungefähr sahen früher die Mississippidampfer aus, nur nicht so modern. Dieses Ding besaß Schraubenantrieb und einen Schiffsdiesel. Nichts da mit Schaufelrad und Schornsteinen. Wenn hier noch etwas dampfte, waren das die Kessel der Schiffsküche. Ein schwimmendes Hotel. Ganz in Weiß. Die Kabinen wurden entsprechend den Buchungen verteilt, und wir erhielten eine im „Erdgeschoß" auf der Backbordseite. Reine Innenkabinen gab es nicht. Die Einrichtung war aber anscheinend überall gleich: eine Nasszelle, ein abgegrenzter Bereich mit zwei Betten, eine Frisiertoilette und ein Schrank. Direkt vorm Fenster ein paar kunstlederbezogene Bänke und ein Tisch. Als wichtigste Standardausrüstung die Klimaanlage. Die Fenstervorhänge waren derbe gesteppte lichtundurchlässige Decken, die mit Leinenbezug verstärkt waren. Alles war stark verziert, zum Teil mit Messingbeschlägen, altmodisch geschliffenen Spiegeln, gedrechselten Säulen aus gestrichenem Holz und mit ausgesägten Arabesken versehen.

Alles in unseren Augen schön kitschig in einer ungewohnten Farbgebung, bunten Glasperlen und mit Quasten an jedem Stück Stoff. Die Nasszelle wenigstens war aus rein praktischen Gründen ohne orientalischen Einschlag. Es war eiskalt, weil die Klimaanlage auf vollen Touren lief. Wir drehten sie herunter, soweit möglich, richteten uns so gut es ging ein und machten uns wieder davon. Alles auf diesem Schiff war „maschinengeschnitzt" wie die europäischen Möbel der zwanziger Jahre, gedrechselt, gefräst, durchbrochen, ausgesägt, mit Plüsch bezogen, mit Messing oder Kupfer beschlagen und mit Tapezierernägeln verziert. Orientalischer Luxus. War es in den Kabinen weiß lackiert, dann war das in den allgemein zugänglichen Räumen des Schiffes verarbeitete Holz der Täfelungen dunkel gebeizt und mit farblosem Lack überzogen.

Den Schlüssel nahm man uns sofort wieder ab, und wer etwas aus seiner Kabine wollte, musste ihn an der Rezeption holen. Schiffssprachen waren Englisch und Französisch, aber das Personal konnte sie auch nur begrenzt. Den Schlüssel für die Kabine 122 bekam man nur für „Eins-Zwei-Zwei", also:„*Wonn-Tuu-Tuu*", oder man blieb draußen. So radebrechten wir uns, so gut es ging durch.

Man eröffnete uns, der Rest des Nachmittags sei frei, und wer wolle, könne auf eigene Faust in die Stadt gehen und sie sich ansehen. Der Basar wurde besonders empfohlen. Eine größere Menge Urlauber stürzte sich in dieses Vergnügen. Einige kannten sich schon von zu Hause, und manche hatten sich schon neu angefreundet. Wir selbst hatten noch Mühe herauszufinden, wer überhaupt zur Reisegruppe gehörte, um wenigstens immer beim „Haufen" zu bleiben. Wir gingen diesmal noch nicht mit. Alles auf diesem Schiff war klimatisiert, außer dem Sonnendeck. Dahin machten wir uns auf den Weg. Es war schon Spätnachmittag, und die Sonne stand schon tiefer, aber als wir zum Aufgang gingen und den schweren Vorhang zur Treppe Richtung Oberdeck zurückschlugen, warf uns die Hitze förmlich wieder zurück. Mit dem Willen zum Unvermeidlichen ging es die Treppe hinauf. Oben war das Klima schon erträglicher.

Der Treppenschacht war wie ein Kamin gewesen. Oben wehte aber ein linderes Lüftchen vom Wasser her, und wenn es auch noch heiß war, so kannten wir jetzt das Gefühl, es gerade noch heißer gehabt zu haben.

Ausreichend bequeme geflochtene Gartenmöbel, Liegen mit aufliegenden Matratzen und kleine niedrige Tische standen herum, teils in der Sonne und teils mit Segeltuchplanen überdacht. Bevor wir uns am Ende unter dem Sonnensegel am Vorderschiff ein Plätzchen suchten, machten wir einen Rundgang um das ganze Oberdeck und den noch abgedeckten Pool.

Als Touristen waren wir da oben ziemlich allein, aber das Schiff war es nicht. An diesem Uferkai zur Stadtseite lagen noch mehr gleichartige Hotelschiffe. Die Stadtseite selbst bot sich als leicht ansteigend und komplett bebaut dar. Da wechselten Wohnhäuser mit Flachdächern, Pensionen, Hotels und orientalisch anmutende Bauten mit durchbrochenen Kuppeln einander ab. Dazwischen wuchernde Sträucher, Laubbäume und Palmen. Oben stand ein Bau, der unten wie ein romanischer Kirchenbau begann, sich in halber Höhe mit Arabeskenverzierungen schmückte, dann zwei gleichgestaltete Türme entwickelte, die in runden Kuppeln wie bei einer Moschee endeten, doch beide obenauf ein Kreuz trugen.

Gerade gegenüber von uns verlief in Augenhöhe leicht ansteigend die asphaltierte Uferstraße unter Bäumen. Es müssen hohe und auch schon alte Eukalyptusbäume gewesen sein. Ich weiß noch, dass ich sie erst für Weiden gehalten hatte, bis ich später einmal ein Blatt näher und auch geschmacklich untersuchte.

Auf der Nilseite lag vor uns die Insel Elephantine, dahinter das ansteigende Nilufer, bepflanzt mit Dattelpalmen, und dann dahinter der Sand der Wüste in sanften Wellen, in Gelb über Ocker, ab und zu durchbrochen von felsigen Gebilden in Siena-Tönen. Ganz oben und schon etwas weiter weg befand sich als Krönung eines weitläufigen kahlen Wüstenhügels das Grabmal des Aga Khan: Ein quadratischer Klotz mit Mittelkuppel und kleineren Kuppeln an den Ecken, farblich ganz der Umgebung angeglichen, mitten auf diesem Wüstenrücken, der die Horizontbegrenzung bildete.

Der Wasserstand des Nils war niedrig, weil durch den Assuan-Staudamm reguliert, und so ragten eine Menge Felsen mitten im Flusslauf aus dem Wasser. Dazwischen kreuzten im lauen Abendwind kleine Feluken mit ihren hochragenden Dreieckssegeln. Erst glaubte ich es mit Fischern zu tun zu haben, aber es waren Touristen, die sich auf dem Nil von Turban und Ghallabija tragenden Bootsführern durch das Labyrinth der Felsen und um die Insel herumfahren ließen.

Auf der Stadtseite begann sich die Uferstraße bei sinkendem Sonnenstand langsam zu beleben. Leichte Pferdekutschen, viersitzige gut gefederte, mit filigranen, lang- und dünnspeichigen Rädern, begannen auf und ab zu fahren. Kutscher in der üblichen Turban-Ghallabija-Tracht saßen auf dem Bock, schwangen den „Langhafer", geflochtene und verzierte Peitschen, und stießen anfeuernde Rufe aus, worauf das jeweilige in einer Zwillingsdeichsel laufende dürre Pferdchen feurig seine Mähne und den wie bei Zirkuspferden zwischen den Ohren befestigten Busch schüttelte, kräftiger ins Geschirr biss und dann einen wohldressierten Traber zu imitieren begann.

So etwas steckt an, und die anderen Pferdchen wollten nicht abseits stehen. Sie begannen am Geschirr zu zerren und die Augen zu verdrehen, was die Kutscher nötigte, diesem Drang nachzugeben und sich dem allgemein einsetzenden Gerenne der Pferdchen und Kutschen anzuschließen. Das ging dann endlose fünfzig oder auch achtzig Meter wie wild die Straße lang, bis die Eleganz des Trabes mit hoch erhobenem Kopf, angelupftem Schwanz und elegant geführten, wie durch den Salat stechenden Vorderbeinen den Pferdchen bei dieser Hitze zu viel wurde und sie wieder in einen Zuckeltrab verfielen.

Elegant war das schon, dieses Klappern der Hufe auf dem Asphalt, vor allem bei der völligen Lautlosigkeit des Rollens der schmalen Kutschenräder. Sie hatten hier nicht die phantasielosen Wege der Europäer beschritten, die so eine elegante Kutsche jetzt einfach mit gummibereiften Autorädern verschandelten, sondern eine eigene Konstruktion entwickelt. Auf der Lauffläche des schmiedeeisernen Radreifens war eine nach außen offene flache Rinne angebracht, in der ein Band lief, welches auf einem Gurt so breit wie diese Rinne derbe Borsten wie bei einer harten Schuhbürste trug, die über den Rand der aufgenieteten Rinne herausragten und so die Lauffläche des Rades bildeten.

Das war, wie ich später feststellen musste, eine für ganz Ägypten einheitliche „Kutschenbereifung", die noch Finessen barg, die man nicht vermuten würde, die uns aber offenbar wurden, als wir einmal nicht fahren wollten.

Zwischen diesen sich ständig in Bewegung haltenden Fuhrwerken liefen und standen Einzelpersonen, welche sich an die von den Schiffen in die Stadt strebende Touristen heranmachten um sie zu Kutschfahrten oder zu einem Segelausflug mit einer der kleinen Feluken auf dem Nil zu animieren.

Die Sonne ging unter, und am Ufer wurden verschiedene Beleuchtungen eingeschaltet, erst zögerlich, aber dann immer schneller, und was wir für dürres Gestrüpp, herumhängende Drähte oder verrottende Konstruktionen aus Stahlprofilen und Maschendraht gehalten hatten, stellte sich nun als Leuchtreklame aus bunten Neonröhren heraus. Wer hätte auch ahnen sollen, dass diese verbogenen Teile die arabische Schnürsenkelschrift mit ihren zu Logos verdichteten kalligrafischen Arabesken so eindrucksvoll nachbildeten. Auch die koptische Kirche strahlte nun in buntem neongeröhrtem Lichtschmuck. Der Muezzin rief aus einem am Minarett einer Moschee hängenden verbeulten und verrosteten Trichterlautsprecher zum Gebet. Für uns, die es zum ersten Mal hörten, war das ein blechernes Geheul, ähnlich dem, was man durch das Hineinbrüllen in eine große metallene Gießkanne erzeugen kann. Ich glaube auch nicht, dass die Gläubigen verstehen konnten, was er da vom Band laufen ließ, aber sie wussten, was es heißen sollte, und richteten sich danach, denn schräg unter uns, an der Rückseite des vor uns liegenden Schiffes und am steilen Ufer davor fanden sich nun eine ziemliche Anzahl der traditionell gekleideten Araber ein und verrichteten ihr Gebet in Richtung Stadt, also nach Osten. Weil wir uns etwas deplatziert vorkamen und man nie weiß, ob die Beobachtung beim Gebet durch uns vielleicht sogar gottlose Christen toleriert würde, zogen wir uns etwas weiter auf das Deck zurück. Der Himmel hinter dem Grabmal des Aga Khan war immer noch wolkenlos, jetzt feuerrot, das ganze davor liegende Land lag in Dunkelheit, und der Nil war nicht mehr silbern, sondern glutflüssig glatt, weil sich der Wind endgültig gelegt hatte. Die sanft geschwungene Horizontlinie mit dem eckigfordernd dastehenden Mausoleum des Aga Kahn und die scherenschnittartig reglos und schwarz vor diesem Himmel stehenden filigranen Fächer der Palmen machten das alles einmalig, weil für uns erstmalig.

Vor uns wurde es wieder lebendig. Das Gebet war vorüber, und jeder hatte seinen Gebetsteppich wieder verstaut. An der Rückseite des vor uns liegenden Schiffes wurde nun Licht gemacht, und es erschienen immer mehr Araber, die sich auf dem untersten Deck der hinten offenen Schiffsetagen zu sammeln begannen. Zwei Stockwerke darüber kam einer mit einer weißen Kellnerjacke heraus, um etwas aus einem Topf über die Reling in den Nil zu schütten, was den unten versammelten Männern nicht so sehr gefiel, die sich aber beruhigten, als der oben ihnen etwas zugerufen hatte.

Wir saßen im Dunkeln und wurden wohl nicht bemerkt. Ein älterer Araber erschien an der Gangway zum Hinterschiff dieses uns gegenüber liegenden Nildampfers. Er kam wohl aus der Stadt. Unter dem Arm trug er einen Holzkasten, der mit einem Tuch verhüllt war, und wurde freudig begrüßt. Alles saß mit untergeschlagenen Beinen im Kreis um einen Mittelpunkt herum auf der Erde oder auf Polstern, eingehüllt in die weite weiße Ghallabija und dem unvermeidlichen Turban. In der Mitte dieses Kreises begann nun der Neuankömmling seinen Kasten auszupacken. Zum Vorschein kam ein wunderbares großes verziertes Exemplar einer Wasserpfeife, die nun zusammengesetzt wurde und dann auf dem jetzt umgekippten Transportkasten wie auf einem Denkmalsockel stand. Man bemühte sich um das Gerät. Nach einer Weile schien sie zu funktionieren, denn der Schlauch mit dem Mundstück begann langsam die Runde zu machen, worauf die Gespräche erst etwas lauter wurden, sich eine Weile auf diesem Pegel hielten, um dann etwas leiser zu werden, bis sie langsam verebbten. Es war zu dunkel geworden, und sie waren auch zu weit von uns weg, als dass man hätte riechen können, was sie da rauchten. So versanken auch wir beim Anblick des nun tief dunkelrot leuchtenden Horizontstreifens mit seiner Palmenkulisse in eine meditative Stimmung. Die letzten Pferdekutschen machten sich auf den Heimweg, und bald war am Ufer Ruhe eingekehrt, nur ab und zu von einem Ausruf heimkehrender Touristen und den Antworten der Schiffswachen unterbrochen. Mit der eintretenden Stille wurden die Nachttiere zudringlicher, welche die Luft bevölkern, und da gab es stechendes und blutsaugendes Getier in Luxusausführung, das bestrebt war, am Europäer in seiner unbequemen Bekleidung die Wirksamkeit biologischer Blutabzapfgeräte stets neu zu erproben. Da nahm ich mir vor, bei nächster Gelegenheit auch auf Turban und Ghallabija umzusteigen, sofern das erlaubt wäre oder geduldet würde. Wir verzogen uns ins Schiff und trafen an der Rezeption auf die letzten durchgeschwitzten Rückkehrer vom Stadtausgang. Ihre Souvenir-Erwerbungen bestanden aus Säckchen voller getrockneter, aber noch nicht gemahlener Gewürzmischungen, die einem mit ihren ätherischen Düften den Atem verschlugen, allein vom Danebenstehen.

Ich holte unseren Schlüssel, und als wir die Kabine betraten, glaubten wir im arktischen Winter anzukommen. Die Klimaanlage stand immer noch auf dem niedrigsten Stand. Weiter ließ sie sich nicht herunter regeln. Wir zogen uns warm an und schalteten die Klimaanlage aus. Als es dann wärmer zu werden begann, zogen wir uns langsam wieder aus, und mit einer kurzen Schlafanzughose, ohne jede Art von Zudecke,

konnte man es bei etwas Gewöhnung ganz gut aushalten. Kaltes Duschen oder kalte Getränke helfen da nicht, denn das führt anschließend
höchstens zu stärkeren Schweißausbrüchen. Hibiskustee und heißer
Kaffee waren das einzige, was gegen den Durst half.

Kam man ins Freie, verbot sich das „Freimachen" von selbst, und
man musste schon derbes Zeug und auch weite Hemden mit langem
Arm tragen, um einem plötzlichen Sonnenbrand zu entgehen. Hundert
Meter durch trockenen Sand zu laufen, wenn die Sonne im Zenit steht,
kann schon zu Verbrennungen führen, und auch wenn man eine weiß-
leinene derbe Basecap trägt, verbrennt einem die Sonne trotzdem unbarmherzig die Ohren. Der gute alte Schlapphut hat mir da beste Dienste geleistet, denn wir waren oft zu Fuß unterwegs, weil die Ägypter ihre
monumentalen Sehenswürdigkeiten fast alle in der Wüste herumstehen
haben, statt sie in klimatisierten Räumen aufzubewahren. Ich habe in
widerstandsfähigsten Rosengranit gemeißelte Inschriften gesehen, die
seit mehr als viertausend Jahren nur der Sonne und der Zeit ausgesetzt
waren. Auch die waren bröcklig verwittert. Der Sonne widersteht nichts.

Abu Simbel

Gleich nach dem Frühstück ging es los. Leichtes Gepäck, also nur Fotoapparat, Sonnenhut und Sonnenbrille, eventuell noch Wasserflasche. Bus zum Flugplatz. Keinerlei Formalitäten. Wir enterten eine russische Düsenpassagiermaschine, deren Inneneinrichtung uns erst verblüffte, aber dann viel besser gefiel als das, was einem sonst von den Airlines in der Touristenklasse geboten wird. Das entsprach durchaus „Luxuslimousine", während man sonst mehr „Vorortzug des ÖPNV" fliegt. Die Maschine startete und gewann schnell an Höhe, so dass man den Nasser-See, den Stausee des Nils hinter dem Assuan-Staudamm, überblicken konnte. Der See lag wunderbar tiefblau leuchtend unter uns, eingebettet in die Wadi-Landschaft der im Sonnenglast flimmernden, und in verschiedenen Ockerfarben gestuften, unter uns vorbeiziehenden Wüste. An seinen Ufern befand sich keinerlei Pflanzenbewuchs. Der fruchtbare Nilschlamm sammelte sich zwar im See, aber er kam nicht aus ihm heraus. Wir haben später gesehen, wie man versuchte, den aus dem Stausee gewonnenen Schlamm zu nutzen, indem man ihn entlang der Wüstenstraßen, beispielsweise auf dem letzten Stück von Kairo nach Heliopolis, als Streifen aufbrachte und mit Bäumchen bepflanzte, um so das Grün auch wüsten Gegenden nahe zu bringen. Hier war aber versucht worden, den Stausee möglichst einzugrenzen, damit das Wasser nicht zu flach in der Wüste verlief und vielleicht sogar vollständig verdunstete. So kam es, dass mitten in der Wüste ganze Wadis zusätzlich mit kleinen Staumauern abgesperrt waren, welche das Wasser zurückhielten.

Unter uns sah ich außerdem eine schwarze, wie mit dem Lineal durch die Wüste gezogene Linie. Das war die neue Asphaltstraße von Assuan nach Abu Simbel und nach dem Sudan. Das musste die Gegend sein, die von den beiden tschechischen Ingenieuren Hanzelka und Zikmund 1947 mit ihrer Tatra-Limousine durchfahren worden war und die sie als das schlimmste Stück bei ihrer Durchquerung der nubischen Wüste bezeichnet hatten, welches sie vom 24. bis 26. Oktober bewältigten. 370 Kilometer in drei Tagen durch die Sand- und Schotterwüste mit Karte, Kompass und Sandschutzbändern, und infolge einer Unachtsamkeit, weil einer ihrer Segeltuchwassersäcke, die sie außen an ihren Wagen gehängt hatten, sich an einer Zierstange durchgescheuert hatte, nahe am Verdursten. Heute war der 12. Oktober, aber 45 Jahre später und für uns war es ein vormittäglicher Besichtigungsausflug von zweimal einer halben Stunde Flug. Als die beiden damals diese Reise antraten, um die tschechische Wirtschaft mit Aufträgen zu versorgen, seien es Autos oder Waffen, Munition, bzw. Bleistifte und Radiergummi, ahnten sie nicht, dass sie in eine sozialistische ČSR zurückkommen würden, die es jetzt auch nicht mehr gab. Ich bereitete mich damals gerade auf meine Einschulung vor, nicht ahnend, dass es bald eine DDR geben würde, die mir verweigern würde, später irgendwelchen Spuren in Ägypten zu folgen, und die es nun auch nicht mehr gab, weshalb ich nun imstande war, mich hierher zu verirren.

Unsere Maschine setzte nun auf dem winzigen Flugplatz von Abu Simbel auf, rollte aus, drehte und fuhr wieder in Startposition gleich neben dem Flughafengebäude, was einem Kiosk mit angebautem Busbahnhof ähnelte. Kein Flugplatzeinweiser, weder zu Auto, Motorrad oder mindestens Fahrrad. Nichts. Alles in Selbstbedienung. Da nun auch der Pilot die Maschine verließ, zog wenigstens wohl zwangsläufig die „Ordnungsmacht" auf. Die bestand aus einem baumlangen Nubier in Khaki-Uniform, mit Turban, Wickelgamaschen, hohen Schuhen und Koppel mit Offiziersriemen. Er stand neben einem vielleicht zehn Liter Wasser fassenden zerbeulten roten Blecheimer, den er sich mitgebracht hatte, in dem sich eine ebenfalls feuerwehrrote manuell bedienbare Kübelspritze befand. Falls jemand auf die Idee käme, das Flugzeug abzufackeln, brauchte er seinen Posten wegen der eventuell entstehenden Hitze nicht zu verlassen, denn er hatte ja für alle Fälle diese Erfrischung bei sich. Was diesem Posten an Technik fehlte, ersetzte er durch martialische Pose. Das Flugzeug würde bestimmt nicht geklaut werden. Dafür stand er gerade. Im Notfall würde er dem Bugrad ein Bein stellen.

Die zwei Zollbeamten im Durchgang des Flughafenkiosks saßen mit dem Rücken zu uns hinter ihrem Tresen und sahen demonstrativ zur anderen Seite. Sie ließen ein Schwarzweißfernseherchen nicht aus den Augen, welches gerade eine Bauchtanzdarbietung nach der überall so beliebten arabischen Dreitonmusik übertrug. Schon infolge der Lautstärke der Musik war es unmöglich, mit ihnen in ein offizielles Gespräch zu kommen. Wir waren für sie wie Falschgeld. Keiner wollte etwas mit uns zu tun haben. Vielleicht war auch der ganze Flug nicht offiziell. Uns war das egal. Wir waren angekommen und wollten nun etwas sehen. Es wurde jedoch ein ziemlich langer Fußmarsch an dem neu angelegten Ort Abu Simbel vorbei in Richtung Tempelanlage, denn außer den beiden Tempeln hatte man damals bei der Flutung des Stausees in den Sechzigern auch das alte Dorf mit auf das Hochplateau verlegen müssen.

Weil wir uns von der Landseite näherten, sahen wir lange nichts als Sand- und Schotterhügel. Dann ging es etwas bergab und man sah den Stausee. Als wir um die Ecke und hinter dem Tempelhügel herauskamen, verschlug es uns den Atem. Auch wenn man den Anblick dieser Tempelfassade von Postkarten, aus Büchern über Ägypten oder aus den Illustrierten, vielleicht sogar von größeren Postern her kennt oder dieses Motiv schon in Filmen verwendet sah: Wenn man davorsteht, ist es etwas anderes, eine durch keinerlei mediale Reproduktion ersetzbare monumentale Unmittelbarkeit.

Die vier sitzenden Kolossalstatuen Ramses II. vor dieser etwa 30 mal 40 Meter messenden Fassade, (von denen einer buchstäblich schon vor Jahrtausenden „der Kopf vor die Füße gelegt" wurde), sind trotz der nicht zu übersehenden allseitigen Beschädigungen von einmaliger Schönheit. Es ist das, was antike Dinge so unverwechselbar und anziehend macht, die Spuren der Zeit. Auch die im Inneren hinter dieser Fassade die Decke tragenden Pfeiler und die daran lehnenden Osirisfiguren verfestigen diesen Eindruck von Monumentalität, nachdem man durch das Tor zwischen den beiden mittleren Statuen in das Innere des Tempels eingetreten ist. Der Tempel selbst ist stollenartig direkt in den Berg hinein gehauen worden. Hat man sich an das schwächere Licht der indirekten Scheinwerferbeleuchtung im Inneren des Tempels gewöhnt, dann nimmt man erst die Ausschmückung mit Hieroglyphen wahr, mit denen jeder freie Fleck senkrechter Wand bedeckt ist. Es ist schade, dass die Farben nicht mehr überall gut erhalten sind. Künstlerisch ist die Ausgestaltung dieses Tempels bestimmt eine der gelungensten Gesamtkompositionen dieses Genres.

Wir wurden geführt und auch auf Deutsch informiert, was wir da sahen. Es war nicht so ruhmreich für Ramses II., den überragenden Gottkönig der Ägypter, denn da waren die Pannen der vielleicht größten damals von ihm bei Kadesch gegen die Hethiter geführten Schlacht dargestellt, in der Ramses verraten wurde, beinahe selbst sein Leben einbüßte und angeblich nur durch persönliche Tapferkeit den Sieg errang. Seine Truppen waren in eine Falle der Hethiter gelaufen, die fast noch das Lager der Ägypter erobert hätten, was aber durch eine plötzlich eintreffende versprengte oder verirrte ägyptische Truppe verhindert werden konnte. Die hatte sich nur auf ihrer Flucht in diesem Lager in Sicherheit bringen wollen, wurde aber dann als in Reserve gehaltene Geheimtruppe des Pharao umgedeutet. Ihnen war nichts anderes übrig geblieben, als sich zu wehren. Vielleicht war auch ihre Wut über die bereits ihre Habseligkeiten plündernden Hethiter der Grund ihrer neu erwachenden Tapferkeit, was dann den Feldzug rettete.

Wenn man bedenkt, dass Kadesch am anderen Ende des Ramsesreiches lag, wie kam es dann, dass gerade hier, am gegenüberliegenden Ende dieses Reiches im Gebiet der nicht immer so gehorsamen Nubier, dieses Siegesmal errichtet wurde, wo doch der Friedensschluss nach dem Kampf überhaupt nicht schnell genug abgewickelt werden konnte? Weshalb zog der große Sieger wieder nach Hause, während die Hethiter weiterhin in Kadesch Stadt und Garnison behielten? Wer gesiegt haben wollte, war sowieso nicht klar. Da hatten sich wohl die Ägypter ein bisschen die Finger verbrannt. Wo blieben die Tribute der Hethiter? Da hat Ramses vielleicht zahlen müssen, oder gaben sich die Hethiter tatsächlich mit der Abtretung des nördlichen Teiles der Landbrücke zum Nahen Osten, dem späteren Land Palästina durch Ägypten zufrieden?

Die Formulierungen des Friedensvertrages „für ewige Zeiten" sprechen jedenfalls eine Sprache, in welcher die Angst voreinander verräterisch durchscheint. Eingedenk des Satzes, dass der zwangsläufig zu den Siegern gehört, der dem Gemetzel wenn auch nackt, aber doch wenigstens lebend zu entrinnen vermochte, krönte sich Ramses am anderen Ende seiner Welt zum Gott für diese Pleite. Verlierer im Krieg sind immer nur die Toten.

Der Bau des Tempels und seine Innenbeschriftung müssen ziemlich unmittelbar nach den Ereignissen erfolgt sein, denn man hätte sonst etliches an Informationen bequemer unterschlagen können, die zwei Verräter bei der bildlichen Darstellung der Geschehnisse nicht so groß wie den Pharao darzustellen brauchen, und alles, was nicht ganz so heldenhaft war, weglassen können. Als man das zu errichten begann, hatte man wohl nur die Tatsachen und auch noch jede Menge unliebsamer Augenzeugen. Die Legende musste erst noch gestrickt werden.

Damit der Tempel auch eine Funktion hat, gibt es in Abu Simbel das sogenannte „Sonnenwunder". Das wird meist als Spielerei angesehen und den Touristen auch so vermittelt. Da bescheint die Sonne genau bei Sonnenaufgang am Frühlingspunkt und zum Datum des Herbstpunktes die im „Allerheiligsten" sitzende Statue des Amun-Re, aber die neben ihr sitzende Statue des Gottes der Finsternis Ptah nie. Das ist jedoch eine sehr wichtige und die hauptsächlichste Funktion, welche dieser Tempel hat. Nach diesem Festpunkt wurde halbjährlich der ägyptische Kalender geeicht. Alle administrativen Maßnahmen richteten sich nach diesem Kalender. Und ich glaube auch, dass sie diesen Kalendertempel auch deshalb am südlichsten Ende ihres Reiches gebaut haben, weil dort die Sonne infolge der Äquatornähe am steilsten aufgeht und sie die Zeitbestimmung des Frühlings- und des Herbstpunktes deshalb da am genauesten vornehmen konnten. Vor allem ist der dafür im richtigen Moment erforderliche wolkenfreie Himmel in dieser Wüstengegend stets garantiert.

Ich habe bei dieser Reise festgestellt, dass das ganze Wissen der Priester gleichmäßig über das ganze Land verteilt in den Tempeln aufbewahrt wurde. Kein Tempel ohne eine staatstragende oder eine wissensspeichernde Funktion irgendwelcher wichtiger Art. Bei manchen hat man das nur noch nicht entdeckt. Sie müssen damals ihre Nachwuchspriester während deren Ausbildung komplett durch alle Tempel geschleust haben, bevor die mit ihrer Ausbildung fertig waren. Die Priester lernten so nebenbei das ganze Land kennen und kannten sich dadurch dann auch alle gegenseitig. Es war wohl schon damals sehr wichtig, zu wissen, wer „mit dazu gehört". Als man den Tempel von Abu Simbel zu seiner Rettung in den sechziger Jahren auseinandersägte, um ihn oberhalb auf dem Plateau wieder zusammenzusetzen, hat man zwar alles auf das Genaueste vorher vermessen und auch wieder ausgerichtet, aber so ganz klappt das mit dem „Sonnenwunder" jetzt nicht mehr. Irgendetwas hatte irgendjemand da übersehen. Vielleicht machen es schon die paar Meter Standorterhöhung, dass das alles nicht mehr stimmt. Die ganze Anlage ist unabhängig davon sehr beeindruckend. Trotzdem wird der Besucher überrascht, wenn er, nachdem er durch das Haupttor des Tempels wieder herauskommt, anschließend durch eine kleine unscheinbare moderne Stahlblechtür rechts neben dem Tempel in das Felsmassiv eingeschleust wird und sich plötzlich im zwanzigsten

Jahrhundert befindet, nämlich auf einer Balustrade, einem stählernen Umgang in einem riesigen, von Neonlicht erfülltem Kuppelbau aus Stahlbeton, der die Rückseite und den stützenden Hinterbau des wieder errichteten Tempels darstellt. Den vermutet man da keinesfalls, denn von außen liegt die Erdaufschüttung des Tempelhügels darauf und täuscht ein wenn auch brüchiges Felsmassiv vor.

Von der Decke hängen in diesem Kuppelbau an Drahtseilen Lotkörper, deren Spitze unmittelbar am Boden auf die Mitte von Vermessungskreuzen deuten und die in halber Höhe von der Balustrade einsehbar durch Vorrichtungen laufen, die jede noch so winzige seitliche Auslenkung des Lotes auch im Millimeterbereich erfassen. Man kann schließlich nie wissen, was passiert, wenn ein Hügel aus so brüchigem Gestein sich aus dem sich bildendem Stausee mit Wasser vollsaugt und wie es sich auswirkt, wenn so viele Tonnen Tempel auf einen Hügel drauf gepackt werden, der jetzt plötzlich im Wasser steht und nun vielleicht auf einmal ganz andere statische Eigenschaften entwickelt. Die Kompliziertheit der räumlichen Verlagerung eines Bauwerkes, welches die Steinmetze ursprünglich aus dem gewachsenen Stein des Uferfelsens heraus meißelten wurde uns augenscheinlich.

Tritt man dann auf der Rückseite der riesigen Betonkuppel durch eine ganz normale, nach europäischen Normen gebaute Brandschutztür wieder ins Freie und steht plötzlich verlassen im grellen Sonnenlicht und der zuschlagenden glutheißen Luft auf einem Geröll- und Sandhügel mitten in der Wüste, glaubt man, aus Ali Babas Höhle zu kommen. Die äußerst spärliche Flora am Rande dieses Ausläufers des Stausees, die Windstille und die Hügel auf dem gegenüberliegenden Ufer sind so unwirklich, und die spiegelnde Schichtung der Luft zaubert einem in der Luft hängende Berge über das Wasser. Es war meine erste echte „Fata Morgana", die ich da sah. Alles, was ich bei flirrender Hitze bis dahin dafür gehalten hatte, war nur ein schwacher Abklatsch von diesem Eindruck.

Es befindet sich dort noch ein weiterer, aber kleinerer Höhlentempel, den Ramses seiner Lieblingsfrau gewidmet hat. Da schaut man aber nicht mehr so genau hin, nachdem man im Haupttempel war. Es braucht mehr Zeit, das alles zu erfassen, um es zu verarbeiten, als wir sie hatten. Es bleibt, wenn man es nicht sofort notiert nicht alles in der Erinnerung. Wir waren jedenfalls durch, und es wurde zum Aufbruch gesammelt, damit wir wieder zum Flugzeug kämen und auch keiner vergessen würde. Die Sonne brannte unbarmherzig durch meine Leinenmütze, und ich hielt mir die Hände über die Ohren, was die zwar auch nicht mehr vor dem bereits zu spürendem Sonnenbrand schützte, aber dazu führte, dass auch meine Finger Farbe abbekamen. Von wegen „Liebe Sonne". Sie stand jetzt zwar laut Kalender schon südlich des Äquators, aber zur Mittagszeit spielt das keine große Rolle, ob sie nun 70 oder 90 Höhengrade erreicht. Wir befanden uns südlich des nördlichen Wendekreises, dem des Krebses. Es war verflucht trocken, heiß, und kein Schatten, nirgends. Den mittäglichen Tropenregen gab es hier nicht. Wer hier verdurstete, wurde zur Mumie, die sich Jahrtausende hielt, und zwar ohne Konservierung. Man hat uns später im Museum Beispiele gezeigt. Eine in einem flachen Korb im Sand der nubischen Wüste bestattete Leiche war noch gut erhalten. Das Museum hatte ein Schild angebracht, auf dem zu lesen war, dass sie neuntausend Jahre alt sei. Sie war so trocken, dass sie nicht einmal mehr „müffelte".

Mittwoch, 14. Oktober 1992
1000 Tote bei Beben in Ägypten
Zahl der Opfer der Naturkatastrophe steigt weiter – Weltweite Hilfe angelaufen.

KAIRO/GENF (dpa). Die Zahl der Opfer des schwersten bisher in Ägypten registrierten Erdbebens ist offenbar weit größer als zunächst angenommen. Die Föderation der Rotkreuz- und Rothalbmondgesellschaften ging am Dienstag von mindestens 1000 Toten aus. 10 000 Menschen seien verletzt worden oder würden vermisst, berichtete die Organisation in Genf. Die ägyptischen Behörden registrierten bis Dienstag nach Angaben eines Regierungssprechers 398 Tote. Unterdessen liefen internationale Hilfsmaßnahmen an. Saudi-Arabien und Kuwait stellten eine Soforthilfe in Höhe von insgesamt 70 Millionen Dollar bereit. Aus Paris trafen sieben französische Ärzte ein. Das Deutsche Rote Kreuz will eine Suchstaffel mit Spürhunden schicken. Die Nachrichtenagentur Mena zitierte allerdings einen Sprecher der Sicherheitskräfte, die Suche nach Überlebenden unter den Trümmern der eingestürzten Häuser sei eingestellt worden. Das Hauptbeben, das eine Stärke von 5,5 bis 6 auf der Richter-Skala erreichte, hatte am Vortag vor allem den Großraum Kairo erschüttert. Aber auch im Nildelta starben mindestens zwölf und in der Oase Fayoum 40 Menschen. Ausländer waren von dem Beben offenbar nicht betroffen.

Assuan (Zwischenspiel)

A ls wir von Abu Simbel zurückkamen, lief unser weiteres Kultur-
und Bildungsprogramm gleich auf vollen Touren weiter. Die Besichtigung des Assuanstaudammes stand bevor, dann eine Motorboot-
fahrt zum Philaetempel, den wir besichtigen würden. Am Spätnachmittag eine Segelbootstour um die Insel Elephantine, dann die Besichtigung
des Grabmals des Aga Khan, gegenüber von Assuan.

Ich hatte mir in Abu Simbel die Ohrmuscheln trotzdem ordentlich
verbrannt, mich immer noch nicht an die Hitze gewöhnt und kaufte mir,
um keinen Sonnenstich zu bekommen, weil mir die Sonne auch noch
durch die Mütze schien, bei einem der Straßenhändler, die uns da ständig umschwirrten einen überteuerten Schlapphut. Anschließend lang-
weilte ich mich mit den technischen Zahlen des neuen Nil-Staudammes,
der sehr flach angelegt ist und dadurch bei weitem nicht so hoch aussieht, wie er tatsächlich ist. Wir hatten etwas Größeres erwartet. Zusätzlich kam die Besichtigung des großen halbvollendeten Granit-Obelisken
aus pharaonischen Zeiten ins Programm, der in Assuan noch im Steinbruch liegt, weil er einen Riss, einen Materialfehler aufwies. Granit ist
sehr spröde und lässt sich leicht spalten. Nimmt man einen Stein lose in
die Hand und schlägt mit dem Hammer darauf, zerspringt er. Deshalb
gibt es auch so viel Granitpflaster, weil die Steinklopfer mit diesem Material deshalb am besten zurechtkommen, der Stein trotzdem sehr hart
ist und nur einen geringen Abrieb hat. Aber wie die hier die Obelisken
aus dem Fels heraus gestampft hatten, war mir schleierhaft. Mit Spalten
bestimmt nicht. Wir liefen auf ihm herum, schätzten, wie schwer er
denn wäre und zogen dann wieder ab, Richtung Nil.

Nach einiger Wartezeit stiegen wir in eines der dort für Touristen
bereitgehaltenen Boote, eine Art großer Fischerkahn mit Außenbordmotor, der jeweils eine halbe Busladung Touristen fasste. Ab ging es
nach Philae, unsere erste Tempelanlage, die den typischen ägyptischen
Tempel symbolisiert. Wir erwarteten einen sehr alten Tempel zu sehen
und kamen an einer Insel an, die auf dem ruhigen Zwischenstück des
Nils zwischen dem alten und dem neuen Nilstaudamm vor Assuan liegt.
Die Tempelanlage war wie Abu Simbel im Zuge der Maßnahmen zur

Rettung von Kulturgut von einem anderen Standort vor zehn Jahren hierher verlegt worden, dabei restauriert und natürlich sehr sauber wieder hergerichtet. Der Haupttempel war der Isis geweiht. Es machte alles einen sehr soliden, exakten, nüchternen, sehr ordentlichen und sterilen Eindruck. Von ägyptisch-griechisch-römischer Tradition wurde gesprochen. Ausmalungen gab es keine mehr, weil der Tempel vorher zu lange im Wasser gestanden hatte und zu oft auch unter Wasser. Man sah zu viel frischen Mörtel zwischen zu vielen zu exakt nachträglich hier verbauten Quadersteinen, denen man ihren maschinellen Zuschnitt ansah. Die bildlichen Darstellungen an den Pylonen sahen so exakt aus, als seien die Steinmetze erst in der letzten Woche damit fertig geworden. Auch bei der Restaurierung der jahrhundertealten Beschädigungen war ganze Arbeit geleistet worden. Da saß jeder Schadensschlag wie bestellt und randscharf, alle Bauteile einschließlich Beschädigungen natürlich porentief rein, direkt wie aus der Waschmaschine. Alle Trümmer und Stolpersteine weggeräumt und anschließend sauber gekehrt. Das war einfach nicht das, was man von dieser für uns so entlegenen Gegend Ägyptens erwartet hatte. In Abu Simbel hatte der abgestürzte Kopf des Pharao noch, vielmehr wieder, vor seinen Füßen gelegen. Hier war alles weggeräumt und auch wieder zusammengesetzt, was einmal Trümmer gewesen waren. Der Tempel war später von koptischen Christen als Kirche genutzt worden, und ich sah hier erstmals das koptische Kreuz, das dem Malteser- oder Johanniter-Kreuz sehr ähnelt.

Nach der Besichtigung Abu Simbels stach das alles unangenehm ab. Das hier sah sehr nach „gut aufgeräumt" und „endlich mal wieder in Ordnung gebracht" aus. Eine Fleißarbeit. Nun gut, mir ist nie alles recht zu machen, und ein Fachmann würde sich nicht so äußern. Die Zeit wird hoffentlich für Patina sorgen. Wir waren auch bestimmt schon zu übersättigt von den Eindrücken dieses Tages. Wir waren eben schon ziemlich „geplättet" von der Hitze, von der Sonne und auch vom Programm.

An der nach der Rückkehr von dieser Besichtigung sich anschließenden Segelbootfahrt auf dem Nil nahmen deshalb auch nicht mehr so viele Urlauber teil. Wir und noch vier oder fünf andere wollten das zwar nicht auslassen, aber einen nochmaligen Ausflug auf der anderen Seite des Nils zur Besichtigung des Grabmals des Aga Khan lehnten auch wir ab. Unsere Fremdenführerin fand dies auch nicht erzwingenswert. Man sehe da auch nur den Sarkophag. Ich weiß nicht, was uns da entgangen ist. Es muss der Panoramablick über Assuan gewesen sein. Man sieht dieses Grabmal von überall her, also muss man von diesem Punkt aus auch alles sehen können, was in dieser Gegend sehenswert ist.

Der Bootsführer war uns hingegen nicht gut gesonnen, weil wir ihm nichts von seinen Souvenirs abkaufen wollten, deren überteuerter Verkauf als zweite Verdienstquelle neben der angemieteten Bootstour zu seinem Geschäft gehörte. Ins Wasser konnte er uns schlecht werfen, und als auch noch der Wind abflaute, warf er seinen Außenbordmotor an, um uns um die Insel Elephantine am Club Méditerranée vorbei möglichst schnell zu unserem Schiff zurückzubringen, damit er uns los war. Er hatte es satt mit uns, und wir hatten es auch satt. Es war nicht unser Tag und seiner auch nicht.

Ein Hotelschiff kam uns plötzlich in voller Fahrt auf dem Nil entgegen, das wie unseres aussah, und als wir uns mit knapper Not vor dem Gerammtwerden in Sicherheit gebracht hatten und aufatmen wollten, weil wir nicht in den Nil gefallen waren oder noch Schlimmeres, konnten wir an seiner Seite lesen, dass es tatsächlich unser Schiff, die „Nilkönigin", war. Die Fremdenführerin, die sich mit in unserem Boot befand, bekam die Panik, sprang unversehens auf, zeigte auf das Schiff und rief dem Bootsführer etwas zu, wobei sie fast über Bord gegangen wäre. Der Bootsführer wendete daraufhin seinen Kahn sehr scharf, und schon jagten wir unserem Dampfer hinterher, der sich ohne uns davonmachen wollte. Wir schrieen hinter dem Schiff her, aber es war niemand zu sehen, und es bemerkte uns auch niemand.

Wir fuhren dem Schiff hinterher, und erst als wir es eingeholt hatten und uns auf gleicher Höhe in der Tür zum mittleren Einstieg befanden, sahen wir den ersten Menschen, der zufällig an dieser Tür stand und aus dem Schiff heraus sah. Unsere Fremdenführerin begann wie wild zu gestikulieren und zu schreien, wir taten es ihr nach und der Bootsführer schrie auch, aber er schrie uns an, mehr in Angst um sein Boot, das ganz sicher kentern würde, wenn wir Touristenidioten uns weiter wie toll gewordene Affen aufführten.

Der über uns im Schiff an der Tür Stehende verschwand, wir wurden noch lauter, dann sahen zwei aus dem Glasfenster der Tür, und sie wurde endlich geöffnet. Es folgte ein wütendes Geschrei auf Arabisch zwischen Fremdenführerin, Bootsführer und Schiffsbesatzung, ein Seil kam herzu, und unser Kahn wurde am Schiff festgemacht. Als Fender hielt man einen abgefahrenen Autoreifen zwischen Boot und Schiff, welches inzwischen gestoppt hatte, aber ein Umstieg war trotzdem nicht möglich. Es war einfach zu hoch für uns. Von oben wurde nun aus dem Schiff ein Stuhl heruntergegeben, den wir auf das Vorderteil des Kahnes stellten. Uns am Mast des Bootes festhaltend, stiegen wir nacheinander auf den Stuhl, von wo aus uns dann zwei Mann per Hand ins Schiff zerrten. Von unten wurde nachgeschoben, und wenn man mit den Knien auf der Schwelle der Schiffstür landete, hatte man es geschafft. Unsere Abwesenheit war überhaupt nicht bemerkt worden. Es wurde vermutet, wir seien auf dem Sonnendeck. Die Kabinenschlüssel hingen ja am Brett der Rezeption. Es gab keinerlei Kommentar, Erklärungen oder Entschuldigungen. Wir bemerkten nur eine hektische Nervosität beim ganzen Schiffspersonal.

Sehr viel später, fast am Ende der Reise, erfuhren wir die Ursache. Es hatte auch in Assuan Ausläufer des Erdbebens bei Kairo gegeben, und aus Sicherheitsgründen hatte das Schiff abgelegt und war nilabwärts gefahren. Wäre der Assuanstaudamm gebrochen, hätte das Schiff für die Passagiere größere Sicherheit geboten als eine umständliche Evakuierung, vor allem wohin, womit und wie schnell? Ein Schiff schwimmt immer auf, und wenn sich die Fluten verlaufen haben, macht es nichts, wenn es dann mitten in der Wüste auf dem Trockenen sitzt. Ich dachte an die Arche Noah und was der Bruch des Assuan-Staudammes für Ägypten und seine Bewohner bedeutet hätte. Das wäre die Neuauflage der Sintflut gewesen. Aber der Damm hielt. Nie wieder würde ich einen Staudamm so gelangweilt betrachten, wie ich das hier noch am Vormittag getan hatte.

Schiffsgastronomie auf dem Nil

Am nächsten Morgen sammelten wir uns im Speisesaal. Alle schienen wohlauf, und wir begannen uns an die Schiffskost zu gewöhnen, obwohl wir nicht hätten genau sagen können, was wir da aßen, weil wir die Bezeichnungen der Speisen nicht kannten und es auch ungewohnt angerichtet war, und zwar zutatenmäßig und auch vom verwendeten Material her. Es schmeckte, und wenn man nicht wusste, was es war, nahm man nur wenig von dem, was auf dem langen Buffet aufgebaut war. Wer dann mehr davon haben wollte, holte einfach nach. Der „Maître de Buffet", wie wir ihn unter uns nannten, gab nur eine Mischung aus Französisch, Englisch und pantomimischem Ballett von sich, wenn er nach etwas gefragt wurde, und man wurde ihn erst los, indem man nickte und sich bei ihm bedankte. Ich habe ihn nicht zweimal gefragt. Wenn wir etwas wissen wollten, halfen wir uns lieber gegenseitig mit unseren Vermutungen aus und lagen, wenn wir das mit dem Kauderwelsch des Maître verglichen, selten falsch. Speisesaalordnung und Bedienung musste man eher als zeremoniellen Zirkus ansehen und nicht so sehr als Dienstleistung. Es war eine mit der Reise gebuchte Unterhaltung im besten Sinne.

Wir versammelten uns zu den Essenszeiten vor der geschlossenen vorhangbewehrten Glastür zum Speisesaal. Dahinter rumorte es lautstark, und es wurden Befehle erteilt, durchmischt mit Geschepper von Geschirr und Besteck. Manchmal scherbelte es auch. Das war die Vorbereitung, das Aufdecken. Es wurde immer pünktlich geschafft. Dann ging die Tür auf, und man begab sich in den Saal, dessen Wände und auch die Decke übrigens genauso kompliziert arabesk verziert, gedrechselt und geschnitzt, beschlagen, gebeizt und lackiert war wie die gesamte weitere Schiffsinneneinrichtung. Hinter der Tür befand sich erst ein abgegrenztes Stück Durchgang, in dessen Halbdunkel unser „Maître" in seinem elegant halb als Frack geschnittenen engen schwarzen Anzug stand und uns dienernd und kauderwelschend begrüßte. Bei passender meinerseitiger Bekleidung und natürlich auch der meiner nicht nur neben mir gehenden, sondern in meine Armbeuge eingehakten Frau, hätte ich ihm im Vorbeischreiten beiläufig gnädig zunicken können. Dazu hätten wir aber entsprechend angezogen sein müssen. Ohne Frack mit Fliege, Frackhemd und Monokel und für meine Gute ein langes Kleid mit angedeuteter Schleppe oder ein Rock, Kapotthut, hochgeschlossene Bluse mit Rüschen, Schmuck, dem unvermeidlichen „Cul de Paris" und natürlich Korsett macht man doch keinen Eindruck. So mit über der Jeans getragenem Sommerhemd und plumpen derben Wanderschnür-schuhen konnte man sich nur minderwertig fühlen angesichts einer solchen Empfangszeremonie. Dieser Mensch war vielleicht unbestimmt um die Dreißig und von seiner Aufgabe völlig durchdrungen. Wo der wohl gelernt haben mochte?

Wenn wir an unseren Stammplätzen in dem von rötlich durchschei-nenden Vorhängen leicht abgedunkelten Raum auf der rechten Seite Platz genommen hatten, kamen unsere zwei Damen, die Reiseleiterin-nen vom Reisebüro, in Begleitung des sich uns gegenüber als taub-stumm gebärdenden, ständig lächelnden Herrn, der uns am Ankunftstag die dritte falsche Sorte der Anmeldeformulare überreicht hatte. Die hatten einen Tisch für sich hinter dem Buffet.

Nun öffnete sich die Eingangstür ein weiteres Mal, und hereinge-schritten kam ein älterer Herr mittlerer Statur, gekleidet in einen dunk-len Straßenanzug mit dunkel gemustertem Einsteck-Schaltuch „à la Gunter Sachs", mit bärbeißigem Gesicht, sehr dunkler Gesichtsfarbe, kurz frisiertem lockig-schwarzem Haar, der scharfe stechende Blicke um sich warf, einen furchtbaren hakenförmigen Zinken im Gesicht trug, der zwei Nüstern aufwies, aus denen man glaubte, dass er gleich Feuer schnauben würde. Ihm folgten watschelnd drei korpulente Damen mit freundlichen Vollmondgesichtern, jede in einem buntgemusterten Ghal-labija-ähnlichen Kleid und Kopftuch der Art, wie es aus Glaubensgrün-den getragen wird. Zwischen den Damen bestand zwar ein gewisser Altersabstand, aber selbst die älteste war ziemlich viel jünger als der Mann, den ich auf Mitte Fünfzig schätzte.

Das war der Schiffseigner mit seinen Frauen. Die nahmen zusam-men an einem Tisch Platz, in der Mitte des Saales und in einer Linie mit dem Buffet. Es hatte den Anschein, als seien die Frauen alle zugleich guter Hoffnung, aber ich glaube, es war nicht der Fall. Sie kamen nicht immer, aber wenn, dann wurden sie zuerst bedient und es wurde ihnen alles serviert. Diese drei Damen kümmerten sich aufopfernd um ihren Pascha. Es hätte nur noch gefehlt, dass sie ihn fütterten. Es war sein

Schiff, und wir waren anscheinend nur geduldet, so wie man es duldet, dass einem die Kuh Milch gibt. Seine Blicke in unsere Richtung blieben stets streng und giftig. Vielleicht erwartete er auch von uns mehr Ehrfurcht.

Waren alle da, kam der eigentliche Auftritt des Maître. Der schwebte förmlich wie beim klassischen Ballett und sich dabei auf die Zehenspitzen erhebend geschwind durch den breiten Gang auf unserer Seite bis in die Mitte des Saales, verharrte dort kurz, und während man erwartete, dass ihm aus dem Zugang zur Küche seine Partnerin im „Tütü" für einen „Pas de deux" entgegen geschwebt käme, klatschte er in seine erhobenen Hände, zog das nachgeschleppte Spielbein ein, machte rückwärts einen Schritt zur Seite des Buffets, Front zum Publikum, und verbeugte sich, indem er sich mit vorgehaltenem abgewinkeltem linkem Arm in die Brust warf, einen Kratzfuß machte und den rechten Arm seitlich einladend von sich streckte. Das alles erfolgte schwälbchenhaft graziös und lautlos, denn er trug tatsächlich schwarze Chromlederschuhe mit weicher Sohle, die vielleicht eine Sonderanfertigung für Männerballett-Spitzentanz sein mochten.

Aus dem zweiflügeligen Zugang zur Küche stürzte auf diese einleitende Darbietung dann die Meute der Kellner mit Schreibblock und Stift heraus und an ihm vorbei auf uns zu, um die Getränkebestellung entgegenzunehmen. Diese Truppe bestand aus wohl noch in der Ausbildung befindlichen jungen Arabern, die nur die englischen Wörter auf der Getränkekarte beherrschten und sie auch schreiben konnten, sonst aber genauso hilflos vor unserer Sprache standen wie wir vor ihrem Arabisch. Französisch konnten sie nicht. Das konnte auch sonst kaum einer, außer den beiden Schwarzafrikanern, die den Souvenirkiosk und die Bar auf eigene Rechnung mit einem Sondermietvertrag mit dem Eigner auf diesem Schiff betrieben.

Die gaben sich mit der Kellnertruppe nicht ab. Die riefen höchstens mal einen zur Ordnung oder benutzten ihn als Dienstboten. Die Schiffshierarchie beim Servicepersonal war jedenfalls eisern festgeschrieben. Der „Maître" hatte seine Augen und Ohren überall, und wenn er sah, dass auf dem Buffet etwas zur Neige ging, schnippte er nur mit den Fingern, und eine der Weißjacken stob davon, um Nachschub zu holen. Auch wenn ein Wortwechsel mit den Kellnern etwas lauter zu werden drohte, flatterte er herbei. Ordnung, Service und die Zufriedenheit der Gäste waren sein Weg zur irdischen Glückseligkeit. Erst kam uns das lächerlich vor, aber dann hätten wir es nicht mehr missen wollen.

Einmal war die Tür vor dem Abendessen zum Speisesaal noch offen, als ich die Treppe zum Oberdeck herunterkam, um mich vorher noch in der Kabine zu duschen. Da sah ich unseren „Maître" mit seinen vor ihm im Gang des Speisesaales in Linie angetretenen Kellnerschäfchen, wie er ihnen die Jacken zurecht zupfte, wenn sie nicht richtig saßen, und jeder musste ihm die vorgehaltenen Hände zeigen, innen und außen, ob sie auch sauber wären. Eher ließ er nicht eindecken. Man sah ihn sonst nie, und wie er hieß, erfuhren wir erst an unserem letzten Abend, als er unseren Dank ausgesprochen bekam und das gesammelte Trinkgeld für das Bedienungspersonal entgegennahm. Er hieß „Suppé". Unsere Frauen tuschelten immer über ihn, und eine behauptete „Monsieur Suppé" bei Tageslicht bei Durchquerung der Lobby gesehen zu haben, und es hieß, dass dieser im ständigen Halbdunkel des Speisesaales so elegant wirkende Designeranzug des „Maître" bei Tageslicht so speckig gewesen sei, dass an keiner Stelle auch nur noch ein Fettfleck hingepasst hätte. Andere Länder, andere Sitten. Wer weiß, ob es stimmte. Das tat ihm in meinen Augen keinen Abbruch. Ich hätte ihn nicht missen wollen. Er gehörte genau so wie er war einfach mit dazu.

Komo Ombo

Unsere Reise lief weiter und je nachdem, wie weit wir auf dem Nil gekommen waren, wenn da ein Tempel oder eine andere Attraktion zu besichtigen war, hielt das Schiff an und wir machten dann einen Ausflug zu dieser Sehenswürdigkeit.

Sobald wir das Schiff verlassen hatten, sammelte uns unsere Fremdenführerin um sich, und schwor uns darauf ein, unbedingt zusammenzubleiben. Sie hätte uns beim ersten Mal ruhig noch ein bisschen mehr sagen können, aber sie vermutete nicht, dass sie eine sehr unerfahrene Lämmerherde aus Sachsen befehligte. Wir hatten, wenn überhaupt, meist nur sozialistische Auslandserfahrungen und waren unzureichend davon unterrichtet, wie der ägyptische Händler sein tägliches Brot verdienen muss und will.

Als unser Schiff anlegte, ging das alles noch seinen normalen Gang, aber als wir uns in Komo Ombo auf die leichte Anhöhe in Richtung des Tempels zubewegten, der dem Krokodilgott Sobek erbaut war, mussten wir ein Stück Straße überwinden, an deren Rand vielleicht fünfzig oder sechzig fliegende Händler im Freien ihre Waren anboten: Die üblichen Sonnenhüte, Turbanschals, verschiedene Hemdkleider für Männer und Frauen, ganze Ghallabijas, Arafat-Kopftücher, geschnitzte und gedrechselte Souvenirs, angefangen bei der Wasserpfeife über Skarabäen aus Speckstein, Keramik der unterschiedlichsten Ausführung bis zu Getränken in Dosen und Plastikflaschen.

Sie fielen über uns her wie die Geier und mit einem Lärm, der vermuten ließ, dass jeder mindestens drei Marktschreierstimmen hätte. Wer die Unvorsichtigkeit beging, etwas von den angebotenen Waren anzufassen oder das auffangen zu wollen, wenn es dem Händler plötzlich zu entgleiten und herunterzufallen schien, der kriegte das nicht wieder los und bekam einen ihn mit unverschämten Preisforderungen bedrängenden Verfolger, dem nicht zu entrinnen war.

Auch wir wurden davon überrumpelt und ließen zehn Pfund. Das waren zwar nur fünf Mark, und wir erwarben dafür ein weißbaumwollenes Damenunterkleid mit Spaghettiträgern, das meiner Frau sogar ganz gut stand, aber gewollt hatten wir das eigentlich nicht. Ob Sie es später wenigstens einmal als Unterrock getragen hat? Fragen Sie mich lieber etwas, was ich weiß ... Es liefen jedenfalls massenhafte Einzelgefechte. Endlich, nach etlichem Aderlass unserer Devisenreserven, durchbrachen wir den Ring der Belagerer. Unsere Führerin stand abseits des Weges und etwas erhöht und auch etwas weiter weg hinter dem Händlerbereich und sammelte die langsam eintreffenden Mitglieder unserer Gruppe, wie sie mehr oder weniger gerupft und mit nicht gewollten Einkäufen beglückt oft ganz bedeppert ihr wieder zuliefen. Sie lächelte. Wie viele Schiffe hier am Tag landeten, konnte man nicht wissen, und nur die von da kommenden Touristen eigneten sich als Beute für die Händler. Es war nicht bösartig, nur eine ungewohnt aggressive Vermarktung von Souvenirs, an die wir uns noch gewöhnen sollten.

Nach einer Weile waren wir alle wieder beisammen, wie die Zählung ergab. Der Weg wurde nun etwas steiler, machte eine Linkskurve, und schon sahen wir unser Ziel, den Tempel des Krokodilgottes. Der war zwar in derselben Weise erbaut, wie schon in Philae bewundert, aber hier handelte es sich um einen Doppeltempel, und die linke Seite war eingestürzt. Das heißt, die auf den dicken Säulen aufliegenden starken Quadersteine, die durch Quer- und darüber Längsverlegung die Decke des Tempels gebildet hatten, waren heruntergestürzt und lagen nun als Trümmerstücke zwischen den Säulen. Das ist ja für Ägypten nichts Besonderes, und so besichtigte man eben eine Tempelruine. Aber gerade unserer Fremdenführerin erschien das nicht so, denn sie blieb wie angewurzelt stehen und starrte verständnislos auf diesen Tempelbereich. Dann sagte sie leise zu den unmittelbar um sie herumstehenden Leuten: *„Das muss letzte Nacht heruntergefallen sein..."*

So geht das eben. Fünftausend Jahre steht es in dieser Gegend herum, und wenn man hinkommt und es betrachten will, ist es in der letzten Nacht heruntergefallen und zusammengebrochen. Ich will nicht übertreiben. Die Tempelanlage war wohl schon so alt, aber der eingestürzte Teil des Haupttempels war aus der ptolemäischen Spätzeit, also nur wenig mehr als zweitausend Jahre alt.

Überall waren Absperrbänder von der Polizei gezogen, immer schön weiß-rot gemustert wie bei uns zu Hause, wenn die Gasleitung defekt ist und der Bautrupp die Straße aufgerissen hat, um zu reparieren, und jeder weiß, dass er da nicht hin darf, weil er sonst ins Loch fällt. Hier war das anders geregelt. Die Absperrung galt nur für uns Touristen, aber für sonst keinen, denn hinter dem Band inmitten der Trümmer und direkt unter den in mehreren Metern Höhe auf Absprung lauernden gefährlich wacklig balancierenden Restbrocken der Decke standen Beduinen in ihren weißen Nachthemden und mit Turban, lächelten uns mutig zu, und wenn sie einen Touristen bemerkten, der sie samt Trümmerhaufen zu fotografieren versuchte, gab es vorgestreckte Hände und den lauten Ruf nach Bakschisch. Geschäft ist Geschäft. Das Genie nutzt die Katastrophe ... So erfuhren wir erstmals von dem stattgehabten Erdbeben in Ägypten, aber was eigentlich passiert war und dass zu Hause die Zeitungen davon voll waren und die Schätzungen zwischen 200 und 1000 Toten schwankten, davon erfuhren wir nichts.

Wir betraten den rechten, dem Krokodilgott geweihten Tempelbezirk, besichtigten den Glaskasten mit den mumifizierten Resten verschieden großer Nilkrokodile, die auch noch nach Jahrtausenden schimmlig müffelten, betraten die Tempelanlage und das Allerheiligste, traten wieder ins Freie, nahmen zur Kenntnis, dass der linke Tempelbereich spiegelverkehrt absolut gleich gebaut gewesen war, erhielten eine Einführung in altägyptische Messtechnik und ihre verblüffende Genauigkeit, was uns an der eingemeißelten Trennfuge an der hinteren Rückseite der Tempelmauer demonstriert wurde, wo der Horustempelteil an den Krokodiltempelteil stieß.

Da waren die Tempelherren Horus und Sobek eingemeißelt, wie sie gerade den Tempel teilen, und in der Mitte die winzige Göttin der Gerechtigkeit, die „Maat" mit ihrer „Indianerfeder" auf dem Kopf, die dort über die Richtigkeit und Unveränderlichkeit der Übereinkunft der Götter wachte, nur dass Horus seit gestern eine ruinierte Tempelseite hatte und Sobek eine intakte. Als uns aber mitgeteilt wurde, dass das Nilkrokodil in Ägypten schon längere Zeit ausgestorben sei und nur noch in den Gebieten des Sud zu finden wäre, rückte das alles wieder etwas ins Gleichgewicht. Den einen konnte man anbeten, trotz kaputten Tempels, denn etwas dem Horusfalken Ähnliches gäbe es noch, und dem anderen nützte sein intakter Tempel nichts mehr, weil ihm sein ihn verkörperndes Tier abhanden gekommen war.

Auch dieser Tempel hatte eine wichtige Funktion gehabt, die über die Verehrung der Götter hinausreichte. Hier war in der Frühzeit die Zentrale dessen gewesen, was man heutzutage als „Rat der Wirtschaftsweisen" kennt und nach dessen Empfehlungen die Regierung ihre Wirtschafts- und Finanzpolitik für den jährlichen Staatshaushalt ausrichtet. Dieser Tempel besaß ein Nilometer.

Am Nilometer, dem wohl ältesten Teil der ganzen Anlage, gleich neben dem Tempel, einem ehemals begehbaren Brunnenschacht, der in früheren Jahrtausenden eine kommunizierende Verbindung direkt zum Nil besaß, wurde früher je nach Höhe der erreichten Überschwemmung von den Priestern die Höhe der im betreffenden Jahr zu erhebenden Abgaben festgelegt. Das war eine interessante Skala. Erreichte der Nil nur die untersten Hochwassermarken, war der Ertrag wohl niedriger, weil die Ernte von der angeschwemmten Nilschlamm-Menge abhing, denn da war auch die Abgabenmenge niedrig. Mit steigender Höchstflutanzeige wuchs auch die Abgabenhöhe. Soweit ganz logisch. Es ging aber weiter. Stieg die Flut noch höher, sank die Abgabemenge wieder. Der Nil nahm dann als reißender Strom wohl mehr wieder mit, als er brachte. Sie kannten außer der Dürre im alten Ägypten auch schon den „Hochwasserschaden".

Das mit der Anzeige wäre aber schon in römischer Zeit nicht mehr zuverlässig gewesen, und auch damals soll ein Erdbeben zur Beschädigung dieser Messeinrichtung beigetragen haben. Die Skala hatten sie da noch, aber sie verwendeten sie nicht mehr.

Die ganze Zeit musste ich an die seismischen Aktivitäten nachspürenden, so exakt angebrachten Messeinrichtungen in der Betonkuppel des Tempels von Abu Simbel denken, die Setzungen oder Unterbodenschwankungen sogar im Millimeterbereich nachweisen könnten und meiner Meinung nach auf Schwankungen über dem Dezimeterbereich überhaupt nicht ausgelegt waren. Ob die Anlage nun auch schief stand oder vielleicht sogar brüchig oder einsturzgefährdet war? Und wie mochte sich das auf das Lichtorakel und die Ausrichtung des Tempels auf den Frühlings- und Herbstpunkt ausgewirkt haben? War das jetzt besser geworden oder nun endgültig unbrauchbar? Bekam von nun an der Gott der Finsternis Ptah auch etwas vom einfallenden Lichtstrahl dieser Tage ab, oder musste von nun an sogar Amun-Re zusammen mit Ptah in ewiger Finsternis sitzen? Ich werde es wohl nie erfahren.

Auf dem Rückweg zum Schiff gelang es uns, weitgehend ungerupft durch die Händlerbarriere zu kommen. In den Händen trugen wir die auf dem Anmarsch da erstandenen Waren. Die Attacken blieben verhalten. Wir hatten schließlich schon gekauft.

Donnerstag, 15. Oktober 1992

Erdbeben zerstört 563 Häuser

Welle der Hilfsbereitschaft – Bislang 450 Tote und über 4000 Verletzte gezählt

KAIRO (dpa). Das Erdbeben in Ägypten hat eine Welle der Hilfsbereitschaft insbesondere unter den arabischen Staaten ausgelöst. Nach Saudi-Arabien und den Vereinigten Arabischen Emiraten, die insgesamt 110 Millionen Dollar Hilfe zusagten, bot Libyen am Mittwoch 60 Millionen Dollar als Beitrag für den Wiederaufbau der mindestens 563 eingestürzten Häuser an. Bei einem Kurzbesuch in Ägypten, seinem ersten seit der Golfkrise, sagte auch der jordanische König Hussein Unterstützung zu. Aus Deutschland, Algerien und Slowenien trafen Spezialisten und Spürhunde ein, die den ägyptischen Bergungsmannschaften bei der Suche nach Überlebenden unter den Trümmern helfen wollen. Am Mittwoch hatten erneut zwei kleinere Nachbeben Kairo erschüttert, die die Stärken 3,7 und 4 auf der Richterskala aufwiesen. Über weitere Schäden wurde aber nichts bekannt. Ägyptische Geophysiker sehen die Gefahr eines weiteren stärkeren Bebens als unwahrscheinlich an. Viele Menschen hatten nach Augenzeugenberichten die Nacht zum Mittwoch vorsichtshalber im Freien verbracht.

Bisher wurden nach Angaben des ägyptischen Präsidenten Husni Mubarak über 450 Tote und mehr als 4000 Verletzte gezählt. Aus den Trümmern eines 14 Stockwerke hohen Hauses im Kairoer Stadtteil Heliopolis, auf das sich die Rettungsarbeiten konzentrierten, wurden bis zum Nachmittag 28 Leichen geborgen. Mubarak kündigte Soforthilfe für die Obdachlosen an. Der Präsident ordnete an, jede betroffene Familie solle umgerechnet 2000 Mark Soforthilfe erhalten und so bald wie möglich eine neue Wohnung zugeteilt bekommen.

Edfu

Auf unserer Weiterfahrt den Nil abwärts erreichte unser Schiff nach dem Besuch des Tempels in Komo Ombo die Stadt Edfu. Dort befindet sich ein berühmter und auch noch gut erhaltener, ebenfalls dem Gott Horus geweihter Tempel. Wir zogen früh los, und um uns nicht durch einen zu langen Marsch vom Schiff bis zum Tempels zu ermüden, war ein ganzer Schwarm Kutschwagen, Vier- und Fünfsitzer samt ihren Kutschern bestellt, die uns zur Stadtmitte Edfus bringen würden, von wo aus dann die Tempelbesichtigung stattfinden könnte. Weiterhin wurde uns in Aussicht gestellt, den Markt in Edfu zu besuchen, denn heute sei Markttag. Das teilte uns unsere Fremdenführerin kurz und klar mit, nachdem das Frühstück auf dem Schiff beendet war.

Sie hatte da erst bei uns ihre Kindergärtnerinnenpflichten wahrgenommen, indem sie an Erkältungen leidenden Touristen das Trinken verschiedener gekühlter Getränke vermasselte und sie mit Heißgetränken versorgen ließ. Außerdem empfahl sie ihnen, die Klimaanlage nicht als Allheilmittel anzusehen und sich von der Sonne durchwärmen zu lassen, weil dann die Gesundheit von allein wiederkomme. Die an Durchfall leidenden Klienten, sofern sie an der Frühstückstafel erschienen, kurierte sie unbarmherzig mit heißem schwarzem Kaffee, in den sie einen gehörigen Schuss frischen Zitronensaft goss. Bei Madame wurde pariert. Die kannte ihre Pappenheimer. Das war keine Frau, sondern ein mütterlicher Korporal und vor dem Alter ihrer Patienten hatte sie keinen Respekt. Auch sonst war sie sehr resolut. Ein achtzigjähriger hypochondrischer Jammerlappen, der sich mit dem Klima absolut nicht abfinden wollte, bekam von ihr genau so sein Fett weg, wie der Intellektuelle, der ihr mit seinem angelesenen Wissen in ihre Erläuterungen während der Tempelführungen hinein zu pfuschen versuchte. Sie wisse schon, dass man in jedem Buch über ein und dieselbe Sache die verschiedensten Dinge lesen könne. Frauen legten sich mit ihr nicht an.

Ich weiß bis heute nicht, wie sie hieß. Sie wurde mit „Madame Bahiga" oder so ähnlich angesprochen, aber das schien ein Spitzname zu sein, denn die Fremdenführer anderer Reisegruppen riefen sie so, sobald sie ihrer ansichtig wurden, und es wurde viel gejohlt dabei. Sie trug stets lange Hosen und auch europäisch geschnittene, dazu passende geschlossene Oberteile, alles in gedeckten Farben, und ihr Haar stets in einem handgestrickten, täglich andersfarbigen Haarbeutel. Welche Farbe es hatte und ob gekraust oder glatt, das wussten die Frauen selbst am Ende der Reise nicht, und das sagt wohl viel über die Konsequenz aus, mit der Madame ihre muslimisch tradierte Kleiderordnung einhielt.

Sie war eine sehr dunkle Nubierin, bezeichnete sich selbst als Schwäbin, sprach ein fließendes, leicht schwäbelndes Hochdeutsch, war verheiratet mit einem ägyptischem Offizier, und einer ihrer Söhne diente wahrscheinlich auch schon bei den ägyptischen Streitkräften. Davon gab es auch Fotos. Ihr Alter war schwer definierbar: um die Vierzig, vielleicht auch jünger oder älter. Sie gab sich resolut und durchsetzungsfähig. Frauen müssen so etwas voneinander wissen, und es gibt keine Ruhe, bis alles durchgesprochen ist, was man voneinander erfahren kann. So erfuhr ich das nebenbei auch, als es hinterher noch einmal durchgehechelt und neu sortiert wurde, bis es auch die Letzte ganz genau wusste. Es wurde von einem in Deutschland erworbenem Studienabschluss in Ägyptologie gesprochen, was auch zu stimmen schien, denn in Luxor wurde sie uns einmal von einem Trupp offizieller Ausgräber „entführt", als sie uns gerade erklärte, wie es kam, dass der Tempelfußboden aus lauter kreisrunden Elementen bestand, weil das Reste der abgebrochenen Säulen eines noch älteren Tempels seien, den man hier als Baumaterial verwendet habe. Alles Relikte aus den Wirren der Amarnazeit, in der nur noch Aton, die Sonnenscheibe, als Verkörperung des Sonnengottes Re oder auch Ra angebetet werden durfte und der Kult des Gottes Amun oder Amen zeitweise mit allen anderen Göttern abgeschafft war. Wie auf Stichwort wurde sie da von den dort tätigen Ausgräbern mit Beschlag belegt, die gerade diesen Fußboden ausgruben, damit man an die Inschriften an ihrer Außenseite herankäme, und wir standen eine Viertelstunde ohne Führung herum, bis sie wiederkam und sich entschuldigte. Man war auf ein Versteck unter dem Tempel gestoßen, in dem sich goldene und vergoldete Statuetten des Gottes Amun befanden, die vor über dreitausend Jahren vor Amenophis IV., dem Begründer der Amarnakultur, besser bekannt als Echnaton, und seiner Gemahlin, der berühmten Nofretete, versteckt worden waren, bis vielleicht bessere Zeiten für Amun von Theben kämen und er wieder Gott sein dürfte. Das hatte man ihr zeigen wollen. Die Statuen hatten es überlebt in ihrem Versteck, die damaligen Priester nicht, jedenfalls kein Eingeweihter, wir würden heute sagen: keiner der Geheimnisträger.

Das Grab des letzten Sprosses dieser 18. Dynastie, das des Tut-ench-Amun, entdeckte 1922, um das hier gleich mit abzuhandeln, der britische Forscher Howard Carter. Dieses Grab war ebenfalls „vergessen" worden, vielleicht auch so wirkungsvoll verflucht, dass sich seinerzeit keiner der Grabräuber an diese Schätze heranwagte, die dem letzten Ketzer-Pharao ins Jenseits mitgegeben wurden, bis er und sein Grab wirklich vergessen waren. Es mag wohl große und auch reiche Bestattungen von Pharaonen in Ägypten gegeben haben, aber nach meiner Meinung war das ein riesiger Schwindel und Recyclingwirtschaft. Diese Riesenmengen an Gold und Schmucksteinen, die da jedesmal der Erde übergeben wurden, konnten zu dieser Zeit kaum erzeugt oder erhandelt werden. Da war professionelle und vom Priestertum organisierte Grabplünderung notwendig und wohl mit am Werk, um immer den künftigen Grabschatz des nächsten Pharao rechtzeitig und vollständig zusammen zu bekommen. Die so bewunderte goldene Gesichtsmaske des Tut-ench-Amun sieht nach Ansicht der Ägyptologen ziemlich gebraucht aus, und ich mag nicht wissen, wie viele Pharaonen vor ihm mit dieser Maske schon beerdigt worden sind, bis sie in seinem Grab endlich zu einer dreitausendjährigen Ruhe gebettet wurde. Die Archäologen sind sich zumindest in der Hinsicht sicher, dass sie zusammengeflickt ist und ursprünglich nicht für ihn hergestellt wurde. Auch ich bin ein Ketzer und gebe es auch zu. Der Name des erst Tut-ench-Aton benannten Pharao ist jetzt Tut-ench-Amun. Er war also vor den Göttern ein Renegat. Als sein Grab gefunden wurde, schrieb man seinen Namen so: Thut-ankh-amen. Es gab auch gleich einen deutschen Gassenhauer, dessen Text so begann: „Kleiner Thut Ankh Amen, fall nicht aus dem Rahmen ..." Gebete an Amun enden mit dem Ausruf „Ameen!", dem Namen des Gottes, in dem Sinne: „Hörst du mich, du bist gemeint, den ich anrufe!"

Es soll ja auch jetzt noch Naturvölker geben, welche die Statue ihres Regengottes in die pralle Sonne setzen, wenn er nicht hören will und alles verdorren lässt, damit er merkt, wie unangenehm heiß das sein kann, in der Sonne zu sitzen. Es heißt ja auch „Anrufung" Gottes, was jetzt zur Anbettelei verkommen ist. Ob die ihren Heiland anhimmelnde Betschwester, wenn sie am Ende ihrer Bitten ihr ehrfürchtiges „Amen" hinhaucht, eine Vorstellung davon hat, wie fordernd dieses Wort dereinst gewesen ist und an wen eigentlich und immer noch gerichtet, als es der Hohepriester zu Echnatons Zeiten hinausschrie, um den schlafmützigen Gott zu wecken und ihn somit verzweifelt um Hilfe anging, während die Soldaten des Pharao schon begannen ihm die Tempeltore einzuschlagen, um den Amunkult zu beenden?

Über solche Sachen konnte man sich mit Madame unterhalten. Sie war da keineswegs dogmatisch und klebte auch nicht an angeblichen Fakten. Sie hatte auch keine gute Meinung vom ägyptischen Staat im Allgemeinen und bezichtigte ihn des Raubes ihrer Heimat. Die nach ihrer Schätzung noch fünfzigtausend tatsächlich reinen Abkömmlinge der Nubier waren zwar entschädigt und umgesiedelt worden, aber das, was ihre Heimat gewesen war, lag jetzt auf dem Grunde des Nasser-Sees den Nil aufwärts hinter Assuan und auf immer begraben, vom ständig nachgelieferten Nilschlamm bedeckt, nie wieder bewohnbar, auch wenn der ganze Stausee verlandete und Sinn und Funktion dereinst verlöre.

Das war kein Hass. Das waren nur Trauer und natürlich Nationalstolz. Sie halten sich da sehr gut auseinander, die dem koptischen Christentum anhängenden Ureinwohner, die Nubier, die nachgewanderten Beduinen, die Nomaden, die „Bewässerer", auch Fellachen genannt, und sonstige eingesprengte Volksgruppen.

Auch wenn über neunzig Prozent der Einwohner sich zum Islam bekennen, ist das keine einheitliche Masse, und es hat sich in letzter Zeit gezeigt, dass ihre Bestandteile ziemlich fanatisch werden können, wenn man sie nicht nach ihrer Fasson selig werden lässt. Wir brachen also per Droschkenkorso nach Edfu auf und fuhren durch eine schattige Allee, die von Gartenmauern und im Grünen stehenden Villen, von Garagen, in denen Autowerkstätten untergebracht waren, Wohnhäusern, offenen Handwerkerläden, Warenumschlagplätzen, Palmenhainen und Schrottplätzen begrenzt wurde.

An einer dieser die Straße begrenzenden Gartenmauern hockten, bekleidet mit dunklen Arbeits-Burnussen, etliche Araber mit Turban und unterhielten sich. Die warteten auf eine Gelegenheitsarbeit, denn am Ende der Reihe kam ein Pförtnerhäuschen, wo gerade zwei von ihnen von einem etwas besser gekleideten Herrn, der ein Bauchladenbüro trug, eingewiesen wurden, wo sie hinzugehen hätten, um zu arbeiten. Sie hatten Zettel in den Händen, die er auf seinem „Brett vor dem Bauch" ausschrieb und mit denen sie sich wahrscheinlich bei dem sie anfordernden Arbeitgeber melden sollten.

Wir fuhren erst einmal Richtung Tempel, um ihn zu besichtigen, und als wir zurückkamen, war auf dem freien Platz, an dem wir ausgestiegen waren, der Markt aufgebaut. Vorerst gab es noch andere Probleme. Madame zählte uns, und es fehlten zwei Personen, die vielleicht von ihrem Droschkenkutscher entführt sein konnten. Es wurde gerechnet, und am Ende waren die zwei Eintrittskarten übrig, die für unsere Reiseleiterinnen gekauft worden waren. Die kannten das alles schon und waren bei dieser Hitze lieber auf dem Schiff geblieben, ohne sich abzumelden. Ordnung musste sein und Übersicht auch. Bei Madame ging niemand verloren.

Wir näherten uns dem Tempel von hinten und sahen, dass die Bauten immer gewaltiger wurden, bis wir endlich am vordersten Pylon angekommen waren, der als der zweithöchste für Ägypten ausgewiesen ist. Das ist die hohe und breite, nach oben konisch zulaufende Mauer der Frontansicht des Tempels, in der sich das Haupteingangstor befindet.

Als wir an der linken Seite des Pylonen durch einen schmalen Gang schlüpften, sah ich etwas sich auf dem Fußboden bewegen. Man denkt da an Ratten, Mäuse oder vielleicht auch Schlangen, aber es war ein Skarabäus, ein Mistkäfer, der seine Kotkugel mit seinem Ei da entlang treidelte, damit daraus die Auferstehung seines Nachkommen stattfände. Das heilige Tier der Ägypter, und beinahe hätte ich es zertreten! Es stimmte also doch nicht, dass sie ausgestorben wären. Dann traten wir ins Freie, und der Pylon strahlte das volle Sonnenlicht und die Sonnenhitze zurück. Auf dieser breiten Mauerfront fand sich die Darstellung eines Pharao, der dabei war, mit einem einzigen, weit ausholenden Schlag mittels eines stilisierten zeremoniell geformten heiligen Streitkolbens, Sichelschwertes oder Hinrichtungsbeiles einer ganzen Truppe von Feinden, die er alle zugleich bei den Haaren gepackt hielt, die Köpfe abzuschlagen und dem ihm gegenüber stehenden Gott zu opfern. Weil das hier ein Horustempel war, stand natürlich Gott Horus mit Falkenkopf, geschmückt mit der kombinierten Krone von Ober- und Unterägypten, dabei und legitimierte die Sache als göttlichen Auftrag.

Man kann an den Tempeln und den mit Bildreliefs geschmückten Mauern übrigens ziemlich genau ablesen, wie tief die jeweiligen Bauwerke in der Zeit des Frühchristentums und der beginnenden Islamisierung vom Sand zugeweht waren. In den ersten Jahrhunderten hatten sich die ersten Bilderstürmer hier betätigt und die Bildreliefs von Göttern und Pharaonen weitgehend zu zerstören versucht. Das Zerstörungswerk begann an der Linie der Sandverwehung und reichte bis in die Höhe, die ein erwachsener Mann mit den Händen von da aus erlangen kann. Unten war es am stärksten, weil auch am zugänglichsten.

Unter dieser Linie waren die Reliefs unbeschädigt. Zerstört waren mindestens Gesichter, Hände und Füße. Das waren die Körperteile, an denen man im Jenseits der Ägypter erkannt werden und deshalb wieder auferstehen konnte. Im Jenseits natürlich. Die „Täter" müssen Fremdgläubige und in den Augen der Priesterschaft Barbaren gewesen sein, denn die von amtlicher Stelle vom Pharao verordneten und den Priester veranlassten Löschungen unliebsamer Vorgänger oder auch Zeitgenossen aus dem Gedächtnis der Nachfahren sahen ganz anders aus, wie wir später in Karnak sehen konnten.

Ein ägyptischer Tempel ist immer so eine Art Kachelofen und auch im Inneren manchmal so heiß, dass man in schmalen Gängen automatisch Abstand von den sonnengeheizten Wänden hält, um sich nicht zu verbrennen, vor allem, wenn vom Tempel ab und zu ein Stück Dach fehlt, wie hier in Edfu. Also hieß es: Nur raus aus diesem Backofen und zurück in die Stadt, auf den Markt, Geld ausgeben. Es würde ein Kostümfest auf dem Schiff geben und jeder hätte sich orientalisch zu verkleiden. Man könne auch auf dem Schiff Kostüme leihen. Das wollten wir nicht. Heute würden wir uns einkleiden, orientalisch, und dann hätten wir etwas für den Fasching zu Hause, was wir noch nie besessen hätten und was auch noch echt wäre.

So vertraute ich mich Madame an und fragten, ob sie uns einen Tipp geben könne. Das nahm sie ernster, als wir es vermuteten und was uns noch hinterher als unwahrscheinlich und besonders mich betreffend, als beschämende und dämliche Sache in Erinnerung blieb, obwohl es ein sehr schönes Erlebnis war. Madame schnappte sich nämlich uns beide und führte uns durch den ganzen Markt, auf dem es alles gab: Obst und Gemüse, deren Namen ich auch jetzt noch nicht alle kenne, lebendes Geflügel, Textilien aller Art, Souvenirs aller Sorten und vieles mehr. Es herrschte ein Toben der anpreisenden Händler, denen man als buntscheckiger Touristenvogel ausgeliefert war, während die Einheimischen in ihrer Tracht lautstark oder leise feilschten und den täglichen Bedarf an Lebensmitteln zusammenkauften, mal ein Tuch probierten oder einen Arbeitskittel erstanden und zum Schluss noch ein Huhn im Käfigkorb mitnahmen, was dann zusammen mit dem ebenfalls eingekauften Gemüse in den Suppentopf kam.

Endlich waren wir angekommen. Am Ende einer Reihe überdachter Stände war in einer Mauerecke ein großes, vorn offenes Zelt aufgebaut, in dem reichlich Bekleidung für Männlein und Weiblein in Regalen lag und auf Kleiderbügeln hing. Dabei war noch genügend Platz in dem Zelt für einen niedrigen Tisch und Hocker, so dass da auch mal ein längeres und gemütliches Verhandlungsgespräch geführt werden konnte.

Der Inhaber dieses Geschäfts, ein sehr würdig aussehender älterer Herr in der landesüblichen Tracht einschließlich Turban, mit ergrautem Haar und Bart, kam uns entgegen und begrüßte auch uns, nachdem er Madame freundlich willkommen geheißen hatte. Sie kannten sich. Sie überließ uns seiner Obhut und verschwand. Das war hier wohl der vielleicht reichste Händler am Ort, der einzige, dessen Zelt einen Festnetzanschluß für Telefon auf diesem Markt hatte, denn Mobiltelefone gab es noch nicht, und der wohl auch die Oberaufsicht führte und als Schiedsmann bei Streitigkeiten schlichtete. Wenn etwas zu eskalieren drohte: Er hatte den heißen Draht zur Polizei.

Ich hatte mir sieben Jahre zuvor einen kurzen Vollbart zugelegt, dunkelbraun mit grauen Dachsstreifen. Man registriert später kaum noch, dass man ihn trägt. Wenn ich, wie ich mir da angewöhnt hatte, Turban trug, wurde ich jedenfalls für einen Berber gehalten. Die hatten auch von den Vandalen her diesen oft ins Dunkelblonde tendierenden Farbschlag des Haares und hellere Hautfarbe. Die Enttäuschung war dann immer groß, wenn ich angesprochen wurde und dann kein Arabisch verstand. Da kam ich zwar optisch gut an, aber sonst musste Madame dolmetschen. Meiner Frau wurde eine Menge angeboten, worüber nicht nur ich, sondern auch sie sofort die Orientierung zu verlieren begann. Es waren festliche Kleider mit Stickereien und zugehörigem Kopfputz, wunderbare Tücher, leichte und feste Stoffe, hauchdünn gewebte Baumwolle für die Frau und für mich derb, fast zeltplanartig fest Gewebtes in unverwüstlicher, dichter Machart und mit festen Nähten. Wir wollten doch nur für das Kostümfest etwas, was man dann später noch einmal zu Hause so zur Belustigung bei Erzählungen von der Reise noch einmal vorführen könnte, und natürlich für den Fasching. Das hier uferte aber aus in eine Orgie aus Stoff und Farbe, und wir hätten damit in Ägypten durchaus zu einem offiziellen Empfang oder zu einem Festtag in eine Moschee gehen können.

Ich fühlte mich nach den Erfahrungen mit den fliegenden Händlern von der Bereitwilligkeit und dem Entgegenkommen dieser Leute beschämt, und zu allem Unglück hatte ich nicht sehr viel getauschtes Geld bei mir, so dass ich fürchten musste, hier nicht alles bezahlen zu können, was uns gefiel. Das konnte ich aber weder dem Händler, seinem Gehilfen oder seiner Gehilfin sagen. Nichts trug Preisschilder, und nach den Preisen zu fragen oder gar zu feilschen bei diesem ausgesucht höflich unaufdringlichen Service verbot sich automatisch. Wir kauften zwei Kleider und einen Anzug. Den so aufwendigen Kopfputz, der wie eine Brautkrone aussah, glaubte ich nicht bezahlen zu können und lehnte ihn ab, suchte nach etwas Einfacherem. Da bekamen wir ihn dazu geschenkt. Ich hätte vor Scham und Wut laut schreien können, vor allem als ich die Rechnung bekam. Es war alles so billig, dass ich glatt das Dreifache hätte kaufen und auch sofort bezahlen können. Noch einmal und zusätzlich zu einem weiteren Kauf wollte ich nicht ansetzen. Unsere Mitreisenden wurden draußen für die Einkleidung zum gleichen Zweck von den kleinen Händlern für minderwertigere Ware förmlich ausgeraubt.

Wir waren infolge unserer ausgiebigen Probiererei beim Einkauf die letzten, und der uns zugeteilte Kutscher hatte uns schon gesucht, weil er sein Geld nur bekam, wenn er uns auch wieder zum Schiff zurückbrachte. Er schimpfte uns erst richtig aus, wovon wir glücklicherweise kein Wort verstanden, drückte dann aufs Tempo und gab seinem Pferd die Peitsche, wobei wir beim Ausholen auch ab und zu etwas abkriegten. Er war auf seinem Kutschbock sehr zielsicher mit seinem „Langhafer", auch nach hinten, wo wir, seine Fahrgäste in die Polstersessel seiner Kutsche gelümmelt saßen. Es ging im Galopp die gleiche lange Allee zurück, auf der wir morgens hergekommen waren. So kamen wir auch wieder an der Arbeitsvermittlungsstelle vorbei. Die Gelegenheitsarbeiter vom Morgen hatten sich bis auf drei oder vier verringert, die sich immer noch vor dem jetzt nicht mehr besetzten Pförtnerhäuschen an der Gartenmauer unterhielten, aber wohl kaum noch eine Chance auf eine Vermittlung hatten und das heute auch nicht mehr erhofften. Das tägliche Brot ist eben nicht immer sicher. Inschallah…

Idyllen am Nil

Die "Nilkönigin" ließ sich sanft den Fluss entlang treiben, kaum dass der aufgewendete Antrieb ausreichte, das Schiff in der Richtung zu steuern. Der Nil wurde mal breiter und mal schmaler. Man hatte ganz die Zeit vergessen, und vielleicht war Freitag, der Feiertag der Muslime, oder auch Sonntag, vielleicht auch ein Feiertag, den wir nicht kannten. Auf dem Oberdeck im Korbgestühl liegend, betrachteten wir die Gegend. Die Sonne war wie alle Tage mit alles durchdringender Kraft aufgegangen, ihre Hitze vom ersten Moment an stechend auf alles gerichtet, was in ihren Strahlenbereich geriet. Jetzt stand sie schon etwas höher, und unter dem Sonnensegel hielt man es aus. Eine leichte Brise wehte über das Wasser und kühlte uns. Der Fluss machte einen leichten Linksbogen, und während wir rechts ziemlich nahe am Ufer in etwas tieferem Fahrwasser dahin dümpelten, sahen wir ein riesiges Feld schwimmender Wasserhyazinthen auf der linken Seite treiben. Dort war die Strömung langsamer und drehte sich langsam im Kreis, so dass im gegenüberliegenden Uferbereich sogar eine Gegenströmung vorhanden sein mochte, in der dieser schwimmende Pflanzenteppich förmlich gefangen war und sich langsam und endlos drehte. Am stromabwärts gelegenen Bereich dieses schwimmenden Gebildes sah man ein Fischerboot langsam vom Ufer aus in den Fluss hineinfahren, wobei der eine der beiden darin befindlichen Männer stehend etwas in der Luft zu entwirren schien, bis man sah, dass er ein langes, schmales Netz, welches mit Gewichten und Korkschwimmern bestückt war, im Nil versenkte, während der zweite vorsichtig und langsam ruderte.

Wir befanden uns auf der Höhe des flussaufwärts beginnenden Pflanzenfeldes, als auf unserer Höhe ebenfalls ein Boot mit zwei Männern vom anderen Ufer aus auf uns zuzurudern begann, während ein zweites, was ebenfalls mit zwei Männern besetzt war, in weiterem Abstand folgte.

Die Netzausleger waren jetzt fertig und hielten sich auf der Stelle, indem sie die gegenläufigen Grenzströmungen im Fluss nutzten. Zwischen den Booten wurden Zeichen ausgetauscht, und in den beiden stromaufwärts befindlichen Booten richteten sich jeweils die im Heck sitzenden Männer auf, hoben jeder eine mindestens zweieinhalb Meter lange leicht gekrümmte Stange mit schlankem Stiel und verdicktem Ende hoch, um anschließend möglichst flach und kräftig damit auf das Wasser zu schlagen. Es gab einen weniger klatschenden, sondern mehr knallenden Schlag. Der Eindruck, dass da etwas geprellt wurde, wo ich ein Plumpsen erwartet hatte, drängte sich mir auf. Während die Netzleger sich still verhielten und nur das Netzende an der Stelle hielten, arbeiteten sich die beiden anderen Boote langsam an der Außenseite des Pflanzenteppichs entlang, wobei die Schläge auf die Wasseroberfläche ganz regelmäßig und mit unverminderter Kraft geführt wurden. Wir beobachteten diesen Vorgang genauso wie am anderen Ufer eine kleine Gruppe von Männern, Frauen und Kindern, die sich dort am Rande eines Maisfeldes unter ein paar niedrigstämmigen Obstbäumchen niedergelassen hatten. Von dort kamen auch Anfeuerungsrufe herüber, die den „Einpeitschern" galten und sie zu noch kräftigeren Schlägen ausholen ließen. Nun hätte man als humanistisch gebildeter europäischer Mensch die Parallele ziehen können, dass da eine Zeremonie aus uralter Zeit ablaufe und beispielsweise an Xerxes erinnert werden könnte, der, als er mit seinem Heer Griechenland überfallen wollte, den Hellespont überbrücken ließ, und als ihm Sturm und Wellengang seine Brücken wegrissen, er das Meer auszupeitschen befahl ... Die Sache war aber prosaischer. Ein in unserer Nähe an der Reling stehender Urlauber ließ seiner Frau gegenüber nur die Bemerkung fallen: *„Siehste, und du wolltest es mir nicht glauben, dass die Ägypter ihre Fische mit dem Knüppel ins Netz jagen ... "*

Ob der Fang von Erfolg gekrönt war, haben wir nicht mehr mitbekommen. Gut Ding will Weile haben, und es war ja keine Vorführung für uns, sondern Tagewerk der Fischer. Es muss aber ein sehr gut eingespieltes Szenarium gewesen sein, in dem auch wir ungewollt unseren Part hatten, denn die Fische, die sich vor unserem Schiff aus der Fahrrinne in den Wasserpflanzenteppich geflüchtet haben mochten, wurden so zwangsläufig in das da gespannte Netz getrieben.

Weiter stromabwärts erschien nun auf dem rechten Ufer eine Siedlung, mehr eine Stadt, denn sie hatte mindestens zwei Moscheen einschließlich Minarett und den unvermeidlich daran einen der mit Draht angebundenen verbeulten Trichter-Lautsprechern, deren Aufrufe zum Gebet manchmal dem verdächtig ähnelte, was der defekte mitteleuropäische Bahnhofslautsprecher der Deutschen Reichsbahn in den großen

Bahnhofshallen von Leipzig, Chemnitz oder Dresden so von sich gab. Die Kulisse entsprach der der Karl-May-Filme, sofern sie im Vorderen Orient spielen. Vom Flussufer aufwärts kein einziger Grashalm, die Häuser an der unbefestigten Uferstraße anderthalbstöckig, mit kleinen Lüftungslöchern knapp unter dem Flachdach, alles dicht zusammengebaut, die Türen anscheinend überwiegend auf der dem Fluss abgewandten Seite, entweder weiß gekalkte Wände, aber meist alles in der natürlichen Lehmfarbe von Ocker zu Siena wechselnd. Wenn wir sonst an so einer Siedlung vorbeitrieben, sah man vom erhöhten Standpunkt unseres Sonnendecks die Bewohner, vor allem Frauen und Kinder Wasser vom Nil holen, oder am Ufer baden. Es wurde auch mal etwas gewaschen und dazwischen liefen Ziegen, Hunde und Hühner herum. Auf den flachen Dächern der aneinander gebauten Häuser lüfteten Frauen in knallbunten Kleidern Betten und Decken aus und man rief sich gegenseitig etwas zu, also die ganzen Geschäftigkeiten, die zur Erhaltung der Ordnung in einem Haushalt so anfallen und außerhalb des Hauses erledigt werden, und die mit dem Zusammenleben allgemeine Ritualabarbeitung des Alltags.

Hier war das anders. Kein einziger Mensch war zu sehen, als sei die Stadt ausgestorben. Wenigstens das unvermeidliche Geflügel, die Hühner hätten doch wenigstens da sein können, oder vielleicht ein streunender Hund. Nichts ... als hätten sie alles weggesperrt. Die Stadt stand auf einem unfruchtbaren Höhenrücken, selbst die seltenen Eukalyptusbäume sahen mickrig und grau aus. Dattelpalmen sah man nur ganz wenige und sie waren einzeln zwischen den Häusern verteilt.

Wir befanden uns immer noch in dieser leichten Linkskurve des Nils, und auf dem gegenüberliegenden Ufer wuchs ein saftig grüner Teppich zusammenhängender Mais- und Baumwollfelder auf einer bewässerten Schwemmlandebene aus Nilschlamm, die am Ufer eine Abbruchkante von oft mehr als vier Metern Mächtigkeit zeigte. In größeren Abständen stand auf diesem Steilufer ab und zu eine Wächterhütte aus Nilschlammziegeln mit flachem, mit Maisstroh gedecktem Dach, in dessen Schatten sich bisweilen ein Esel an die Wand lehnte oder eine Ziege an einer Kette graste und zu uns herüber starrte, wenn wir mit unserem Schiff vorbeitrieben. Als wir dieser eben erwähnten wie ausgestorben wirkenden Stadt näher kamen, tönte von dort ein erst ganz leise, dann aber deutlicher werdendes rhythmisches Schlagen an unsere Ohren, was sich als die Trommelbegleitung zu Marschmusik herausstellte, wobei der Rhythmus der Trommelei fast alle Musik erschlug. Dazu gesellten sich stakkatohafte Sprechchoreinlagen von Männerstimmen und ein Geräusch, wie es eine große Menschenmenge erzeugt, die sich lautstark durcheinander rufend eine Straße entlang bewegt. Dann konnte man überschnappende Einzelstimmen über dem schon sehr lautem Grundgeräuschpegel hören. Die Musik drang nur noch ab und zu durch, aber alles wurde beherrscht von einem jeden anderen Ton als mickrige Lautäußerung deklassierenden, tiefdumpfem kräftigem Trommelschlag, der bestimmt von mehreren im Gleichtakt bearbeiteten Kesseln erzeugt wurde.

Wir trieben weiter und stellten dabei fest, dass es sich bei dem Lärm in der Stadt um einen in der gleichen Richtung, aber langsamer laufenden Demonstrationszug oder eine Prozession handeln musste, denn der Krawall blieb nur langsam hinter uns zurück, wie wir uns auch am Anfang ihm nur langsam genähert hatten. Endlich hängten wir ihn doch ab, und auch die Stadt verlief sich in kleineren und nun etwas voneinander getrennt stehenden Häuschen und Hütten.

Es war eigenartig gewesen, diese unbewohnt aussehende, uns völlig ignorierende Stadt im Gegenlicht des Vormittages zu sehen, fast lautlos mit dem Schiff an ihr vorüberzugleiten und gleichzeitig den aufputschenden Lärm dieser Marschmusik und die Rufe einer unsichtbaren fanatisierten Menschenmenge zu hören. Wir und auch die Schiffsbesatzung hatten dem, wie wir hinterher merkten, schweigend und ganz gebannt zugehört, aber seltsamerweise hat auch hinterher niemand nachgeforscht oder zumindest nachgefragt, welche Bewandtnis es mit diesem fast gespenstisch anmutenden Ereignis hatte ...

Manchen Nachmittag hielt das Schiff auch ab und zu bei einem kleinen Flecken an, und es wurde etwas besorgt oder verladen, neue Lebensmittel beschafft oder auch nur gewartet, bis die größte Mittagshitze vorbeiging, damit wir auf unserer nächsten Besichtigungstour nicht so ins Schwitzen kämen. Da beobachteten wir dann in aller Ruhe, was es so alles zu sehen gab, denn vor allem die Dorfbewohner waren so mit sich selbst beschäftigt, dass sie sich von uns in ihrer täglichen Routine kaum beeinflussen ließen. Seit bekannt war, dass auch wir von dem großen Erdbeben wussten, die Reisebüros um unsere Sicherheit bangten, die Touristenpolizei oder was wir dafür hielten uns irgendwelchen Schutz zukommen lassen wollte und eine nicht ganz unbegründete allgemeine Angst vor terroristischen Angriffen auf Touristen in bestimmten Gebieten um sich griff, hatten auch wir regelmäßig einen Wächter für das Schiff. Der wurde von der jeweiligen Ortschaft gestellt und war stets schwer bewaffnet. „Schwer" bezog sich dabei auf das jeweilige Gewicht der Waffe. Entweder hatten sie so etwas wie eine Bürgerwehr oder war es der Gemeindediener, sie trugen Gewehre, die vom Kaliber her oft gut daumenstarke Kugeln verschießen konnten.

Der Lauf sah oft verdächtig nach Eigenbau des Dorfschmiedes aus, hatte keine Züge, und ich konnte mir vorstellen, dass er nicht gebohrt war, sondern durch Umschmieden eines Dornes erzeugt worden war. Befestigt wurde so etwas an einem Kolben aus rohem Holz, der manchmal sogar gerade war wie bei den Gewehren der Grenadiere Friedrichs des Großen. Außerdem gab es Vorderlader und Schlosskonstruktionen, die sich zwischen Steinschloss und der Erfindung des Zündnadelgewehres ansiedeln ließen, selbst eins mit einer vorn trichterförmig verbreiterten Mündung habe ich gesehen.

Einer der Wächter hatte sogar einen geschmiedeten Vierkantschlüssel umhängen, wie ihn früher die Eisenbahn für ihre Angestellten ausgab. Der hatte bestimmt schon ein modernes Radschloss aus Napoleons Zeiten an seiner Feuerspritze, die er aber so trug, dass er das Schloss mit dem Ellenbogen verdeckte. Vielleicht hatte man schon einmal darüber gelacht, oder er hielt so das Pulver trocken. Ein besseres Gewehr hatten sie da wohl nicht für ihn verfügbar. Die Wächter trugen alle Zivil, was man bei Arabern auf dem Lande unter Zivil versteht. Da gehören zur Ghallabija noch ein Burnus, ein Kapuzenumhang mit zwei Schlitzen für die Hände, und der unvermeidliche Turban. Die meisten waren barfuß oder trugen Sandalen. Die wichtigste Ausrüstung war aber eine derbe Gerte, an der oben dran eine Quaste oder, wenn frisch vom Baum geschnitten, ein Büschel Blätter hing.

Hielt das Schiff an, wurde eine kleine Gangway zum Ufer ausgefahren. Gleich darauf kam der Dorfposten meist mit einem Trupp kleinerer Kinder im Schlepp herbei, meldete sich und bezog an der Landseite der Gangway seine Wachposition. Die Kinder lungerten dann neugierig um ihn herum, bohrten in der Nase, bewarfen sich gegenseitig mit Steinen und Dreck, wateten im Flachwasser des Nils, spielten etwas, versuchten heimlich, sich aufs Schiff zu schleichen, und neckten den Posten.

Der hätte mit Geschimpfe oder Drohungen bei diesem Gelichter nichts ausgerichtet, und mit seinem Gewehr konnte er schlecht drohen. Da leistete ihm seine „Schwuppe" beste Dienste. Wurde ihm die Bande zu frech, begann er zu schimpfen und langte mit dieser vielleicht zwei Meter langen Gerte ziemlich weit. Zu Fuß hätte er sich lächerlich gemacht, da waren es zu viele, denen er hätte nachlaufen müssen. Mit der Gerte brauchte er nur auszuholen, und schon hatte er Platz, denn die Kinder schrien schon wie am Spieß und flohen, wenn er die Rute hochnahm, was sie aber nicht daran hinderte nach ein paar Minuten zurückzukommen und ihn wieder zu necken. So war das auch eines Nachmittags. Uns gegenüber stand am halben Hang eine kleine, mit Maisstroh oder Bananenblättern gedeckte Lehmhütte, vor deren einzigem Loch, welches Tür und Fenster zugleich war, ein alter Mann hockte, der aussah, wie man sich einen alten Araber vorstellt in seiner traditionellen luftigen Tracht, und dessen grauer Vollbart gut zu Hakennase und Turban passte. Der sah seiner Ziege zu, wie sie in einem Häufchen Maisstroh nach etwas Besserem zum Fressen suchte. Der Bewacher für unser Schiff und er riefen sich gelegentlich etwas zu.

Dann kam ein fliegender Händler mit Textilien und begann seine Waren neben dem Wächter am Ufer aus einem Korb auszupacken und auszubreiten. Etwas später tauchte eine ganze Karawane auf: Frauen verschiedenen Alters und verschiedener Statur, darunter auch halbwüchsige Mädchen und ein Trupp zugehöriger Kinder. Jede trug etwas entweder allein oder zusammen mit jemand anderem. Sie trugen alles auf dem Kopf, unter dem Arm oder in den Händen. Dazu Babys im Umhängetuch mal vorn, mal hinten oder auch seitlich auf der Hüfte. Blechwannen und große Blechschüsseln, Bretter, Holzböcke, große Wäscheballen und Körbe wurden angeschleppt. Man ließ sich seitlich von unserem Schiff an einem schattigen Uferstück nieder, wo auch noch etwas Gras wuchs. Es wurde ausgepackt und breitgelegt, zusammengebaut, es sich einigermaßen bequem gemacht und Nilwasser geschöpft. Babys ließ man herumkrabbeln. Die anderen kleineren Kinder machten sich davon und belagerten nun zusätzlich den Wachtposten und den Händler. Die versuchten sie zwar zu verscheuchen, hatten dabei aber nur wechselndes Glück.

Der Händler versuchte nun unsere Aufmerksamkeit zu erregen, so wie wir an der Reling des Sonnendecks standen. Er bot bunt gemusterte

Stoffe an, Frauenkleider, lange Tücher mit Fransen und das alles in den schreiendsten Farben, Sonnenhüte aller Ausführungen für Männlein und Weiblein. Er hatte ein gutes Sortiment, aber keine kauflustigen Kunden. Da griff er zu einem Mittel, dem wir nicht widerstehen konnten: Er senkte die Preise und führte seine Waren vor.

Erst schwenkte er ein langes Stück Stoff im Wind, und man sah, dass es sehr leicht war, denn die schwache Brise trug es. Dann faltete er es längs und begann die Zeremonie des Turbanbindens vorzuführen. Wer selbst zum Beispiel keinen Schlipsknoten hinkriegt und immer auf fremde Hilfe angewiesen ist, schaut so einer Vorführung gebannt zu. Kaum war er fertig, riss er sich das Ding wieder vom Kopf und begann eine zweite Methode vorzuführen, wobei eine andere Art Turban entstand. Als er die dritte Vorführung beendet hatte, ging seine Ware schon wie warme Semmeln weg. Wir kauften auch drei Turbanschals, in Weiß, Orange und Rosa. Ein wunderbar weicher duftiger Musselinstoff, fast gewichtslos, den man sich mehrfach um und über den Kopf wickeln konnte und der besser vor der Sonne schützte als der Schlapphut oder die Basecap. Wir banden uns den Turban nach Methode drei, denn das war die einzige, die ich mir gemerkt hatte. Die anderen waren mir schon wieder entfallen. Jedenfalls war unsere eine Variante mit vollem Ohrenschutz und Nackentuch gegen Sonnenbrand. Was wollten wir mehr?

Der Händler war nun fort. Er hatte ein gutes Geschäft gemacht. Die Kinder waren auch wieder abgezogen, nachdem sie einsehen mussten, dass es keine Kugelschreiber, auf die wir von ihnen in ganz Ägypten angebettelt wurden, und auch keine Bonbons mehr regnen würde.

Es war nun nur noch die Frauenkarawane da. Sie hatten zuerst in den großen Schüsseln und Wannen große Wäsche gemacht. Das heißt, sie hatten zwar erst die Wäsche eingeweicht, dann aber erst das ganze schmutzige Geschirr, was sie ebenfalls von zu Hause mitgebracht hatten, aufgewaschen und dabei alle angebrannten Töpfe ordentlich blankgescheuert. Zum Schluss spülten sie das Steingut und das Geschirr und Besteck. Sand gab es genug zum Scheuern. Ganz Ägypten besteht daraus, und Vater Nil spendete dazu das Wasser. Dann kam die Wäsche dran. Das war ein Gerubbel und Getunke in Seifenwasser, und was hartnäckigere Flecken hatte, kam aufs Waschbrett oder wurde auf den großen Ufersteinen ausgeklopft. Knöpfe hatte diese Bekleidung wohl keine. Nach dem Waschen bestimmt nicht mehr. Da griffen die Frauen alle gemeinsam kräftig zu, und die halbwüchsigen Mädchen halfen auch mit, wo sie konnten.

Dabei wurde manche jüngere Wäscherin unfreiwillig von ihren Mitwäscherinnen gehörig mit eingeweicht und samt ihrem Hemd gleich mit gewaschen. Sie hatten jedenfalls ihren ausgiebigen Spaß miteinander. Als alles geschafft und die Wäsche ausgewrungen in den Blechschüsseln verstaut war, ging die Jagd nach den Kindern los. Es gab noch viel Seifenwasser, und um das war es schließlich schade, wenn es gleich mit zu dem anderen in den Nil geschüttet worden wäre. Da gab es viel Geschrei und wenig Wolle, und die gute Kernseife mochte manchen sehr in die Augen beißen, aber wer zu laut schrie, riskierte auch einen Schwapp Seifenwasser in den Mund, dass es gurgelte. Es wurden Haare gewaschen und ohne irgendwelche Rücksicht auf Verluste alles das geschrubbt, was schmutzig sein konnte.

Nach dem Abtrocknen nahm jeder wieder seinen Packen, und was sich nicht auf dem Kopf tragen ließ, trug man gemeinsam zwischen sich oder gab es den größeren Kindern. Und so zog dann die ganze Karawane unter Aufsicht der zwei oder drei korpulenteren Matronen, um die sich die Kinder nun mit sauberen Hälsen und Mündern scharten wie die Küken um die Glucke, wieder über den Hügelrücken davon, hinter dem sich das eigentliche Dorf befinden mochte und woher sie alle gekommen waren.

Der bärtige Alte rauchte ein Pfeifchen vor seiner Hütte, und die Ziege lag seitlich neben ihren Maisblättern vor ihm, kaute vor sich hin und himmelte ihn an. Eine solche Reihung der unbeabsichtigten Vorführung ländlicher Idyllen in Altväterart hat man nicht bei jeder Pauschalreise inklusive.

Aus der Richtung des Dorfes kam jetzt allerdings der Fremdenführer unserer zweiten Gruppe wieder zurück, wohin er gegangen war, um zu telefonieren. Er war ein junger lebenslustiger und freundlicher Araber, der ziemlich fließend deutsch sprach. Der war aber jetzt seelisch völlig gebrochen. Sein Anruf zu Hause hatte ihm zwar Klarheit verschafft, wie es seiner Familie nach dem Erdbeben jetzt ging, aber die Probleme gingen für ihn damit erst los. Er berichtete, was in Heliopolis passiert war, wo er mit seinen Eltern und Geschwistern wohnte. Da waren mehrere mehrstöckige Wohngebäude zusammengebrochen und hatten die Bewohner unter sich begraben.

Obwohl es keine weiteren Erdstöße mehr gegeben hatte, waren in den letzten Tagen noch einige höhere Wohngebäude eingestürzt, und es waren weitere Tote zu beklagen. Wir bekamen aus ihm nur heraus, dass einer seiner Verwandten mit dabei umgekommen und seine ganze Familie jetzt obdachlos war. Er kam eigentlich, weil er Urlaub zur Beerdigung haben und sich natürlich Gewissheit verschaffen wollte, was passiert war, und ob er helfen könnte. Unglücklicherweise war er vertraglich verpflichtet, einen Ersatzmann zu stellen, wenn er seine Aufgaben nicht erfüllen konnte.

Da war das große deutsche Reisebüro, in dessen Namen wir urlaubten, anscheinend eisern. Er konnte in dieser allgemeinen Verwirrung, der selbst die Regierung nicht Herr wurde und in der alle Informationskanäle mit Gerüchten blockiert waren, aus dem über 700 Kilometer entfernten Kairo nicht so schnell Ersatz bereitstellen, wurde aber von der mittel- und obdachlos in Kairo sitzenden Familie unbedingt erwartet. Dem konnte er sich nicht entziehen und so wurde er fristlos entlassen, und Lohn bekam er auch keinen. Die Damen vom Reisebüro zuckten mit den Schultern, denn sie könnten da nichts machen, das sei eine Angelegenheit des ägyptischen Vertragspartners. Ihr anscheinend taubstummer Begleiter stand, als sie uns das mitteilten, mit dabei und lächelte dazu über sein Vollmondgesicht, wie immer.

Theben

Hauptbesichtigungsziel neben den Pyramiden bei Gizeh ist für den Strom der Touristen das Gebiet um Karnak, Luxor und Theben. Da ist alles, was sehenswert ist, ziemlich dicht beieinander: am rechten Nilufer die Stadt und die riesigen Tempelanlagen von Luxor und Karnak, am linken Nilufer das antike Theben. Da stehen die Memnon-Kolosse und befindet sich der Hatschepsut-Terrassentempel. Weiter im Hinterland schließen sich das Tal der Könige und das der Königinnen an. Was es da sonst noch an halbausgegrabenen und nur schwer auseinanderhaltbaren zusätzlichen Ruinen früherer Gebäude gibt, wissen wohl auch Ägyptologen nicht so genau, zumal dort schon früher immer wieder neu übereinander gebaut wurde, und dazu meist mit Nilschammziegeln, die bekanntlich einem höheren Verschleiß unterliegen als Mauerwerk aus Stein.

Außerdem befindet sich auf diesem Areal das Dorf der Kunsthandwerker, die nach ihren eigenen Angaben schon seit der Zeit der Pharaonen dort leben und deren Vorfahren schon die Stollen der Felsengräber für die Bestattung dieser Gottkönige aus dem Gestein her ausgemeißelt haben sollen, nicht gerechnet die Herstellung der Gegenstände für die Grabbeigaben, Sarkophage und die Ausmalung dieser Grabpaläste. Das ist das Dorf Qurna, die Siedlung der gerissensten Fälscher „altägyptischer Funde" und bisher ohne jeden schlüssigen Beweis als Dorf der Grabräuber verschrien.

Schon bei der Ankunft sahen wir etliche Hotelschiffe, die vor Luxor am Nilufer angelegt hatten. Wir konnten uns den Liegeplatz nicht aussuchen und hatten bis zur zentralen Anlegestelle, von wo aus die Touristenfähre uns nach Theben übersetzen sollte, ein ganzes Stück zu laufen.

Als wir nach einem längeren Marsch durch den Sand am Fährplatz ankamen, standen dort schon ziemlich viele Reisegruppen, die auch auf die Fähre warteten. Außer den Touristen warteten auch Ägypter, die diese Fähre benutzten und entweder ihre Einkäufe auf die andere Nilseite bringen wollten, zum Aufsichtspersonal der musealen und archäologischen Objekte gehörten oder nur nach Hause in ihre Dörfer auf der anderen Nilseite wollten. Als die Fähre, ein mehrstöckiges Dieselmotorschiff, kam, setzte sich die Gruppe der Einheimischen zuerst in Bewegung und bestieg das Gefährt. Unter ihnen befand sich eine Gruppe junger, sich sehr dominant gebärdender Araber, die schon eine Weile ihren Schabernack mit dem wartenden Touristenhaufen getrieben hatten. Der Anführer hatte eine durchdringend laute Stimme, die weit trug und das Gelaber der uns auch hier ständig bedrängenden fliegenden Händler spielend übertönte. Der rief in kürzeren zeitlichen Abständen das Wort „*Näckäärmaahn!*", woraufhin sich alles, was von Neckermann-Reisen dorthin gebracht worden war, sofort lautstark mit „*Hier!*" meldete und dann ein hämisches Gelächter aus der Gruppe der Araber dafür erntete. Drei Minuten später wieder dasselbe. Es klappte immer.

Als sie zum Schiff schlenderten und schließlich auf dem Oberdeck an der Reling stehend, in den Nil rotzten, erscholl wieder der Ruf, und die von unserer Gruppe, die noch nicht mitbekommen hatten, was lief, gaben nun auch Antwort und winkten ihnen zu, obwohl wir mit „Näckäärmaahn" nichts zu tun hatten. Dazu die geflüsterte Information: „*Der kann Deutsch.*"

Da gab ich dann die Parole aus: „*In seinem Dorf haben sie ihm gesagt, wenn du schon Touristen mitbringst, dann nur welche von Neckermann ... die schmecken am besten.*" Das ging ungewollt wie ein Lauffeuer rund. Der nächste Ruf fand schon viel weniger Beantworter, und schließlich gaben die auf dem Schiff es auf. Ich war selbst erstaunt, wie leicht und mit welchen gemeinen Unterstellungen man eine beliebige leichtgläubige Menschenmasse in ihrer Meinung beeinflussen kann.

Wir setzten über und marschierten ein Stück bis zu den beiden Memnonkolossen, die ganz verloren in der Gegend herumsitzen, weil sie als steinerne Eingangsmonumente als Letztes von der anscheinend aus Nilschlammziegeln erbauten Totentempelanlage Amenophis III. übriggeblieben waren. Wir warteten auf den Bus, und neben uns warteten vier Rucksacktouristen am Straßenrand.

Deren „Bus" kam zuerst. Er bestand aus vier Eseln und einem Eseltreiber, der auf dem fünften saß. Die Rucksacktouristen befestigten nach einigen zusätzlichen Verhandlungen mit dem Treiber, dem die Esel auch zu gehören schienen, ihr Gepäck am Reitgeschirr der Esel, stiegen auf, und schon ging es ab Richtung Hinterland. Vorn liefen die vier Touristenesel als Paare und etwas seitlich dahinter versetzt der Eseltreiber auf dem seinen. Er hatte die uns wohlbekannte Art der Rute von etwa zwei

Metern Länge bei sich, die er kerzengerade in die Höhe hielt und an deren Spitze ein Blattbüschel wippte. Vor sich hatte er vier Eselhintern in Reichweite. Die vier vorderen Esel trugen die Ohren kerzengerade nach oben gespitzt und dabei nach hinten gedreht. Das war Freiheitsdressur in Reinstkultur und Disziplin im Quadrat. Der Reitesel des Eseltreibers hielt sich da etwas lässiger, weil ihn die Rute nicht bedrohte. Die Touristen waren sowieso nur Beiwerk, so wie dieser einheimische Reiseunternehmer da abzog mit seinen Eseln.

Dann kam unser Bus und entführte uns ins Tal der Könige. Das heißt, nur bis zum Abzweig, von wo es zu diesem Tal den Berg hinauf geht. Das war wohl noch eine Straße für PKW, aber nicht mehr für Busse. Jetzt erfuhren wir, was wirkliche Hitze ist. Sonne von oben, rechts und links steil ansteigend weißer Sand, glühend heiß auch von den Seiten Wärme strahlend, das Sonnenlicht von allen Seiten zurückgeworfen, so dass man trotz Sonnenbrille geblendet war. Dazu absolute Windstille. Da wollen Sie nur noch weg und sonst nichts. Wir mussten aber zwischen diesen Strahlewänden den Berg hinauf. Es wurde etwas besser, als wir uns eingelaufen hatten und zu schwitzen begannen. Oben auf dem Berg, eigentlich in einem Hochtal, im „Tal der Könige" angekommen, hatte ich schon eine schwach-krümelige Salzkruste auf dem Gesicht. Ein am Wegrand vor den Gräbern auf Stützen stehendes Flachdach bot dort Schutz vor der Sonne, aber nicht vor der Hitze. Das Klima war kein Deut anders, aber wenn man gerade aus dem Ofen kommt, ist auch die heiße Backstube erfrischend.

Das Tal wird von „el-Qurn", einem terrassierten, pyramidenförmigen Berggipfel überragt, der in Terrassen unterteilt ist, weil die geologischen Schichten, aus denen er besteht verschiedene Härten ausweisen. Als ich mein Fernglas auf diesen Gipfel richtete, sah ich auf der obersten Terrasse bunte Pünktchen. Nachdem ich die Gläser etwas von meinem Salzschweiß gereinigt hatte, stellte ich fest, dass da oben Touristen auf Eseln sitzend um die Spitze herum ritten. Das gab es also auch, sich in dieser Wüste auf einen solchen Berg führen zu lassen und die Aussicht zu „genießen".

Wir würden gleich irgendein Grab besichtigen und dabei in eine hoffentlich tiefe und vor allem kühle künstliche Höhle hinabsteigen. So geschah es auch. Es war ein Grab aus der langen Reihe der Ramessiden, bei dessen Anlegung es allerdings eine Panne gegeben hatte. Es war das

Grab Ramses III. Der ausgehauene Grabgang neigte sich erst ziemlich stark, und in einer gewissen Tiefe ging er in die Waagerechte über, aber nicht weit. Dann erweiterte er sich wieder steil nach vorn abfallend und endete. Er führte dann von der Stelle, wo man ihn wieder nach unten getrieben hatte, nach rechts, machte einen unmerklichen Knick nach links und nach unten und führte schließlich bis in die Grabkammer mit ihren Nebengelassen. Hier hatten die Bauherren in der Annahme, dass man nur irgendwo in den Berg hinein zu meißeln brauchte, ganz sorglos und in Unkenntnis vergangener Grabbauten sich in das Gestein hinein-gearbeitet und feststellen müssen, dass es beim Zuschlagen plötzlich ein Echo aus der Erde gab und der Fels hohl klang.

Es war wohl schon jemand früher dagewesen und hatte sein Grab von einem anderen Ausgangspunkt in diesen Berg hinein hauen lassen. Es handelte sich dabei, wie wir jetzt wissen, um das Grab des Amen-messe, der damals da noch keine vierzig Jahre zur Ruhe gebettet lag. Das wissen wir heute, die damals konnten es nur ahnen. Baupläne mit genauer Geländevermessung, das kannte man in Ägypten wohl und bewahrte das auch auf, aber selbst wenn sie imstande gewesen wären, diese Felsengräber so genau, wie heutzutage die Markscheider im Berg-werk zu dokumentieren, wer hätte denn die Unterlagen der Lage eines geheimen Grabes für einen Pharao aufgehoben. Wer anders als poten-tielle Grabräuber hätte wohl ein Interesse daran haben können.

In Erkenntnis dessen, womit sie nun einmal zwangsläufig kon-frontiert waren, versuchten die Grabbauer sich zu behelfen. Die erste Idee war wohl das „Unterfahren" gewesen, aber je weiter man unter der hohlen Stelle weiter vorankam, die einfach nicht enden wollte, umso größer wurde die Spannweite der darüber liegenden hohl klingenden Decke. Wie leicht konnte etwas davon herunter brechen, denn die Ge-steinsstruktur leidet sehr, wenn laufend Kerbschläge auf sie niederpras-seln. Wenn die damals oben in dem unbekannten Grab richtig zuge-schlagen hatten, konnte jederzeit der unbekannte Pharao nach unten durchbrechen, vor allem wenn er in einem mehrere Tonnen schweren Sarkophag bestattet war, wie das der Vorschrift und den Gewohnheiten der pharaonischen Beisetzungen entsprach.

Man gab das Vorhaben auf und versuchte an der rechten Seite vor-beizukommen, weil da kein Echo aus dem Stein kam. Es gelang tatsäch-lich. Von da aus wurde weitergetrieben und eine riesige Halle zurückgelassen, in die von der Decke dräuend der roh behauene riesige steinerne Balkon des darüber liegenden Felsengrabes hineinragte. Auch wenn das dann mit Geröll verfüllt wurde, gegenüber dieser auf ewig dokumentierten Bauplanpleite verblasste für mich alles, was in diesem Grab eventuell Wichtiges zu sehen war.

Die Wände der Grabanlage waren mit geglättetem Gipsstuck überzogen und bunt bemalt. Die Symbolik kehrte stets wieder, so wie Jahrtausende hindurch strengstens die mit nur unwesentlichen Veränderungen stets gleichen Zeremoniedarstellungen abgebildet wurden, auf denen nur die Pharaonen und die jeweils in Gunst stehenden Götter zu sehen waren. Es waren zwar stets andere Passagen aus dem Totenbuch in den Gräbern dargestellt, und insgesamt ergaben sie ein Kaleidoskop verschiedenster Bräuche, aber die Grundikonografie und die einmal festgelegte Darstellung der Hieroglyphen und Figuren hat sich durch die Jahrhunderte nur wenig verändert, und wenn, dann fließend.

Man erfährt aus der Grabbemalung vordergründig etwas über die Jenseitsvorstellungen der Priester, die sie natürlich in ihrem Sinne und als wirksamen Zügel für den Pharao entwarfen. Damit brachten sie ihn garantiert zu einer tempel- und jenseitsorientierten Art der Regierungsführung.

Der Tempel war Hort des gesamten Wissens und der Technologie, keinerlei dynastischen Unsicherheiten einer Familie unterworfen. Wenn auch Herrscher und Herrscherhäuser wechselten, der Tempelkult blieb, streng hierarchisch geordnet. Seine Wissensträger achteten strikt auf ihre Nachfolge und betrachteten sich als nur dem Gott unterworfen, dem man diente, also niemandem, der sich gegen irgendwelche Manipulationen wehren konnte. So war ein solches irdisches Reich, wie das der Pharaonen bei erträglicher äußerer Feindeinwirkung sehr lange stabil zu halten. Man verurteile nicht zu schnell. Es diente alles einem im Kern zumindest bei seiner Planung noch guten Zweck.

Die Gräber hoher Würdenträger sagen mir in ihrer Ausmalung allerdings mehr zu als die Pharaonengräber, denn sie enthalten Szenen aus dem Alltag und Alltagswissen für den täglichen Gebrauch und sagen so viel mehr über das alte Ägypten aus, als das die Pyramiden und die Prunkbeigaben der Pharaonengräber tun. Der jenseitige Götterkult mit der Notwendigkeit zur Hervorhebung der Rolle des Pharao als Göttersohn ist da ausgeblendet.

Die anfängliche Gier, möglichst alles sehen zu wollen und um Himmels willen nichts zu verpassen, legte sich bei mir schnell, und die Besichtigung eines zweiten Höhlengrabes, in dem der im Kindesalter verstorbene älteste Sohn Ramses III. beigesetzt war, brachte nichts prinzipiell Neues. Da musste man schon Ägyptologe sein, um das alles geistig umfassend nachzuvollziehen. Ich schaute lieber mal hinter die Kulissen, und wenn man ganz unvoreingenommen etwas auf sich wirken ließ, offenbarte es oft Seiten und rief Assoziationen hervor, die man vorher nie so vermutet oder miteinander im Zusammenhang gesehen hätte.

Anschließend aus dem Backofen, dem Tal der Könige herausgekrochen, brachte uns der auf uns wartende Bus in das Seitental, in dem sich der Terrassen-Taltempel der Pharaonin Hatschepsut befindet. Da gerieten wir in eine Baustelle, denn es ging ordentlich voran mit dem Wiederaufbau nach alten Vorlagen und Bauplänen aus der Pharaonenzeit. So konnten wir von diesem in drei Terrassen aus dem Talgrund in die Höhe der darüber liegenden Felswand strebenden, sehr eindrucksvollem Bauwerk nur einen kleinen Teil besichtigen. Es war aber der interessantere, denn da waren die Pflanzen und Tiere abgebildet, die es im sagenhaften Lande „Punt" gegeben haben soll und von denen die Königin bei ihrer Expedition eine Menge mitgebracht hatte. Über ihre Rolle als Herrscherin sind sich die Experten bis heute noch nicht einig.

Sie soll nach den Auslegungen der einen selbst an dieser Expedition teilgenommen haben, nach anderen die Expedition nur geschickt haben. Es geht sogar die Sage, dass sie die Königin von Saba gewesen sei, die König Salomo besucht habe. Andere rechnen mit davon abweichenden Zeitachsen und so findet man auch Legenden, dass sie die ägyptische Königstochter gewesen sei welche Moses aus seinem Schilfkörbchen rettete und anschließend als Königssohn großzog. Das sind dann Jahrhunderte, die sich da in ihrer Verzahnung beißen und in keine zeitliche Deckung zu bringen sind. Was ich denke, ist wohl hier nicht von Belang. Wer sich verunsichern lassen möchte, der lese bei den Autoren Immanuel Velikovsky und Kamal Salibi nach, was sie darüber herausgefunden haben. Es ist nicht uninteressant, was sie schreiben. Was davon wahr ist, werden wir wohl nie mit letzter Sicherheit wissen.

Diese Darstellungen der Tiere und Pflanzen boten etwas Abwechslung nach den vielen rituellen und zeremoniellen genormten Abbildungen, die wir gerade noch in den Grabanlagen gesehen hatten, auch wenn wir nicht viel von dem identifizieren konnten, was da abgebildet war. Der Zahn der Zeit hatte sehr stark daran genagt. Die überwiegend an den Säulen dargestellte Göttin Hathor, die Namensgöttin der Hatschepsut, war hier erst- und wohl einmalig in einem Versuch im Profil als Vollfigur, und da nicht als Kuh, sondern als Frau dargestellt.

Das war also der Totentempel der Hatschepsut, der später durch das dort stattgefundene Massaker an Touristen noch bekannt werden sollte. Sie ist aber nicht dort beerdigt. Auf dem Wegweiser für die Gräber im Tal der Könige hatte es zwei Felsengräber der Hatschepsut gegeben, die dann von anderen Pharaonen für sich umgebaut wurden. Ich erinnerte mich, dass es auch woanders noch eins in der unzugänglichen Höhe in der Mitte einer senkrechten Felswand gab, an das man kaum herankam und in dem sie auch nicht beerdigt war. Ihr Sarkophag fand sich in einem Sammeldepot, in das man die Reste ausgeraubter Pharaonengräbern gerettet hatte, aber darin fand sich ihre Mumie auch nicht. Nun hieß es neulich, dass man ihre Mumie gefunden habe, gut erhalten. Vielleicht ist sie es doch nicht. In den Besenkammern, auf den Dachböden, in den Kellergewölben und wohl selbst unter den Tischen der Kaffeeküche im Ägyptischen Museum in Kairo lauern bestimmt noch viele Überraschungen, von denen wir keine Ahnung haben.

Die Hatschepsut war anscheinend schon in ihrem Leben die verfolgteste Pharaonin, die sich ihre ewige Seligkeit nur durch die Anlage immer versteckter angebrachter Grabstätten zu sichern versuchte, denn sie behauptete sich als Regentin gegen ihren Stiefbruder, den nachmaligen Thutmosis III., ganze 22 Jahre, ehe er endlich den Thron besteigen durfte. Er soll danach noch 55 Jahre regiert haben. Was er sofort nach seiner Thronbesteigung tat, kann man im Tempel zu Karnak erblicken, und Hieroglyphen braucht man dazu kaum zu beherrschen, außer einer einzigen, aber das ist für die Ägyptologen und auch für uns die entscheidende gewesen.

Die Besichtigungstour ging unerbittlich weiter. Also, alles wieder raus aus der Tempelanlage. Von der Besichtigung von Denk- und Grabmälern, von Tempeln und ihren Inschriften ermüdet, lebten wir unter der Klimaanlage des Busses wieder kurz etwas auf, aber schon fuhren wir in ein Dorf hinein, wie ich es nirgends auf der Welt wohl wieder zu sehen bekäme. Die bunt zusammengewürfelten und verschieden hohen Lehmhäuser mit ihren Flachdächern standen da zu winkligen

Gassen zusammengefügt. Die Wände waren knallig bunt bemalt mit arabischen Motiven, aus dem Alltagsleben und einer unverständlichen Mythologie, die mich an die persischen Miniaturen in Handschriften der Märchen aus 1001 Nacht erinnerten, englisch und arabisch beschriftete Wände, die zum Eintritt aufforderten oder nur Willkommenswünsche. Das war eine folkloristische Nachahmung dessen, was man in den Einkaufsmeilen der westlichen Großstädte auch hat. Hier war das nur bodenständiger. Da gab es Töpfereien, Steinschneider-, Schnitzer- und Schneiderwerkstätten.

Madame bugsierte uns in eine Steinschneiderei, und zwar in deren Verkaufs- und Ausstellungsraum, wo man fast alles an Figürchen und sonstiger Kleinplastik als Nachbildung von altägyptischen Kunstgegenständen und Grabbeigaben kaufen konnte, was auf dem Markt war. Das ging von der billigsten, aus einem Stein-, Gips oder Alabasterklotz heraus gesägten einfachen Sphinx als Briefbeschwerer über verschiedenste komplizierte Pharaonen- und Götterstatuetten aus Ton, Skarabäen, kleinen Sarkophagen als Stiftbehälteraufsatz für den Schreibtisch bis zu kunstvoll aus härterem Steinmaterial gearbeiteten Uschebtifiguren, die Namenskartuschen von Pharaonen trugen, und winzigen Nachbildungen von Würfelhockern mit voller Hieroglyphenbedeckung.

Madame mochte da ihre Provisionen bekommen, wenn sie einen Bus voller kauflustiger Touristen vorbeibrächte, aber sie drückte auch die Preise, und zwar nicht nur zum Schein, sondern wirklich. Das, was man hier in Ruhe aussuchen konnte, kostete beim Straßenhändler beschädigt schon mehr als das Doppelte, auch wenn man feilschte.

Selbst wenn wir hier nach meiner Einschätzung mehr als das Doppelte der Herstellungskosten bezahlten, war es für uns billig. Was ich in den Händen hatte, war einerseits in Kunstharz oder zähem Leinölfirnis gekochter Gips, von dem ich draußen im Hof einen Haufen großer Brocken hatte liegen sehen, der als Alabaster verkauft wurde. Dann fand ich Hartgips, der in Paraffin gekocht sein mochte, anschließend in seine in irgendeinem Ätzbad dunkelgraugrün gefärbte Oberfläche Hieroglyphen eingeritzt bekam, die dann weiß oder gelblich leuchtend hervortraten, dann Speckstein in Handarbeit geschnitzt und verziert, wo die Hieroglyphen auch einen textlichen Sinn ergaben und nicht nur Ornamente darstellten, und es gab auch Figuren und Gefäße aus echtem Alabaster, die wie wirkliche Kopien von Gebrauchsgegenständen oder Grabbeigaben aussahen, wenn auch meist etwas miniaturisiert. Die erfragten Preise gaben mir die Gewissheit, dass es sich hier um eine seriöse Firma handelte, die wusste, was sie für wen produzierte, und Skulpturen, die man schon als originalgetreue Kopien ansehen konnte, hatten auch ihren entsprechenden Preis. Die Verkaufsrenner waren an diesem Tag allerdings die billigen „Alabastersphingen" und alle Sorten von „Skarabäen".

Als wir gekauft und bezahlt hatten und diese Stätte wieder verließen, sah ich neben der Eingangstür ein alter Handwerker im Schneidersitz vor einer Holzkiste mit grobkörnigem Quarzsand sitzen. Er hatte ein Gefäß in den Händen, das auch größenmäßig verdächtig dem glich, was die Pharaonen für Salböle und sonstige flüssige Grabbeigaben oder Salben ins Grab mitbekamen. Ich schaute zu, was er machte. Es war erstaunlich. In der Hand hatte er ein großes reines, sehr schön geädertes Stück gelblich-weißen durchscheinenden echten Alabasters.

Er rührte mit der einen Hand in dem Gefäß herum, als wolle er es mit einem Topfkratzer reinigen, aber als er die Hand herausnahm und dieses vasenartige Gefäß umkippte, kam nur eine Handvoll Sand heraus. Er hob den Topf hoch und hielt ihn mit dem Boden gegen die Sonne, während er von unten gegen das Licht in den Topf hineinschaute. Dann hielt er einen Finger außen an das Behältnis und setzte es in eine Sandkuhle in seiner Kiste. Sodann vollführte er eine Serie energischer Drehbewegungen unter kräftigem Druck, immer hin und her im Sand, und hielt das Gefäß wieder in die Sonne.

Jetzt wunderte ich mich nicht mehr, dass die alten Alabastergefäße trotz ihrer Sprödheit eine so dünne und dabei so gleichmäßige Wandstärke aufwiesen, dass die Archäologen hier besondere und geheimnisvolle Verfahren der Steinbearbeitung vermuteten. Der Blick von innen gegen die Sonne in das Gefäß machte jede Unregelmäßigkeit der Wandstärke als dunklere oder hellere Stelle erkennbar. Führt dann der Archäologe im dunklen Museumsraum eine brennende Glühlampe in ein solches Gefäß ein, dann sieht man im Dunkeln natürlich, wie gleichmäßig das gearbeitet ist, und staunt. Wenn das, was der hier herstellte, ein paarmal mit Nilschlamm gewaschen war und mit einem rauen Tuch poliert wurde, dann wollte ich den Experten sehen, der das nicht als gut erhalten und als echt bezeichnen würde. Ob nun vor dreitausend Jahren vom Urahn dieses Handwerkers oder jetzt fabriziert, es war die gleiche Arbeit aus dem gleichen Material nach der gleichen Methode erzeugt, nur mit dem Unterschied, dass dieser hier abends mit der Wasserpfeife vor seinem Fernseher sitzen mochte und Bauchtanz guckte, während sein Urahn in die Öllampe schaute, den Bauchtanz original vorgeführt bekam und vielleicht sogar Alkohol getrunken hatte, was diesem Nachfahren, der ein Moslem war, jetzt nicht mehr erlaubt ist.

Im Geschäft gab es so etwas jedenfalls nicht zu kaufen, was der da herstellte. Ich fragte mich allerdings, wohin das wohl ginge, wenn es fertig wäre. Selbst benutzte er es wohl kaum. Irgendwie bekam ich Lust, mich anhand dieser Vorlagen auch einmal in der Herstellung von Steinen mit Namenskartuschen zu versuchen oder ein Relief nach bester ägyptischer Tradition aus Speckstein zu „fälschen".

Bepackt mit Souvenirsteinen und müde gelaufen, durchglüht von der Sonne und mit vom Schweiß durchtränkten, versalzenen Sachen ging es nun wieder mit der Fähre über den Nil zurück nach Luxor. Beim Absteigen vom Schiff sah ich rechts von der Gangway eine Traube Menschen, und es liefen immer noch Leute herbei. Ein großes Geschrei erscholl, als sei etwas passiert. Ich ließ meiner Frau die Kaufbeute und drängelte mich in das Menschengewühl. Ich sah beim Näherkommen, dass da jemand Zeitungen verkaufte, und spürte auch, dass in diesem Gedränge sofort meine Hosentaschen durchforstet wurden nach etwas, was ich aber glücklicherweise unter dem Unterhemd im Brustbeutel trug. Das Taschentuch haben sie mir gelassen ... und das Taschenmesser hing an einer Kette. Zeitung bekam ich keine, die waren zu schnell weg, aber ich erhaschte Bilder vom Erdbeben, halbierte Minarette, hinter eingestürzten Häusern hervorschauende beschädigte Kuppeln von Moscheen und Leute, die Schutt wegräumten. In der Welt um uns herum passierte eine Menge und wir erfuhren nichts.

Meine Truppe war inzwischen schon abmarschiert, also machte ich mich allein auf den Weg zurück zum Schiff. Ohne Gepäck und nur mit Fotoapparat und Schlapphut ähnelte ich einem „verlorenen Schaf", vielleicht aber auch einer Melkkuh, denn der erste fliegende Händler wollte mir seinen ganzen Kramladen auf einmal verkaufen, als ich von seinem nicht ganz so aggressiven Bruder gerettet wurde, der mich aber unbedingt mit seinem Segelboot auf dem Nil spazieren fahren wollte.

Da ließ ich mich lieber mit dem dritten auf eine Verhandlung ein, der mir gegen ein entsprechendes Bakschisch meine Gruppe, die ich wohl verloren hätte, suchen und wiederfinden wollte und mich dann abholen würde. Ich wollte aber lieber, dass er mir mein Schiff suchen und mir bringen sollte, was er nicht begriff. Das alles fand im Anmarsch auf meinen Hotelkahn statt, den ich schon von weitem sehen konnte. Ich glaubte schon ungeschoren davonzukommen, da holte uns ein Halbwüchsiger mit Schuhputzkasten ein, der barfuß durch den Sand herbei sprintete und mir unbedingt meine Wanderschuhe, die aus Rauleder waren, schwarz einkremen wollte. Ich sah mich schon nahe dem Ziel und zog schließlich meine leeren Hosentaschen heraus. Da ließen die Erwachsenen von mir ab, nur der Schuhputzer nicht, der mir noch ein Bein zu stellen versuchte und mir zum Abschied noch eine Ladung Spucke auf den Hosenaufschlag absetzte. Mit Spucke und einer harten Bürste werden Lackschuhe tatsächlich blank. Das habe ich selbst ausprobiert ...

Dann war ich wieder auf dem Schiff.

Freitag, 16. Oktober 1992
Bisher 488 Todesopfer
Wohnungsvergabe für Obdachlose angelaufen

KAIRO (dpa). Drei Tage nach dem schweren Erdbeben in Ägypten hat die Kairoer Regierung mit der Verteilung von Wohnungen für obdachlos gewordene Familien begonnen. Mehrere hundert Familien erhielten bereits neue Wohnungen. Bislang wurden nach dem Erdbeben vom vergangenen Montag 488 Tote geborgen. In Kairo stürzten auch am Donnerstag wieder mindestens vier kleinere Häuser ein, die aber schon geräumt waren. Die Behörden ordneten die Schließung aller Schulen und Universitäten für eine weitere Woche an, um die Schäden zu inspizieren. Aus den Trümmern eines 14-stöckigen Hochhauses im Stadtteil Heliopolis, auf die sich die Rettungsarbeiten konzentrieren, wurden weitere 17 Leichen geborgen. Nach Angaben aus Sicherheitskreisen waren acht Stockwerke des Gebäudes illegal errichtet worden. Unterdessen versammelten sich vor einer Polizeistation in der islamischen Altstadt Hunderte von Wohnungssuchenden. Sie wurden von Sicherheitskräften daran gehindert, das für die Zuteilung von Wohnungen zuständige Revier zu stürmen. 900 Wohnungen wurden bereitgestellt.

Das deutsche Außenministerium stellte aus seinem Fonds für humanitäre Hilfe 500 000 Mark für Medikamente und medizinische Hilfsgüter für die Erdbebenopfer zur Verfügung.

Karnak und Luxor

Das Thebener Ufer des Nils hatten wir nun stichprobenartig erkundet. Jetzt kam die Seite, auf der Luxor liegt, und da stehen zwei große Tempel, der von Karnak und der eigentliche Luxortempel. Dazwischen liegt eine bebaute Fläche, die sich zum Nil zieht, unter der die ehemalige verbindende Zeremoniestraße liegen soll, welche die Tempel, die sich mit ihren Frontseiten gegenüberstehen, einst verband. Da nicht graben zu dürfen, wenn es einem in den Fingern juckt und ganz bestimmt etwas zu finden wäre, ist wohl die größte Gemeinheit, die einem Archäologen angetan werden kann.

Wir begannen mit der Besichtigung des Tempels in Karnak. Der ist sehr fotogen, und wer die Verfilmung des Agatha-Christie-Krimis „Tod auf dem Nil" gesehen hat, erkennt die Kulisse gleich wieder. Ganze Dynastien von Pharaonen haben hier Spuren ihrer Bauwut hinterlassen und nicht nur nacheinander, nebeneinander und übereinander, sondern auch gegeneinander gebaut. Da ist Rache geübt worden, wo man es nicht vermutet.

Nach Überwindung der Ketzerherrschaft der Amarna-Kultur sind deren Spuren bekanntlich von der wieder erstarkten Priesterschaft gewaltsam ausgelöscht worden und die Bauteile des Sonnentempels in Amarna, wurden zerschlagen und als Füllschutt in den Pylonen des wieder dem Amun gewidmeten Tempels in Karnak verwendet. Eine Fundgrube für heutige Ausgräber. Es gibt da auch Obelisken und Herrscherstatuen, die einfach ummauert wurden und erst wieder zum Vorschein kamen, als das Umgebungsmauerwerk brüchig wurde und einfiel. Besonders Amenophis III. hat versucht, möglichst alles, was an seine Vorgängerin, Tante oder Stiefschwester, die ihm ewig im Wege stehende Regentin Hatschepsut erinnerte, auszutilgen, und das, was er nicht als sein Werk ausgeben konnte, möglichst versteckt oder zerstört. Es hatte schon seinen Grund, dass Hatschepsut versuchte, sich selbst im Jenseits vor ihrem Nachfolger und Erben sicher zu verstecken, indem sie mindestens drei Gräber für sich vorbereiten ließ. Wenn ihre Mumie verschwand, konnte sie ihr göttliches Jenseits vergessen. Auch wenn sie die Prozedur des „Herzwiegens" überstand, verlor sie ihre ewige Seele, wenn im Diesseits ein Rachsüchtiger nachträglich ihre Mumie zerstörte oder gar verbrennen ließ. Die Priesterschaft hatte das schon so eingerichtet, dass keiner je auf die sichere Seite gelangen konnte. Die Rache holte auch noch nach Jahrtausenden den Missliebigen ein. Man hat ja auch die Mumie der Hatschepsut noch nicht sicher gefunden. Es muss ein unversöhnlicher Hass gewesen sein.

Bei Abrissarbeiten für die Tempelrestaurierung wurde im Karnaktempel eine zugemauerte Kapelle gefunden, die an einer Wand den abgemeißelten Umriss einer Figur trug. Offizielle Löschungen von Texten und figürlichen Darstellungen wurden in kurzen dichten Stakkatoschlägen mit dem Meißel vorgenommen. Die Oberfläche sah dann einheitlich „geschuppt" aus, wie geschlossene Pinien- oder Kiefernzapfen. Seltsam wirkte das deshalb, weil es auf dem ringsherum geglätteten Stein so scharf abgegrenzt stand, dass man den ursprünglichen Umriss noch klar sehen konnte. Da war auch zu erkennen, dass eine Namenskartusche entfernt worden war, und zwar die eines lebenden Menschen, wenn die Verbindung zur Erde noch da war, oder eines Toten, der schon vergöttlicht war. Da war dann die Verbindung abgeschlagen.

Heutzutage würde zur Löschung eines Reliefs den erhabenen Teil einfach flach abschlagen, etwas nachschleifen und hätte dann eine glatte Fläche, die sich wieder verwenden ließe. Grabsteine werden beispielsweise in unserer westlichen Kultur genau auf diese Weise aufgearbeitet und keiner denkt sich etwas dabei. Für den antiken Ägypter wäre das eine bodenlose Infamie gewesen, und das Zeichen, dass da jemandes jenseitige Existenz auf ewig und unwiderruflich gelöscht sei.

Das bedeutete nicht nur die Vernichtung der Identität des Jenseitigen, sondern auch die Zerstörung seiner Seelen, von denen der Ägypter mehrere, aber mindestens zwei zu besitzen wähnte.

In besagtem neu entdecktem Raum handelte es sich um ein gewesenes hochrangiges weibliches Wesen, welches „gelöscht" worden war, aber man wusste nicht, um wen es sich handelte. Da stieß man auf eine Besonderheit. In allen gelöschten Namenskartuschen war eine bestimmte Hieroglyphe nicht zerschlagen worden, nämlich die der Göttin Hathor. Die ganze Litanei der Geburts-, Ehren- und Krönungsnamen ist pro Pharao schon verwirrend, aber kein Pharao würde einen Namen tragen, der an dieser Stelle den Namen einer Göttin enthielt. Es musste schon ein Gott sein. Andererseits war bezeichnend, dass man nicht gewagt hatte, im Allerheiligsten eines dem Vergessen überantworteten Tempelbezirkes den Namen einer Göttin zu löschen. So kam man auf den Namen der Pharaonin Hatschepsut, denn der enthielt die Hieroglyphe der Namenspatronin, der Göttin Hathor.

Ob ich hier einem Märchen der Ägyptologen für Touristen aufgesessen bin oder nicht, mögen Fachleute entscheiden. Nachdem nun Thutmosis III. sich und vor allem die Nachwelt so von den Erinnerungen an seiner Vorgängerin befreit hatte, brachte er nämlich auch noch zu Ende, was sie in seinen Augen aus Dummheit und Gefühlsduselei nicht getan hatte. Da gab es doch noch die Geschichte mit der Expedition in das Land Punt, von dessen Reichtümern und mitgebrachten Geschenken und Liebesgaben noch dieses Relief am Totentempel einer „Unbekannten" zeugte. Die Vielzahl der mitgebrachten Geschenke, die bestimmt immer noch irgendwo lagerten oder verarbeitet waren, war wohl noch nicht ganz vergessen. Die Königin hatte von dem einmaligen Erlebnis dieser Reise schließlich lange genug geschwärmt. Da sah man besser einmal selbst nach, was da wirklich dran gewesen ist. Thutmosis nahm nun seine Streitkräfte zusammen und brach auf, zu Fuß, zu Pferd, zu Wagen und zu Schiff. Noch lebende ehemalige Expeditionsteilnehmer beschrieben ihm den Weg. Er erreichte, was er gewollt hatte, und alles das, was Hatschepsut in der Fremde so bewundert und wovon sie geschwärmt hatte, das holte er sich, damit es nun sein Eigentum wäre und dass andere jetzt „seinen" Reichtum bewunderten.

Wo er gewesen ist, ist nicht genau zu lokalisieren. Ägypten, Äthiopien und vor allem die arabische Halbinsel dürften in diesen antiken Zeiten noch keineswegs so wüstenähnlich gewesen sein, und auch die Siedlungsgebiete der damals dort lebenden Völker dürften kaum mit denen der Jetztzeit übereingestimmt haben. Selbst in der damals noch in ferner Zukunft gelegenen Römerzeit hat es da noch gewaltige Umschichtungen gegeben. Von den vorhergehenden Jahrhunderten weiß man fast nichts. Als Thutmosis reich beladen mit Beute wieder nach Karnak zurückkam, ließ er eine Art Inventarliste der wichtigsten Gegenstände Stück für Stück an eine Wand meißeln, und weil er so viel und vor allem Gleichartiges erbeutet hatte, ließ er immer nur ein Exemplar von einer Sorte abbilden und dazuschreiben, wie viele von dieser Art goldener, silberner, eherner oder kupferner Opfergefäße, Vasen, Schalen oder Dreifüße er davon erbeutet hatte.

Das eigenartigste an dieser Sache ist aber, dass sich dieses Verzeichnis weitgehend mit der Aufzählung der Kultgegenstände deckt, die laut Altem Testament zur Einweihung des salomonischen Tempels dargebracht und für die restliche Ausstattung angefertigt wurde. Und die wurden in der nachsalomonischen Zeit komplett geraubt. Das passt derzeit weder mit der Zeitachse der Bibel zusammen noch mit der Zeitachse zur Geschichte Ägyptens, genau so wenig wie die Zeitachse der in Mesopotamien aufeinanderfolgenden Reiche zur Bibel und der Ägyptens passen. Obwohl ich wusste, dass dieses Relief des Beutegutes existierte und ich ein Bild davon besaß, konnte man es nicht besichtigen. Das salomonische Jerusalem und das jetzige müssen nicht das gleiche gewesen sein. Man soll die Berichte aus der ägyptischen Geschichte zusammen mit der Bibel lesen, dazu die offensichtlichen Verknüpfungspunkte genauer in Augenschein nehmen, etwas in den leicht ketzerischen Schriften eines Immanuel Velikovsky lesen, sich die Untersuchungen eines Kamal Salibi zur Besiedlung des vorderasiatischen Raumes in frühgeschichtlicher Zeit zu Gemüte führen und dann selber zu denken beginnen. Der alte Orient beginnt dann plötzlich viel lebendiger zu werden. Da braucht es keine Rätsel um Außerirdische, solange man voraussetzt, dass die Menschen früher auch nicht dümmer als heute waren, nur weil sie keine hochtechnisierte Profitwirtschaft betrieben haben und nicht alles sofort realisieren und aggressiv vermarkten mussten, nur weil es ihnen plötzlich einfiel.

Welche Sorge die Pharaonen um das Überleben ihrer eingemeißelten Wandbilder und Texte hatten, ist wohl in Karnak am allerdeutlichsten zu sehen. Die Inschriften an den massigen Säulen der großen Säulenhalle sind schon alle vertieft angebracht. Wenn also die Sonne als Hieroglyphe auftaucht, sieht man ein scharf begrenztes kreisrundes Loch im Stein, aus dessen Grund eine Halbkugel hervor wächst.

Es sieht aus, als stecke eine Kanonenkugel in einem Loch im Lehm. Bei anderen Hieroglyphen verfuhr man entsprechend. Der dabei entstehende Schatteneffekt machte derartige Schriftzeugnisse sogar noch deutlicher lesbar. Diese löschungsresistente Verewigung charakterisiert besonders die Hinterlassenschaft Ramses II. und seiner Nachfolger. Da weiß man nicht, ob er Bestehendes hat entfernen lassen und dann bei der Neubeschriftung in die Tiefe gehen ließ, oder ob es wirklich von ihm stammt. Der Pharao lebte vom Personenkult, aber der Personenkult war noch neu, absolut gesellschaftsfähig und Basis für den Bestand des Reiches. Tradition und Geschichte: Ja, aber in Maßen. Wichtig sind der lebende Pharao und sein bestehendes Reich. Das galt es jedes Mal neu zu verherrlichen.

Was Tempelbesichtigungen auflockert, sind die Lehrtafeln. Wie schon gesagt, jeder Tempel, den wir besuchten, hatte etwas anderes zu bieten. In Karnak führte uns Madame erst vor eine Wand, die eine Biologietafel darstellte. Die verschiedensten Nutz- und Gewürzpflanzen waren aufgeführt, um den Priesterschülern ein fundiertes Wissen beizubringen. Auf einer weiteren unscheinbaren Wandrückseite, die wir sonst nie angesehen hätten, waren die ägyptischen Zahlzeichen dargestellt. Nach der oben angebrachten Zeile, die alle Zahlenhieroglyphen aufzählte, die es gab, kam eine Zählreihe, welche die Bedeutung der Zeichen erhellte. Nach zehn Minuten zählten und rechneten wir schon fließend mit diesen Zahlen, die fast nach dem gleichen Prinzip aufgebaut sind wie die römischen Ziffern, nur dass es diese hier schon lange vorher gab, als auf den berühmten sieben Hügeln, auf denen Rom später erbaut wurde, noch wilde Tiere hausten. Von da an schauten wir bei den Hieroglyphen außer nach Namenskartuschen auch nach Zahlen.

Der Tempel in Luxor wurde am Abend besichtigt, weil er gut mit Scheinwerfern beleuchtet ist und die riesigen Granitstatuen der Pharaonen so am besten zur Geltung kommen.

Außerdem geht eine vielbefahrene Hauptstraße mit allerhand Autoverkehr direkt am Tempelareal entlang, und da herrscht tagsüber jede Menge Krach. Wenn man bedenkt, dass in Ägypten auf allen Straßen nur mit Bleifuß gefahren wird und die Devise gilt: „Wer hupt, der fährt", dann ist das nicht verwunderlich. So macht man aus der Not eine Tugend, führt den Tempel bei Nacht vor, wenn der Verkehr abgeebbt ist, und die im Scheinwerferlicht an den Statuen hängenden Geckos, die auf Insektenbeute aus sind, sind auch besser zu beobachten.

Der am Eingang zum Luxortempel fehlende zweite Obelisk steht übrigens heute auf der „Place de la Concorde" in Paris, denn er wurde dem Bürgerkönig Louis Philippe von Mohammad Ali Pascha geschenkt. Der Obelisk ist immer im Fernsehen zu sehen, wenn bei der letzten Etappe der Tour de France die letzten zehn Runden auf den Champs-Elysées absolviert werden. Er steht genau auf der Stelle, wo sich während der Französischen Revolution die Guillotine befand und wo auch

Ludwig XVI. hingerichtet wurde. Louis Philippe revanchierte sich für diese Obeliskenschenkung mit einer Turmuhr, die ich später in ihrem Uhrturm im Hof der Moschee in der Zitadelle von Kairo sah. Sie war kaputt, die Uhr. Der Obelisk in Paris ist es nicht, denn er wirft seinen Schatten als Sonnenuhrzeiger wie in alten Zeiten aufs Pflaster, nur die Franzosen haben vergessen, eine Skala auf dem Platz anzubringen, damit man die Zeit auch ablesen kann. Das habe ich selbst in Paris nachgeprüft.

Viel imposanter ist allerdings, dass mitten im Tempel von Luxor eine Moschee steht, die früher in Unkenntnis des geschichtlichen Untergrundes dieser Gegend erbaut wurde. Als man zum Bau dieser Moschee den Schutt auf diesem Platz wegräumte, entdeckte man vermeintliche große Fußbodenplatten und nutzte sie als Fundament. Das waren aber die Deckenbalken des darunter liegenden verschütteten Tempels. Als nach Jahrhunderten dann dieser Tempel ausgegraben wurde, stand die Moschee plötzlich auf einem Erdhügel in der Höhe mitten in einem Tempel. Das erinnerte mich an Münchhausen und sein Lügen-Abenteuer mit dem Schnee in Russland. Er hatte sein Pferd abends an einem Stock angebunden, der aus dem Schnee ragte, sich daneben zum Schlafen niedergelegt, und als er morgens erwachte, war der Schnee geschmolzen, er lag auf einem Kirchhof neben der Kirche und sein Pferd hing an der Kirchturmspitze des über Nacht freigetauten Dorfes. Hier hängt eine Moschee zwar nicht in der Luft, aber sie steht auf dem Dach des wieder ausgegrabenen Tempels. Sie sollten sich das unbedingt einmal selbst im Original ansehen.

Dort im Halbdunkel wurde ich von einem Araber am Hemd gezupft, und als ich mich umdrehte, schlug er ein Tuch auseinander, das er in der Hand hielt. Im Abglanz des Scheinwerferlichtes, welches die Monumentalfigur Ramses II. anstrahlte, sah ich auf dunkelblauem Samt einen ungefähr 15 cm hohen und halb so breiten Pharaonenkopf mit der kombinierten Krone für Unter- und Oberägypten liegen. Das Gesicht war kindlich, aber mit äußerster Präzision und Gefühl für Form aus einem gelblichen sehr feinkörnigen Stein gearbeitet, ebenso die Krone, und vor allem sehr gut erhalten. Der obere Teil der „weißen Krone" der Figur war abgeschlagen, ebenso die vorn an der „roten Krone" befindlichen Insignien. Dazu fehlte der Zeremonienbart, weil die linke Gesichtshälfte ebenfalls schräg abgebrochen war. Nur rechts lief das Ganze in einem spitzen Stück gut modelliertem athletischem Hals mit einem Stück Schulter aus. Ein Bruchstück, aber was für eins. Es war so geschickt beschädigt, dass alles, was Wirkung erzeugte, noch intakt war und durch die Abruptheit der Grenzen zwischen bearbeiteter Oberfläche und Bruchflächen erst richtig wirkte. Diesen weichen, muschelig glatt brechenden Kalksandstein habe ich in Abydos als Tempelbaumaterial wiedergesehen.

Mir schoss durch den Kopf, was mir blühte, wenn das echt wäre und in meinem Reisegepäck gefunden würde, wo ich war und auch, wie exakt der alte Handwerker die Alabastervase mit primitivsten Mitteln reproduziert hatte, welche Möglichkeiten es gab, derartiges aus Gesteinsmehl zu pressen, und auch, wie sie hier Alabasterimitate erzeugten.

Als der Mann dann flüsterte: „Echt Sandstein", hob ich nur beide Hände und schüttelte mit dem Kopf. Den Preis wollte ich nicht wissen. Die Versuchung war zu stark. Die zehn Sekunden dieses Blickes waren für mich fast schon zu viel gewesen. Es heißt zwar, dass man der Versuchung nachgeben darf, nur muss man dann auch bereuen, denn nur so verpasst man nichts und bleibt doch ein anständiger Mensch. Darauf wollte ich es aber nicht ankommen lassen und war zugleich erleichtert und traurig, als der Mann mit seinem Verführungsstück tatsächlich wieder im Dunkel verschwand, um sich an den nächsten Kunden heranzumachen. Ich bereue es heute noch ein bisschen, das Ding nicht gekauft zu haben, falsch oder echt, weil wir ohne jede Kontrolle durch den Zoll kamen. Aber wirklich nur ein bisschen ...

Hier reimte ich mir auch zusammen, wie die Ägypter früher ihre Tempel gebaut haben. Wir staunen heute, wie sie diese gewaltigen Quader und Säulen in solche Höhen hinauf gewuchtet haben, denn wir könnten das nur noch unter Einsatz schwerster Technik.

Mir war aufgefallen, dass um die Tempel herum immer ganze Wälle und Hügel zerfallender Nilschlammziegel lagen. Erst hielt ich das für Restschutt von den Ausgrabungen. Mit Nilschlamm konnte ein Tempelboden schon mal bedeckt sein, auch ganz vom Sand zugeweht, aber mit den Stroh enthaltenden Ziegeln fiel die Verwehungstheorie und auch die Zuschwemmung in sich zusammen. Komo Ombo war beispielsweise noch ganz von einem Nilschlammziegelwall umgeben gewesen. Fiel eine Tempeldecke herunter, wie zum Beispiel bei einem Erdbeben, oder noch schlimmer, fiel der Kopf von der Statue des Pharao, wie in Abu Simbel, dann hatten sie es immer liegengelassen, statt es zu reparieren. Das musste einen Grund haben.

Wir hatten immer viel Zeit zum Überlegen, wenn wir auf dem Oberdeck des Schiffes den Nil entlang dümpelten, und dann fiel mir auch ein, dass wir in Karnak unvollendete Tempelteile gesehen hatten, die erst durch die Archäologen ausgegraben wurden. Die Säulen waren oben exakt bearbeitet und beschriftet, im unteren Teil dagegen waren die Säulensegmente noch ganz roh und grob zugeschlagen. Nur die aufeinandersitzenden Flächen waren planparallel bearbeitet. Bei einer halbfertigen geschichteten Säule hätte ich vermutet, dass sie unten fertig ist und oben noch nicht. Da musste die Lösung gesucht werden, und ich fand eine Erklärung, die mehrere Fliegen mit einer Klappe schlug. Es musste ein grundlegend anderes Prinzip beim Bau der Tempel angewendet worden sein.

Nachdem die Vermessungsarbeiten auf dem vorher planierten Baugrund beendet waren, ließen die Priester die Fundamentsteine legen. Dann wurde eingeebnet, und zwar so, dass alle freien Räume, also der gesamte Innenraum des späteren Gebäudes, mit Nilschlammziegeln ausgefüllt wurde. Nun schliff man alles glatt, was als Stein herausschaute, und setzte die nächste Schicht Bauquader und Säulenscheiben. Die angefeuchtete Ziegelfläche erleichterte den Transport ungemein. Nun wieder die Niveauauffüllung mit Ziegeln, glattschleifen, nächste Schicht Bauquader und Säulenscheiben, bis die gewünschte Hallenhöhe erreicht war. Auf die oberste Schicht kamen dann über die Längs- und Querträger der Deckenkonstruktion, schließlich die Dachabdichtung. Da stand am Ende ein hoher Haufen aus Lehmziegeln mit einer mitgewachsenen Transportrampe in der Gegend und verbarg den darin befindlichen Tempel. Man konnte also ewig aufeinandertürmen, höher bauen als ursprünglich vorgesehen, immer wieder Bausteine bestellen und versenken. Niemand sah, wie monumental die Anlage sein würde. Nur der Baumeister wusste es ganz genau. Der Tempel war nun fertig und musste nur noch ausgegraben werden.

Man stellte das Dach fertig, trug die Ziegel unter der Decke ab und stand dann in Reichweite ihrer Unterseite auf dem „Ziegelgerüst", malte und meißelte diese Decke im Schutz des Daches, glättete die obersten Teile der Säulen, meißelte an den oberen, meist sehr komplizierten Kapitellen und begann Schmuck anzubringen. So arbeitete man sich nach unten durch, in dem man den Tempel aus den Ziegeln ausgrub und die Wände und Säulen sauber bearbeitete. Alles, was fertig war, verschwand nach oben und blieb sauber. Zum Schluss fegte man den Boden, auf dem jetzt wieder die ursprüngliche Vermessung zum Vorschein kam, legte ihn mit Mosaik oder Steinplatten aus, und fertig war der Tempel.

Halbfertige Anlagen waren unten noch nicht fertig, Säulen konnten ganz genau behauen werden, aus so vielen Scheiben sie auch bestehen mochten, und übrig blieben um das Bauwerk herum die Hügel der wieder weggeräumten Ziegel des „Vollgerüstes". Als ich diese meine Theorie zum ersten Mal äußerte, hieß es: *„Du hast einen Knall. – Ziegelvollgerüst. Geh mal ein bissel aus der Sonne. Die bekommt dir nicht ..."*

Erst über zehn Jahre später wurde in einer Dokumentation eine ähnliche Methode von einem Ägyptologen als Hypothese vorgestellt. Er glaubte aber, das alles mit Sand bewerkstelligen zu können. Ich hätte damals jedenfalls einen Tempel nur mit meiner Methode gebaut und war sicher, dass das nur so ging, wenn weder Bauholz, Seilwinden noch Kran zur Verfügung stünden. Nilschlammziegel, Wasser, Holzschlitten, Seile und während der Nilüberschwemmungszeit die Männer der zum Tempel gehörenden Dörfer. Tempelbau ist Gottesdienst für Gotteslohn, und der Gott sorgte schließlich in der Zeit für die Anschwemmung des fruchtbaren Schlammes für die nächste Ernte.

Mir stand auch vor Augen, mit welchen Methoden manche „Wissenschaftler" auf dem Plateau vor den Pyramiden mit Hilfe angeheuerter Araber große Steine zu transportieren versuchen, wie sie Wasser in den losen Sand gießen lassen und mit Rollen experimentieren, Hebelwerke und Hebebäume erfinden.

Da hüpft doch das Herz jedes arabischen Lohnarbeiters vor Freude, der da mit im Sand spielen darf, und dazu noch für Geld. Wie viele unbrauchbare Vorschläge man da am Tag erdiskutieren, ausprobieren und verwerfen kann. Die Hauptsache ist doch, dass der meist weiße wissenschaftlich ausgebildete Depp seinen Willen kriegt und gut dafür bezahlt. Wenn es nicht klappt, ist man eben mit traurig und gebiert über Nacht eine weitere Methode, die bestimmt auch nicht verwendbar ist. Immer Arbeit haben ist doch viel besser, als mit ihr fertig zu werden.

Es geht so viel Wissen verloren, und vor allem, in wie kurzer Zeit. Ich zitiere jetzt aus J. Hanzelka und M. Zikmund: „Afrika, Traum und Wirklichkeit", Verlag Volk und Welt, Berlin 1955, Band 1, Seite 181:

Außer einigen Asphaltstraßen besitzt Ägypten ein dichtes Netz dauernd unter-
haltener Landstraßen. In fast ununterbrochener Reihe säumen Lehmdörfer... den
schmalen, gewundenen, festgestampften Lehmstreifen. Ihre Oberfläche steht in nichts
hinter den Asphaltstraßen zurück, und sie würde trotz heimtückischer Kurven hohe
Reisegeschwindigkeiten ermöglichen, doch diese ägyptischen Lehmstraßen bergen eine
andere Gefahr. Alle Augenblicke fährt man nämlich an einer Gruppe halbnackter
Straßenbauarbeiter vorbei, die ... Eimer um Eimer Wasser ... auf die Fahrbahn
gießen. So behält die trockene Unterlage ihre Festigkeit und auf der feuchten Ober-
schicht verlieren sich die kleinsten Unebenheiten. Aber der feine Lehm, zusammen
mit dem schlammigen Nilwasser, verwandelt die Straße in eine Rutschbahn, die noch
gefährlicher ist als Glatteis. "

Auf den in den Tempeln eingemeißelten Bildern ist es doch deutlich
zu sehen, wie das die Ägypter früher gemacht haben. Nilschlamm,
Lehm, Wasser, ein Schlitten und an den Seilen kräftige Männer. Rollen
und ein gepflasterter Untergrund sind viel zu gefährlich, und auf Sand
ist die Schinderei viel zu groß. Da geht es überhaupt nicht.

Aber wie soll der Ägyptologe das erkennen. Der spürt zwar den Ge-
heimnissen der Hieroglyphentexte nach, aber da steht eben nichts von
solchen niederen Arbeiten, wie dem Transport von Steinen. Alles vergessen und nicht mehr wahr. Und dabei war das gerade ein Zitat aus
einer Reportage aus dem Jahre 1947.

Mir ist durchaus bewusst, dass ich mit meinen laufenden besserwis-
serischen nüchternen Betrachtungen sehr stark das beschädige, was im
Allgemeinen den Reiz des alten Ägypten ausmacht: Die Legenden von
der Unerklärbarkeit, wie das alles zu diesen längst vergangenen Zeiten
alles erbaut wurde und vor allem, mit welchen Hilfsmitteln. Davon lebt
eigentlich die ganze Ägyptologie und auch die Spendenfreudigkeit vieler
Sponsoren ist daran festgemacht.

Begründet durch beruflich sehr auf technische Realisierbarkeit
manchmal im ersten Moment unmöglich erscheinender Aufgaben verpflichtet, und das bei oft völligem Fehlen der notwendigsten technischen Hilfsmittel, wie das in der Praxis der Industrie im Osten bei der
herrschenden Mangelwirtschaft der Normalzustand war, entwickelte
sich bei mir mit den Jahren zwangsläufig ein Mechanismus für die analy-
tische Betrachtung aller technischen Probleme, die vorausschauende
Einschätzung des erforderlichen Arbeitsaufwandes und dessen Reduzie-
rung auf das unbedingt Notwendige, weil ich ansonsten meine Arbeits-

aufgaben nicht hätte realisieren können, zu der zeitweise neben der Hauptmechanik auch alles gehörte, was an Schwertransporten an Ausrüstung und Maschinen bei der Neueinrichtung und Auflösung von Betrieben und Abteilungen gehörte.

Stand ich vor einer Meisterleistung der Ägypter stand für mich sofort die Frage: *„Wie hättest du das angefangen?"* Ich hatte schließlich nicht ungestraft Jahrzehnte auf einem Platz gearbeitet, wo die Frage verboten war: *„Ist das überhaupt machbar?"* sondern nur die Antwort darauf verlangt wurde: *„Wann ist es denn fertig?"*, so wie man heute als Chef einfach zu seinen Leuten sagt: *„Das muss bis morgen erledigt sein"*, und dann fröhlich in den Feierabend verschwindet. Eigentlich hat sich da seit der Zeit der alten Ägypter kaum etwas geändert.

Vergessen Sie auch nicht, dass ich mich schon vorher eingehender mit der Technik der Ägypter befasst hatte und mir herausgesucht hatte, was ich mir an Ort und Stelle genauer ansehen wollte.

Dendera heute und ehedem

An einem Spätnachmittag erreichte unser Schiff das Städtchen Dendera. Die Gegend entsprach in der Uferzone durchaus dem Durchschnitt von dem, was man vom Schiff auch bei anderen Städtchen entdecken konnte. Ein flach ansteigendes schmales Lehmufer mit spärlichem Grasbewuchs, dann eine breite, unbefestigte Straße und schließlich die Wände der Lehmhäuser mit Flachdach.

Als wir anlegten und die Gangway ausgefahren wurde, sammelte sich am Ufer eine Reihe Pferdekutschen, wie ich sie schon am ersten Abend in Assuan bemerkt und mit denen wir schon in Edfu gefahren waren. Zwischen unseren Fremdenführern vom Schiff und einem Sprecher, einem Anführer oder Häuptling der Droschkenkutscher, der vielleicht ein vorteilhaftes Geschäft abschließen wollte, fand ein unverständliches Palaver statt. Sehr freundlich klang das nicht gerade, und Madame beschied uns nach einer Weile sehr erbost und kurz mit dem Satz: *„Wir fahren nicht."* Das akzeptierten zwar wir, die draußen vor dem Schiff lauernden Kutscher aber keineswegs.

Wir gingen nun an Land und wurden eingeladen mitzufahren. Bei einer solchen Belagerung wäre wohl mancher weich geworden, aber hier war es zwecklos, weil doch keiner wusste, was auf dem Programm stand, außer der Gewissheit, wieder einen Tempel zu besichtigen. So sammelten wir uns zur Kolonne, die an Sonnenstich oder an Durchfall leidenden Mitreisenden auf dem Schiff zurücklassend. Zuerst ging es parallel zum Fluss eine leichte Steigung hinauf. Man weiß ja, wie das ist, wenn man plötzlich am Meeresstrand im losen feinen Sand laufen muss. Man strengt sich an und kommt doch nicht vorwärts, weil der lose Sand so tief ist. Es war sozusagen Kriechgang angesagt. Natürlich war es heiß, denn die Nachmittagssonne tat ihr Bestes. Unser Heerwurm begann sich je nach Kondition vorwärts zu bewegen und dabei auseinander zu ziehen. Es stank hier entsetzlich nach verrottendem Pferdemist.

Die Kutscher hatten ihren Plan, uns zu fahren, noch nicht aufgegeben, und fuhren erst von hinten dicht an uns heran und dann langsam an uns vorbei. War der erste vorn angekommen, drehte er vor unserer Kolonne und fuhr, uns auf der anderen Seite entgegenkommend, den

Hügelanstieg wieder herunter, aber natürlich mit Tempo. Man hörte das dumpfe Stampfen der Pferdehufe, aber sonst fuhren die Kutschen auf ihren Bürstenreifen ganz lautlos. Diese Bürstenreifen, die ich schon in Assuan bewundert hatte, offenbarten aber hier eine ganz neue Art Eigenschaft, die man so nicht vermuten würde. Sie sammelten den herumliegenden Dreck und warfen ihn fein verteilt in die Luft. So kreisten die Kutscher uns ein und berieselten uns zugleich mit etwas, was man sonst so nicht gewohnt war.

Das war ihre normale Angebotsstrecke und auch die Jagdmeile für Touristen. Die tägliche Vorführung der Kutschen hatte dazu geführt, dass die ganze Auffahrt zu einer starken Lage Sandmehl zerfahren war. Dazu kamen die darin abgelegten zermalmten und untergemischten Pferdeäpfel und auch deren Flüssigkomponente. Alles das zusammen ergab eine bestimmt sehr fruchtbare Mischung, die intensiv duftete. Fuhr jetzt eine Kutsche mit Tempo neben einer Fußgängerkolonne durch diesen Mulm, warfen Pferdehufe und Kutschenräder ihn in hohem Bogen in die Luft, wo er sich verteilte und dann herab rieselte.

Aus der Relativitätstheorie kennt man das Raum-Zeit-Kontinuum. Wir schritten hier in einem Sand-Pferdemist-Luft-Kontinuum vor uns hin. Herrlich für den, der sich so an der geizigen Touristenbrut rächen kann. Da treibt man schon mal sein Pferd außer der Reihe etwas stärker an, auch wenn es nichts zu verdienen gibt.

Endlich war die Steigung zu Ende. Wir querten die Kutschenrennstrecke und liefen nun auf einen Torbogen zwischen zwei Häuserwänden zu. Das schien der einzige Zugang zur Stadt zu sein, denn alle Häuser waren hier torlos mauerartig aneinander gebaut.

Es wurde angehalten und gezählt, und als wir wieder vollständig waren, erging die Aufforderung an alle, sämtliche lose am Körper getragenen Wertgegenstände in Sicherheit zu bringen, Reißverschlüsse zu schließen, Taschen und Jacken zuzuknöpfen, Fotoapparate und Ferngläser festzuhalten und auf Videokameras besonders zu achten. Zusammenbleiben ward zum obersten Grundsatz erhoben, und dann stürzte sich unsere Fremdenführerin, Madame, an unserer Spitze marschierend förmlich in diesen Torbogen hinein.

Uns empfing eine Gasse mittlerer Breite, die rechts und links von offenen Souvenirgeschäften begrenzt wurde. Die Häuser waren ziemlich hoch, so dass Schatten herrschte, der aber durch Sonnensegel, die unmittelbar über uns gespannt waren, noch zu Halbdunkel verstärkt wurde, wodurch sich auch die dort herrschende Hitze verstärkte. Die Händler, behängt mit ihren Waren, fielen wie ein Hornissenschwarm und in einer Lautstärke über uns her, dass wir uns schon instinktiv enger aneinander zu drängen begannen. So aggressiv waren wir noch nirgends belagert worden, man zerrte wirklich an unseren Sachen, und wer seine Hand jetzt noch mit in der Jackentasche, die ich für meine eigene gehalten hatte, unterzubringen versuchte, konnte ich auch nicht klären. Es war eine moderne Art des Spießrutenlaufens. Als wir diese hundert Meter hinter uns hatten, wurde wieder gezählt. Es fehlte niemand. Wir waren schon eine gestandene Gruppe. Komo Ombo hatte sich nicht wiederholt.

Dann standen wir vor einem Tempel inmitten einer riesigen Grube. Man musste eine Treppe hinabsteigen. Die Stadt war erst erbaut worden, als dieser Tempel schon mehrere Jahrhunderte bis zum Dach unter Nilschlamm und Sand begraben geruht hatte, deshalb war er auch noch so gut erhalten, als man ihn ausgrub.

Die starre Ikonografie der bildlichen Darstellungen an Wänden und Säulen, an den Decken, im Inneren und auch außen am Tempel waren wir nun schon gewohnt. Die Darstellung des Kopfes im Profil, der Oberkörper als Vorderansicht und der Unterkörper wieder als Profil ließ die dargestellten Menschenfiguren breitschultrig wirken.

Das Gesicht der Göttin Hathor mit ihren seitlich abstehenden Kuhohren und den darüber hinausragenden Kuhhörnern blickte uns hier mehrfach von den Säulen des Tempeleinganges entgegen. Diese Göttin wurde als einzige mit ganzem Gesicht dargestellt, und wenn im Profil, dann als Kuh, mit der Sonnenscheibe zwischen den Hörnern und Ohren. Im Tempel selbst war es dunkel und kühl, und da standen wir wieder hilflos vor den heiligen und bunten Hieroglypheninschriften der Ägypter. Einerseits waren es sauber gemeißelte Hieroglyphen, wie wir sie mit Hilfe des Buchstabieralphabets auch wiedererkannten, andererseits nützte uns die Bestimmung des Lautwertes nichts, weil wir doch die Sprache der alten Ägypter nicht kannten, also weder Aussprache noch Bedeutung.

Man zeigte uns unter anderem Hieroglyphengruppen, die sehr futuristisch wirkten, und weil durch Fotografien international verbreitet, von Rätseln und geheimnisvollen technischen Kenntnissen der alten Ägypter zeugen sollten. Es stimmt schon, dass da verdächtige Ähnlichkeiten mit Hubschraubern, Panzern, Unterseebooten, Maschinengewehren und auch Flugzeugen bestanden. Unsere Fremdenführerin als Ägyptologin weigerte sich, irgendeinen Kommentar dazu abzugeben. Es solle sich jeder seine eigene Meinung dazu bilden. Es gebe ganze Tempel aus griechisch-römischer Zeit, die mit Hieroglyphen bedeckt seien, die nur Unsinn ergäben, weil zu dieser Zeit schon das Wissen um ihre Bedeutung verlorengegangen gewesen sei und man Hieroglyphen nur noch als Schmuck angebracht habe.

Da dachte ich an die Arbeitsteilung, die es bei der Ausmalung der Grabhöhlen im Tal der Könige gegeben hatte, und mir wurde einiges klar. Derjenige, der die Inschrift für den Steinmetz auf dem Stein vorzeichnete, wusste vielleicht noch, was er tat, als er die Umrisse der Hieroglyphen aufmalte. Wenn er sich vermalte, merkte das höchstens ein anderer Schreiber oder ein pingeliger Priester. Der Steinmetz schlug nur noch zu und achtete auf saubere Ausführung. Da konnte es schon mal passieren, dass er eine Hilfslinie, die nicht sauber genug wieder entfernt worden war, mit in die Ewigkeit übertrug. Wer wird ernsthaft behaupten, dass die Steinmetze im alten Ägypten lesen und schreiben konnten? Wer das konnte, der hätte niemals wieder Steine geklopft. Der gehörte zur Intelligenz und zeichnete vielleicht noch die Textentwürfe, die ein gewissenhafter Zeichner dann auf den Stein übertrug. Selbst der musste nicht wissen, was der Text aussagte.

Als ich mir dann einmal in Ruhe im dort gekauften Prospektes eine Abbildung des umstrittenen Deckenschmuckes aus einem der Tempel vornahm und sie mit dem Hieroglyphenalphabet verglich, stellte sich das „Maschinengewehr" als ein langes „dsch-l" heraus, welches als stilisierter Arm dargestellt wird, an dem eine Hand ein spitz zulaufendes kegelförmiges kleines Brot hält. Daneben war zur Sicherheit sogar auch noch ein großes rundes Brot dargestellt, was mich in meiner Auffassung noch bestärkte.

Das „Unterseeboot" bestand plötzlich aus einem Brotkörbchen, mit dem man das Wort „Ich" erzeugt, oder es konnte auch ein „k" sein. Ein „b" war mit diesem Zeichen zusammengemeißelt. Der „Panzer" wurde zu einem „d" und der „Hubschrauber" entpuppte sich als eine Kombination aus einem „b", einem „p" und einem hieroglyphischen „a", alles zusammengehalten von einer vergessenen Hilfslinie oder einer Transportschleifspur auf dem geschmückten Quader, die der Steinmetz bestimmt unfreiwillig verewigt hatte. Auch wenn ich es nicht lesen konnte, für mich hatte diese Inschrift keine unlösbaren Geheimnisse mehr.

Wenn Laien schon einmal nach Ägypten geraten, dann wissen Sie sowieso alles besser. Lesen Sie einfach darüber hinweg und vergessen Sie es. Ein vermutetes ägyptisches U-Boot ist auf alle Fälle geheimnisvoller. Warum haben die damals eigentlich nicht das Auto erfunden. Das wäre doch viel praktischer gewesen, oder zumindest das Fahrrad, oder, wenn Sie es brauchen, ein Maschinengewehr, das auf einem Fahrrad festgemacht ist? Vielleicht hatten sie das Pulver doch noch nicht erfunden.

Wir sahen in diesem Tempel auch die berühmten Darstellungen der Lichterzeugung im alten Ägypten, worüber ich erst später genaueres gelesen habe. Man vermutet doch nicht, dass ein Bereich, der als Krypta, also ein mit religiösen Zeremonien und Vorstellungen verbundener Raum, als Aufbewahrungsort für technische Dokumentationen genutzt wird.

Mitten zwischen Darstellungen von Priestern im Zeremonialgewand, Darstellungen des Luftgottes „Schu", des Lichtgottes „Re Harachte" und sonstiger Geister in einem dichten Gedränge von Hieroglyphenspalten tauchten plötzlich Hochspannungsisolatoren, Glaskolben mit Zu- oder Ableitungen auf. Erdungen und seltsam geformte Elektroden waren zu sehen und eine Schlange unter Glas. Zahlzeichen nahmen überhand, und an der vorderen Seite des Glaskolbens stand ein auf seine Hinterbeine aufgerichteter geschwänzter großer Affe, der in den vorderen Händen zwei scharf geschliffene Messer trug, mit denen er zum sofortigen Angriff bereit wäre.

Auch hier der zurückhaltende Kommentar unserer Ägyptologin: Zur Darstellung der Kolben mit der Schlange könnten wir uns unsere eigenen Gedanken machen, und dass es sich um ein gut gehütetes technisches Geheimnis der Priester dieses Tempels handle, das sei auch gewiss, sonst wäre es nicht hier im Allerheiligsten und auch da noch versteckt dargestellt.

Der Affe wäre vielleicht der Gott der Wissenschaften „Thot" in Gestalt eines Pavians, aber wir wüssten doch bestimmt, wie man heutzutage Gefahrenstellen, gefährliche Güter, explosionsgefährdete Bereiche oder auch Hochspannungsanlagen mittels Warnschildern und Verbotsschildern kennzeichne. Das hier sei ein altägyptisches Piktogramm für tödliche Gefahr. Selbst jeder Analphabet wisse, was ihm blühe, wenn er sich einem wütenden großen Affen gegenüber sehe, der ihn noch gleichzeitig mit zwei scharf geschliffenen langen Messern angreife.

Ich habe mir alles angesehen und versucht möglichst unvoreingenommen zu begreifen, was da zu sehen und auch zu fühlen war. Das Wort „Begreifen" hat für mich immer mit „Anfassen" zu tun – so wie einmal „Sehen" ein zehnmaliges „Hören" ersetzt, so ein „Anfassen" ein zehnmaliges „Sehen". Ich sah da Glaskolben dargestellt, in denen Kanalstrahlen und vielleicht sogar Röntgenstrahlen erzeugt werden konnten.

Das Problem der Vakuumerzeugung, an dem sich die Ägyptologen und die Hobbyforscher so sehr ihre Verstandeskästen zerbrechen war für mich keins mehr sobald ich die Dimensionen der Abbildung mit der Größe der mit dargestellten Bedienungsmannschaft verglich. Es beruhte auf dem gleichen Prinzip, auf dem auch Torricellis Barometer aus dem 17.Jahrhundert aufbaut. Das lernt man normalerweise im fünften Schuljahr, wenn im Physikunterricht das Quecksilberbarometer behandelt wird. Wie da das Vakuum entsteht, in welchem sich die zwangsläufig dabei mit erzeugten und für die Lichterzeugung nach dem Muster der Leuchtstoffröhre erforderlichen Quecksilberdämpfe befinden, erkläre ich deshalb nicht. Fragen Sie bitte ihre Kinder. Vakuumpumpen braucht man dazu nicht. Und wie eine Quecksilberdampflampe funktioniert wissen Sie bestimmt. Quecksilber kannten die Ägypter und sie benutzten es nachweisbar schon zur Auslaugung goldhaltiger Minerale und auch zur Vergoldung unedler Metalle.

Die Darstellung des Affen mit seinen Messern an dieser Stelle als allgemeines Gefahrensignal war bestimmt keine Übertreibung, sondern eine aus Erfahrung gewonnene Notwendigkeit. Wenn einem ein solcher Glaskolben wie der, den sie da dargestellt hatten, um die Ohren fliegt, dann entspricht das durchaus der Implosion einer großen Fernsehbildröhre, wie sie bei uns in jedem Wohnzimmer zu finden war, bevor der Flachbildschirm sie verdrängte.

Auch einfache Batterien zwecks Erzeugung elektrischen Stromes zur Galvanisierung hat man nicht nur im Irak ausgegraben. Die funktionieren auch jetzt noch, wenn man sie mit Salzwasser auffüllt. Sie sehen nicht nur wie einfache Tontöpfe aus, sondern sind auch welche. Nur mit den eingebauten metallischen Elementen wussten die Archäologen früher meist nichts anzufangen.

Die Sache mit dem Djed-Pfeiler und der hochgespannten Elektrizität wurde uns zwar erst später in Dendera gezeigt, aber das hat mich dann nur noch in meinen Annahmen bestärkt. Hätten wir doch mehr Zeit gehabt, uns das genauer anzusehen.

Wir kamen aus Dendera heraus, wie wir hineingekommen waren und zwar als geschlossene defensive Kampfformation. Nachzüglern drohte bestimmt nichts Gutes. Treppe hinauf in die Stadt, Spießrutenlauf durch den Basar der Händler, die noch einen Zahn zulegten in ihrer Aggressivität, so dass wir bei einer Dame den Verlust eines Kopftuches zu beklagen hatten, unter orthodoxen Moslem bestimmt eine sehr schlimme Beschimpfung, die doch die Verhüllung des weiblichen Haares so vehement fordern.

Abmarsch zum Schiff. Wieder inmitten der Pferdemist und Sand aufwirbelnden Droschkenkutscher, und dann waren wir wieder auf unserem Schiff, und die um ihr Geschäft gekommenen Eingeborenen verfluchten uns vom Ufer aus in alle Ewigkeit. Sie scherten sich auch nicht darum, dass sie der Muezzin mittels Lautsprecher vom Minarett gerade zum Gebet rief, und fuhren fort, mit Dreck nach dem Schiff zu werfen, bis wir uns entfernt hatten.

Etwas Ähnliches war uns schon in Oberitalien passiert. Weil wir den unter der Aufsicht schwarz gekleideter alter Frauen mit schwarzem Kopftuch und Rosenkranz aggressiv bettelnden Kindern vor der Kirche ihre speckigen und zerknickten Heiligenbildchen nicht abkaufen wollten, waren wir auch da bis in die tiefste der Höllen verflucht worden.

Wir nahmen es hin als typische Verhaltensformen der ansässigen Geschäftsleute im Umgang mit geizigen Touristen. Dass es sich dort bei dieser Ortschaft eigentlich um Kena handelte, welches sich später als Kerngebiet der Rekrutierung und Hauptsitz der fanatisierten Moslembruderschaften Ägyptens sowie als Ausgangspunkt ihrer terroristischen Aktivitäten erweisen sollte, davon hatten wir damals zum Glück keine Ahnung.

Schiffs- und Landverpflegung

Auf dem Hotelschiff wurden wir nur zum Frühstück und abends verpflegt. Waren wir an Land zu einer Besichtigungstour, ging es meist in ein größeres Gartenrestaurant oder ähnliches. Die wichtigste Nahrungsquelle auf dem Schiff war das Buffet. Da gab es vor allem Obst. Apfelsinen, Zitronen, Bananen, dazu Feigen und Datteln frisch vom Baum, wie sie der Händler verkaufte, Guaven und Granatäpfel, verschiedene Sorten Melonen, Süßspeisen, in denen Früchte mit Quark oder Joghurt zusammengemischt waren, und auch Nüsse. Von vielem weiß ich bis heute nur, dass es gut schmeckte, aber nicht mehr, wie es hieß. Dann kamen die Salate und geschnittenen rohen Gemüse. Gurken, Tomaten, gekochte Linsen – rot, weiß und braun –, Kidney-Bohnen weiß und rot, auch gesprenkelt, gekocht, sauer eingelegt, scharf oder gemischt mit anderem gekochtem feingeschnittenem Gemüse, kalt als Salat in den Geschmacksrichtungen süß oder sauer. Gekochte oder gebackene Auberginen in Stücken, gefüllt und ungefüllt, zurechtgemacht als Schiffchen oder in Scheiben. Paprika und Zucchini in den verschiedensten Zubereitungen. Man kam, selbst wenn man von allem nur kosten wollte, nicht durch das ganze Programm, wenn man sich hinterher noch bewegen wollte oder musste.

Abends gab es zusätzlich „Dinner". Während man sich der vorangehenden Schlacht am Buffet individuell widmen konnte und auch immer genügend von dem abbekam, was man wollte, wurde beim „Dinner" vorgelegt. Das war der europäische und speziell für uns zubereitete Gipfel, der Höhepunkt der Verpflegung, der, wie schon die Bezeichnung sagt, der englischen Küche abgeschaut und glänzend nachgekocht wurde. Das vertrugen nur die ganz harten Naturen, und man soll den Briten nicht so nachtragen, dass die in den tropischen Kolonien beschäftigten Beamten und Offiziere nach Sonnenuntergang so viel gesoffen hätten.

„Dinner" bestand meist aus einer sehr sämigen und äußerst fettigen braunen Soße, in der nur sparsamst Gewürze verwendet worden waren. Alle darin befindlichen festen Teile wurden davon umhüllt, vor allem Fleischbrocken ab Schottersteingröße, aber durchgebraten und dann zwei Stunden lang weichgekocht. Davon bekam man mindestens drei

Stück oder mehr, wenn man sich nicht wehrte. Erst das Anschneiden des Fleisches und die Entfernung des zähen Soßenmantels ergab, ob man mageres Fleisch, durchwachsenes oder nur reine Fettbrocken bekommen hatte. Als Beilage gab es stets Salzkartoffeln im Stück. Mal waren es kleine und mal große Kartoffeln, nie zerschnitten, immer im Ganzen. Mal waren sie durchgekocht und mal nicht. Die großen selten. Meist hatte man Glück und bekam welche, die außen nur karamelisiert waren, oder noch besser: mit nur einem verschmorten Fleck, aber schon gekocht. Man konnte aber auch halbrohe angebrannte Exemplare bekommen. Wer sich dem Kellner verständlich machen konnte, schaffte es sogar, sich die Kartoffel, die er für am genießbarsten hielt, vom Servierteller geben zu lassen. Wehe, man wählte da falsch. Dann hatte man auch noch zu danken. Diese englische Küche war so schlecht wie ihr Ruf. Dies war aber die englische Küche, von der die Araber meinten, dass wir sie so haben wollten. Die Engländer waren daran gänzlich unschuldig. Man war zum Glück auf dieses „Dinner" nicht angewiesen. Es handelte sich wirklich nur um eine freundliche Geste des Hotelschiffes und um ein Kompliment an uns, weil wir doch das landesübliche Essen nicht kannten und uns ganz wie zu Hause fühlen sollten. Das war ernst gemeint. Vor dem eben beschriebenen Hauptgang gab es meist eine orangegelbe gut abgeschmeckte Flusensuppe, die wir immer aßen, für ein Erzeugnis aus geraspelten und dann gekochten Möhren hielten und auch in diesem Glauben bis zum letzten Tag mit Appetit verspeisten. Manchmal war sie auch etwas tomatiger und vielleicht auch aus Zucchini mit Tomaten. Es können auch pürierte rote Linsen mit hinein verarbeitet gewesen sein. Getränke gab es nach Wahl, vor allem Hibiskustee und Kaffee, Tonic, das Limonadensortiment von Coca-Cola und Mineralwasser. Alkoholische Getränke, auch Wein, gab es nur an der Bar, die aber kaum besucht war und nur abends etwas lustlos öffnete. Man kam bei dem Programm und in diesem Klima ohne Alkohol viel besser zurecht als mit. Die erste Lehre hatten die, die glaubten, den Barbesuch probieren zu müssen, gleich zur ersten Mahlzeit im Hotel in Kairo erhalten. Da schlich ein schon älteres kriecherisches Subjekt in Kellnerkluft lauernden Blickes mit einer schmierigen Cognac-Flasche, deren Etikett schon ganz abgegriffen war, weil sie seit Jahren immer wieder nachgefüllt und ständig zum Servieren benutzt wurde, zwischen den Tischen herum und zauberte auf Verlangen eines erspähten Opfers ein

Schnapsglas aus dem Nichts, in dem es dann diesen „Cognac" servierte. Zum Schluss wurde kassiert und das leere Glas wieder mitgenommen. Für den Preis dieses Fingerhutes voll Fuselöl hätte man zu Hause eine Flasche guten Cognac kaufen können. Wer es braucht ... Allah hatte den Alkohol seinen Anhängern schließlich nicht umsonst durch seinen Propheten verbieten lassen. Strafe muss sein. So traf es eben diese ahnungslosen Ungläubigen. Auf dem Schiff wurde nur mit Kabinennummer und Unterschrift für die Getränke quittiert. Die Kellner kamen so nirgends an Bargeld heran. Es war alles in allem ein billiges Vergnügen. Man saß jeweils immer zu zehnt an einer Tafel und hatte feste Plätze. Wir waren drei Pärchen, davon zwei noch in vollem Arbeitsstress, ein Rentnerehepaar, eine verwitwete Angestellte mit ihrer ledigen Tante, die bei dieser Hitze ständig dabei waren, sich „frisch" zu machen, ein im Ruhestand befindlicher Zahnarzt, der sehr auf Manieren hielt, ein Bauarbeiter, der wohl vor der Rente bei der Wismut gearbeitet hatte und als „Ausländisch" nur fünf Worte russisch konnte, darunter das Wort „Tschai", was „Tee" bedeutet und auch von den arabischen Kellnern akzeptiert wurde, weil da dieses Getränk „Schaii" heißt. Wir waren postbeamtet, selbständig, angestellt oder privatisierend, kamen aus einem Umkreis von fünfzig Kilometern um Chemnitz herum und hatten uns nie zuvor gesehen, obwohl manche in der gleichen Stadt wohnend oder von gemeinsamen Bekannten miteinander redend, die sie ausgemacht hatten.

Wir waren beim Thema „Essen". Ich greife da jetzt vor. An Land gab es Restaurants, in deren von grünen Ranken an Flechtwerk überwachsenen schattenspendenden kühlen Gärten wir mittags ausruhten und uns bedienen ließen. Da gab es in solchen Gärten allerdings auch gefährliche Stellen mit Vogelnestern, aus denen es auch mal auf den Tisch oder den Kopf kleckste, was meist flüssig war und scharf roch. Diese Flecken zogen die Farbe aus den Textilien, wenn man das nicht gleich aus den Sachen entfernte. Ich schaute nach den ersten Erfahrungen vor dem Niedersetzen immer erst auf den Boden und dann in das Geäst über mir, um nicht überrascht zu werden.

Die Vorspeisen waren immer das Beste. Man servierte in der Mitte der Tafel für alle eine Anmischung aus Quark mit geraspelten Gurken und einer Gewürzmischung, aber ohne Knoblauch, eine ägyptische Abart des griechischen „Zaziki". Dazu frisch gebackene kleine Fladenbrote in Flechtkörbchen, noch ganz heiß, und schließlich eine Art Gemüsefrikadellen, außen braun und innen grasgrün-faserig, jedenfalls heiß ausgebacken. Von diesen würzigen Klopsen habe ich in den ersten Tagen lange keinen bekommen, weil ich nicht schnell genug zugriff und sie immer gleich weg waren, sobald ein Teller davon in die Reichweite eines Tisches geriet. Dann begann ich, als alle beim genüsslichen Verspeisen dieser oft zu mehreren zusammengerafften Köstlichkeit waren, als hungriger Vogel an zu zwitschern und zu philosophieren und das allerseits abgebrochene Tischgespräch und die dadurch entstandene gefräßige Stille mit der Interpretation altägyptischer Symbole und ihrer Herkunft zu bestreiten, ließ mich breit über Skarabäen aus und was sie für Käfer seien und kam dann zur Skarabäuskugel, wie die der Käfer aus welcher Art Mist herstelle, worauf er da hinein sein Ei legt, schloss dann die Sache über die schlüpfende Made an …Als ich den Vergleich zwischen der aus Pferdemist bestehenden Skarabäuskugel und der Ernte des Gemüseklopses zu ziehen begann, wurden plötzlich andere Gesprächsthemen aufgeworfen, manche waren plötzlich satt, obwohl sie noch gar nicht viel gegessen hatten, und dann kam der nächste Teller mit Gemüsefrikadellen an unseren Tisch … Davon hätte ich fast alle haben können, aber man ist doch nicht so gierig. Es zeugt auch nicht von guter Erziehung, wenn man immer alles aufisst, was auf den Tisch kommt. Der Gastgeber denkt sonst, dass man nicht satt geworden ist.

Als ich plötzlich solchen Appetit zeigte, schöpften auch andere wieder Hoffnung und trauten sich wieder an dieses Gericht. Manchmal kann ich sehr überzeugend sein, und auch meine Frau habe ich manches Mal von unmöglichen Sachen überzeugt, ohne es zu wollen und ohne dass sie es gewollt hätte. Auch hier hätte sie mir fast geglaubt. Man muss eine Sache nur ernst genug darlegen können … Es hat manchmal einiges für sich, mir nicht immer zuzuhören. Lesen Sie auch lieber nicht so gründlich, was hier geschrieben steht, vielleicht betrifft es Sie überhaupt nicht. Die nicht Gemeinten nehmen es sich manchmal an, und das tut mir dann wieder leid. Mit dem Vertrauen ist das meist eine heikle Sache.

Etliche begannen sich da in Ägypten mit der Zeit das Essen von Fleisch abzugewöhnen, nachdem sie auf dem Markt und auch in den städtischen Fleischerläden gesehen hatten, wie es dort zuging. Der Fleischer ist meist ein tatkräftiger Mann, dem man zutraut, dass er das Tier, und mag es auch ein noch so großer Bulle sein, selbst besiegt hat. Das hat Tradition. Auf einem Relief in einem Tempel in Abydos habe ich gesehen, wie der Pharao anlässlich eines runden Regierungsjubiläums mit dem Apis-Stier kämpfen musste, um ihn zu besiegen. Wenn er ihn nach fünfzig Regierungsjahren noch allein besiegen konnte, blieb er Pharao, sonst musste man einen neuen krönen, oder so ähnlich. Vielleicht beruhte darauf auch der plötzlich auftretende Brauch der Pharaonen zur frühzeitigen Ernennung eines jüngeren Mitregenten, wer weiß.

Jedenfalls wird im orientalischen Metzgerhandwerk nicht eine aseptische, möglichst schmerzfreie Tötung des Tieres zelebriert, das dann zerlegt, klassifiziert, entbeint und ausgeschält wird, wie es hierzulande der Fleischerlehrling in seiner dreijährigen Lehre beigeschulmeistert bekommt, während man ihm in der Berufsschule mit Kegelschnitten, Algebra und physikalischen Formeln beistopft, dass eine schräg angeschnittene zylindrische Wurst immer eine elliptische Schnittfläche hat, welche auf Grund ihrer größeren Fläche mehr Wurst vortäuscht, als da ist; und ein scharfes Messer besser schneidet als ein stumpfes, was sich aus der Kräfteverteilung beim Keil erschließt.

Der ägyptische Fleischer steht jedenfalls so selbstbewusst hinter seinem Verkaufsbrett, als habe er das ihm vor das Beil kommende Tier soeben totgeschlagen und anschließend in handliche Stücke verschiedener Größe zerteilt, egal wie und wo das gewachsen ist, ob fett oder mager, Hauptsache ab von den Knochen. Der würde schön gucken, wenn jemand ein Kotelett, ein Stück Lende, etwas von der hohen Rippe, vielleicht auch noch zum Kurzbraten oder so haben wollte.

Ich habe mich bestimmt sehr geirrt, denn der Islam verlangt das Schächten des Tieres, und das soll auch streng überwacht werden. Da ist das Verkehrtherum-Aufhängen des Bullen auch schon Schinderei genug, bevor man ihm dann die Kehle durchschneidet. Blut wird nicht verarbeitet, wie ich überhaupt keine Art der Verarbeitung, sondern nur eine Ver- und Zerteilung von Fleisch feststellen konnte. Das Fleisch hängt am Haken oder nur so auf einer Leine über dem Verkaufsstand oder liegt auf einem Brett offen und frei zur Auswahl, ist meist von Schwärmen schillernder Fliegen bedeckt und stinkt natürlich gewaltig bei dieser Hitze. Man geht einfach hin und zeigt auf ein Stück, das einem gefällt, verlangt es im Ganzen oder nur einen Teil davon. Der Fleischer jagt erst mal die Fliegen weg, haut es bei Bedarf noch einmal mit dem Beil zurecht, wiegt es an einer Waage, die da mit am Stand hängt und dann wer weiß was zeigt, jagt noch einmal die Fliegen davon und wickelt es in das dafür bereitliegende Zeitungspapier. Dann bezahlt man und geht. Für alles, was einem später passiert, ist man selbst verantwortlich.

Am besten schmeckten uns auf alle Fälle die kleinen Fladenbrote, wenn sie frisch gebacken aus dem Ofen kamen. Wir haben einmal vor einem der Speisegärten gewartet, dass man uns hineinlässt. Vor diesem Eingang stand ein fahrbarer kleiner Backofen, und eine Bäckerin bereitete die Küchlein vor, indem sie erst den Teig knetete und dann zu flachen Fladen formte, die auf einem gemehlten Brett lagen und ziemlich schnell aufgingen, anschließend von ihr von innen mit der Hand gegen die fast noch glühenden Wände des vorgeheizten gusseisernen Tunnelöfchens geklatscht wurden, wo sie kleben blieben und bei Erreichung eines gewissen leichten Bräunungsgrades herunterfielen, dann mit einem Kratzer herausgefischt wurden, um in einem Korb zu landen, aus dem wir sie später zum Essen gereicht bekamen. Auch hier lagen größere Mengen Teigfladen zum „Gehenlassen" auf ihren Brettern, und die Fliegen saßen drauf.

Keine grünen, wie bei den Fleischständen, sondern normale der Art „Musca domestica", also die ganz gewöhnliche lästige gemeine Stubenfliege. Etliche wollten nichts mehr davon essen, wenn die Fladen auf den Tisch kamen. Doch welcher Krankheitskeim hätte diese Backprozedur wohl überstanden? Keiner, da war ich mir sicher, und an die heißen frisch gebackenen Fladen wagte sich nur der Mensch heran.

Mitten in Kairo stand einmal ein Holzkarren mit zwei großen Rädern und einer Deichsel, wie sie früher bei uns, also zu meines Großvaters Zeiten von sogenannten Dienstmännern noch zum Gütertransport benutzt wurden. Von diesem Karren herunter verkaufte ein Bäcker, der wohl vom Lande kam, seine Fladenbrote. Er hatte wenig Kundschaft. Ich bot ihm eine Pfundnote, und er wollte mir vier dieser fast handwagenradgroßen Teile geben. Ich wollte nur eins, und auch das war für uns zwei schon zu groß. Er hatte kein Wechselgeld und drängte mir seinen einzigen 25-Piaster-Schein auf, wobei er mir fünfzig Piaster schuldig bleiben musste, weil ich absolut keine zwei weiteren Brote gebrauchen konnte. Diese Segensrufe wegen der 50 Piaster oder umgerechnet 25 Pfennige, die ich ihm geschenkt hatte ... Man registrierte überhaupt nicht, dass es sich für ihn schließlich um zwei Brote handelte, die er nun extra bezahlt bekam, ohne sie liefern zu müssen. Ich war immer irgendwie im falschen Film, wo ich auch hinkam.

Bordfeste auf dem Nil

Immer, wenn eine Schiffsreise zu Ende geht, wird bekanntlich am letzten Abend noch einmal alles aufgefahren, was die Küche hergibt, und es wird festlich abgefeiert. Jeder zeigt sich noch einmal von der besten Seite, vor allem das Bedienungspersonal, weil das entscheidend für das Abschiedstrinkgeld sein kann.

Bei uns war das der Abschied vom Schiff und nicht das Ende der Reise. Man verband es mit einem Folkloreabend, zu dem sich alles im Salon versammelte und jeder seine gekaufte oder geliehene Ghallabija trug, auch das Schiffspersonal. Es kam eine Kapelle an Bord, die orientalische Musik machte, und auch ein paar Bauchtänzerinnen hatten sie mitgebracht (Genauer: zwei). Da gab es auch Tänzer, und sie tanzten einen Reigen. Säbeltanz.

Etwas später wurden wir aufgefordert, auch mitzutanzen, und weil das nicht klappte, wurden wir auf die Tanzfläche geholt. Auch mich holte ein Tänzer, was mir ungewohnt vorkam, aber er formierte nur eine Reihe, die wenigstens zu einer Polonaise zu verwenden war. Im Schlangentanz wuselten wir dann durcheinander, und schließlich erschien noch ein Pferd, prächtig aufgezäumt. Unter dem steckten zwei von der Mannschaft und tobten so wild durch unsere Reihen, dass man wirklich glaubte, ein Pferd hätte einen getreten, wenn sie vorbeigetrampelt waren.

Noch einmal Bauchtanz, etwas Small talk, Gruppenfotos, damit eine Erinnerung daran aufgehängt werden kann, europäische Tanzmusik, normaler Schwof ... Keine Lust, sich bei der Hitze den ganzen Abend einen eisgekühlten Wasserbauch anzusaufen, Alkohol schon überhaupt nicht. Es verplätscherte. Wir waren es alle nicht mehr gewöhnt. Das war das gestaltete Programm.

Ein ganz anderes erlebten wir, als der Schiffseigner Geburtstag hatte: Der „Maître de Buffet" hielt uns vor Beginn des abendlichen „Dinner" einen kurzen und unverständlichen Vortrag, aus dem nichts hervorging, außer dass es jetzt losgehe. Uns war schon aufgefallen, dass auf jedem Tisch brennende Kerzen standen. Jetzt wurde noch die Saalbeleuchtung reduziert, und da alles dunkel getäfelt und auch die Fenstervorhänge in

Rot gehalten waren, kam es uns sehr viel dunkler vor, fast weihnacht-
lich. Die Messingbeschläge der Wand- und Deckenverkleidungen, der
Türen, der Kronleuchter, auch das Geschirr und das kalte Buffet glänz-
ten in diesem Licht.

Ein dumpfer Trommelschlag setzte nun hinter der Küchentür ein
und bekam einen helleren, ihn überlagernden schnelleren Rhythmus
zugesellt. Die Tür öffnete sich, und das gesamte Küchenpersonal, verstärkt durch die Servierkellner, kam zum Vorschein, insgesamt vielleicht
fünfzehn Mann. In der Mitte trugen sie etwas an Stangen auf den Schultern, was in der Mitte vielleicht ein Kuchen sein konnte, aber Feuer
spuckte, weil von bengalischem Feuer und Magnesiumlichtfontänen
übersprühend. Dieses Ding war umringt von Köchen und Kellnern.
Jeder hatte ein Instrument. Man sah einen großen blanken Kessel, auf
dem mit einem handtuchumwickelten Riesenholzlöffel der Grund-
rhythmus geschlagen wurde. Töpfe verschiedener Größe, flache und
hohe, Pfannen aller Arten. Alles wurde mit Holz oder Metall geschlagen.
Schöpfkellen und Musstampfer, Fleischklopfer, alles war da.

Diese Prozession kam auf uns zu, sehr langsam, den langen Gang
von der Küche zwischen unseren Tischen und dem kalten Buffet entlang. Der Rhythmus und die dazu gemachten Tanzschritte bildeten eine
Einheit. Jeder Schritt erfolgte in zwei Zeiten, und den Takt gab die große Trommel an. Das angehobene Bein verharrte immer einen Moment
in der Luft und setzte erst beim nächsten Schlag der Trommel wieder
auf. Der Effekt war jedenfalls ein zweifacher. Es lief alles wie in Zeitlupe ab, und es war etwas Ruckartiges darin.

Auf einige Vorwärtsschritte folgten Rückwärtsbewegungen. Es gab
auch Schritte auf der Stelle und Seitwärtswendungen, in einer leicht
geduckten Haltung und stampfend. Man hörte ein Tamburin heraus und
auch größere Schellen. Die stammten wohl von Pferdegeschirren. Eine
Melodie gab es nicht, aber den Chor der Männerstimmen der Darsteller,
der den Lärm der Rhythmusinstrumente zu übertönen versuchte. Es
waren abgehackte kurze raue Kampfrufe in verschiedenen Tonhöhen,
die im Chor und im Rhythmus der großen Trommel erschallten.

Die vorn und an der Seite Marschierenden hatten große metallene
Topfstürzen und Kesseldeckel in der linken Hand, die sie wie Schilde
vor sich hielten, und sie schlugen mit Schöpflöffeln und Messerschär-
fern, die sie in der Rechten hielten, von außen im Takt auf diese Deckel.

Es schien sich um ein rituelles Vorrücken einer arabischen Kampfeinheit gegen den Feind zu handeln. Trotz der eindeutig friedlichen Küchengerätebewaffnung konnte man die Geschlossenheit spüren, mit der sie ruckartig und langsam, aber entschlossen, ohne Eile, aber siegessicher vordrangen. Ich sah, dass sie auch selbst glaubten, mit Säbelgriffen auf Metallschilden ihren Rhythmus zu schlagen.

Der Tanz besaß eine Choreografie und dauerte vielleicht drei bis vier Minuten. Es waren aber Unterbrechungen darin. Jedesmal, wenn sie am Ende angekommen waren, hörten das Schlagen, das Trommeln und das Rufen auf. Dann hörte man für eine kurze Zeit nur das Stampfen der Füße. Nun begannen sie wieder von vorn, also erst die große Trommel und dann nacheinander die anderen, die sich in der Lautstärke ebenfalls steigernden Kampfrufe bis zum unerträglich lauten, plötzlich abbrechenden Ende. Danach wieder nur das Stampfen der Füße, und wieder setzte die große Trommel ein ...

Sie blitzten uns mit ihren Augen an und waren ganz bei der Sache. Als sie endlich ihren Kuchen abgeliefert hatten, ohne überhaupt angehalten zu haben, schlossen sie sich enger zusammen, und nach der Umrundung des Geburtstagstisches kamen sie wieder bei uns vorbei. Sie zeigten keine Eile und begannen stets wieder von vorn mit ihrem Tanz und Schlachtgesang, bis sich die Tür der Küche wieder hinter ihnen geschlossen hatte. Man war wie in Trance. Nicht nur sie, wir auch. Erst als sie draußen waren, wagten wir ihnen Beifall zu spenden. Dieses aufrüttelnde kämpferische Tam-Tam und seine Wiederholungen, die feierliche Ernsthaftigkeit der Ausführenden. Man muss es erlebt haben. Es war wirklich beängstigend. Keiner hat „Zugabe" gerufen.

Kaum waren sie verschwunden, flammte das elektrische Licht wieder auf und es kamen wie immer die soeben verschwundenen Weißjacken mit ihren Kellnerblocks, um die Bestellung der Getränke entgegenzunehmen, die wir am Ende gegenzeichneten.

Was sie in dieser letzten reichlichen Viertelstunde vorgeführt hatten, galt ja nicht uns, sondern ihrem obersten Chef auf diesem Schiff, aber es war ihnen anzumerken, dass sie es uns auch einmal zeigen wollten. In ihren Augen standen Selbstbewusstsein und Selbstsicherheit, und wenn ich mir unser Häufchen blasser europäischer, von der westlichen Zivilisation zwar noch nicht ganz durchtränkter, aber trotzdem auf dem besten Weg zur geistigen Kastration befindlichen Neubundesbürger ansah,

kamen mir schon Zweifel am Überlegenheitsgeschwafel von der Volks-
verwurzelung westlicher Kultur.

Ich habe es einmal bei einer richtigen Bauernhochzeit im Winter auf
dem Lande erlebt, dass man am Polterabend der Feuerwehrkapelle,
einer richtigen Blaskapelle, die auch die große Trommel dabei hatte,
unvorsichtigerweise die Dankesrunde an Schnäpsen und Bier für das
dargebotene Ständchen nicht vor die Haustür brachte, sondern die Kapelle wegen der Kälte in die Wirtschaftsküche hereinbat. Die tankten da
erst einmal ordentlich, und weil sie alle ihre Instrumente mit hereingeb-
racht hatten und nun noch einmal probieren wollten, ob auch kein Instrument mehr eingefroren sei, spielten sie anschließend an Ort und
Stelle noch einmal auf.

In dieser Küche war gerade Platz genug, um die Kapelle aufzustellen.
Das Publikum musste an die Wände und in die anschließenden Räume
ausweichen. Es wurde nur kurz angezählt, der Bräutigam, der wusste,
was nun folgte, versuchte noch dem Kapellmeister in den Arm zu fallen,
aber dann explodierte schon die Küche. Ich glaubte, dass auf der Stelle
die Fenster rausfliegen würden, und auch in der Stube nebenan dröhn-
ten den Gästen noch die Ohren.

So ungefähr war es auch auf dem Nil-Schiff mit dem Geburtstags-
ständchen für den Chef. Es gibt Sachen, die vergisst man bestimmt
nicht.

Abydos

Eines Nachmittags erreichten wir mit dem Schiff ein kleines Städtchen. Wir befanden uns in einer Warteschlange mit weiteren Schiffen, denn es sollte durch eine Schleuse gehen. Wir beobachteten auf dem Sonnendeck sitzend, wie der nachmittägliche Berufsverkehr mittels Sammeltaxis die Eselreiter von der Straße vertrieb, die Handwerker ihre Läden schlossen und auch der Schneider mit seiner alten Nähmaschine in seinem Haus verschwand. Der freie Platz unmittelbar vor dem jeweiligen Geschäft wurde noch einmal gekehrt, und langsam zog sich das Städtchen in sich selbst zurück. Die Kinder gaben es auf, bei uns um Kugelschreiber zu betteln. Eine letzte Kutsche begab sich ohne Kundschaft auf den Heimweg, der Muezzin rief zum Gebet. Seine Stimme klang auch hier sehr blechern, verbeult und traurig. Der Wind erstarb langsam, so dass die am Ufer uns gegenüberstehenden hohen Eukalyptusbäume nun wirklich wie Trauerweiden aussahen. Weiße Vögel, wahrscheinlich Kuhreiher, sammelten sich unauffällig auf einem zweihundert Meter auf unserer Seite stromaufwärts stehenden größeren Baum. Sie nutzten ihn anscheinend immer als Schlafbaum. Er sah etwas dürrer und mitgenommener aus als die anderen Bäume in dieser „Allee" und stand außer der Reihe, näher am Nil. Alles, was von diesem Baum fiel, landete im Wasser. Es handelte sich wohl um ein „Vogel-Open-Air-Hotel mit WC". Als es dunkel wurde, saßen schließlich alle weißen Vögel auf den Ästen dieses Baumes, und er wirkte wie ein Maibaum, den man überall mit weißen Lappen behängt hatte. Die Mücken wurden lästiger, und wir verzogen uns ins Schiff, um auch ins Bett zu gehen.

Nachts wachte ich davon auf, als wir ablegten, schlief aber dann weiter. Ein zweites Mal wachte ich davon auf, dass mich jemand angestoßen hatte. Das war aber nicht meine Frau gewesen, sondern die Schleusenmauer, an die das Schiff angestoßen war.

Gleich gab es draußen viel Krawall, der von der Schiffs- oder der Schleusenmannschaft erzeugt wurde. Sie klärten anscheinend per Lautstärke, wer hätte ausweichen müssen, die Mauer oder das Schiff. Vor dem Fenster unserer Kabine hangelten sich dunkle Gestalten vorbei, um schneller vom Vorder- zum Hinterschiff zu kommen, und ich zog den

Sonnenvorhang zu. Schlagseite hatten wir nicht, und wenn, dann ist der Nil nicht so tief, um das ganze Schiff zu schlucken. Im Notfall konnten wir auf das Sonnendeck flüchten oder auch die paar Meter zum Ufer schwimmen. Krokodile gab es ja nicht mehr.

Es wäre auch nicht schlimmer als ein Schiffbruch auf der Elbe. Das musste Nag Hammadi sein. In Ägypten ist man aber nie sicher, wo man ist, auch wenn sie es einem sagen. Das kann aber auch die Schleuse bei Esna gewesen sein. Arabisch kann ich weder mündlich noch schriftlich und so waren mir auch die Hinweisschilder nicht von Nutzen. Das Palaver wurde leiser und erstarb. Das Schiff setzte sich wieder in Bewegung, und wir kamen nun in den Genuss des sogenannten „Ägyptischen Radars". Dieses Lotsensystem beruht auf akustischen Signalen und kommt ohne irgendwelche technischen Hilfsmittel aus. Es ist vor allem nachts sehr nützlich. Man braucht dazu vier stimmgewaltige Männer und einen Steuermann.

Das geht dann so: An jeder Seite des Schiffes wird vorn und hinten je ein Mann hingestellt. Vier Mann – vier Ecken, und nun fährt man das Schiff in die Schleuse. Alle vier geben durch Rufen in einer bestimmten Lautstärke ihre Anwesenheit bekannt. Nähert sich nun an einer Stelle das Schiff der Schleusenmauer schneller oder mehr, als für das Schiff gut ist, erhöht sich die Lautstärke des Rufers an dieser Stelle, und der Steuermann versucht durch Gegenlenken von da wegzusteuern, bis der Rufer wieder leiser wird. Dreht dadurch das Schiff zu weit auf die andere Seite, wird dort das Geschrei lauter. Einmal hörte ich es von vorn rechts und zugleich von hinten links brüllen. Demnach lagen wir etwas quer in der Schleusenkammer. Beidseitiger Krach von rechts und links vorn signalisierte das Ende der Schleuse. Das Ausschleusen habe ich verschlafen. Ob die Gefahr des Ertrinkens bestanden hat, kann ich nicht sagen. Das Schiff schwamm jedenfalls hinterher noch und fuhr dann weiter bis zu der Stelle, an der wir das Schiff verlassen sollten.

Früh gingen wir also von Bord, denn jetzt ging die Reise per Bus über Straßen Richtung Kairo weiter. Madame begleitete uns auch hier und stellte uns den Busfahrer als den besten, schnellsten, sichersten und geschicktesten vor. Letzteres versuchte er ständig unter Beweis zu stellen. Sie hätte auch noch sagen können, dass er zugleich auch der ängstlichste und mutigste, der rücksichtsloseste und ein blind dem Schicksal vertrauender selbstsicherer Mann sei. Er stellte Allah unentwegt auf die Probe, und da Allah wohl unseretwegen, damit wir nicht zu Schaden kämen, genug mit ihm und seinem Bus zu tun hatte, konnte er auf verschiedenste Sachen nicht aufpassen, die er besser geregelt hätte, als sie sich selbst zu überlassen. Ich greife aber hier schon viel zu weit vor.

Wir würden heute eines der wichtigsten, vielleicht sogar „das" Tempelheiligtum der alten Ägypter besichtigen, das von Abydos. Wenn es auch nicht so groß wie der Tempelkomplex in Karnak oder Luxor sei, das heiligere aber ganz bestimmt. Diese Tempelanlage war den Hauptgöttern Ägyptens gewidmet. Jeder Tempelbezirk war einer Triade, also drei Göttern geweiht, dieser hier den Göttern Osiris, Isis und Horus, Vater, Mutter und Sohn. Es geisterte noch Seth, der Bruder und mythische Mörder des Osiris herum, den aber Horus bezwungen hatte. In der ägyptischen Mythologie geht es genauso rabiat zu wie in der griechischen, und unsere Germanengötter sind auch nicht besser gewesen. Alles nur Mord und Totschlag, Vergewaltigung, Rache und Vergeltung, List und Tücke, Lug und Trug.

In Abydos gibt es jedenfalls das Osirion, die legendäre Begräbnisstätte des Osiris. Sie wurde aber dann nur zur Stätte der Aufbewahrung seines Kopfes als wichtigste Reliquie herabgestuft, weil andere Tempel behaupteten, auch Teile des Osiris zu beherbergen. Den Beweis blieben sie alle schuldig. Da blickt keiner durch, was denn nun stimmt, denn Isis hatte ihren von seinem leiblichen Bruder Seth getöteten und zerstückelten Mann für sich erneut zusammengesetzt und wiederbelebt, aber wie das bei der Religion ist, der Glaube heilt alles, auch Unlogisches. Er setzt Wunder.

Im Tempel von Abydos hat jeder Gott seine eigene allerheiligste Zelle, und zwar Ptah, Harachte, Amun-Re, Osiris, Isis und Horus. Außer dem Osirion gibt es noch zwei weitere innere Heiligtümer des Osiris, ein Heiligtum des Ptah-Sokar, des Nefertum und ein Heiligtum der Boote. Der Tempel hatte, wie man sieht, außer der Triade auch noch Untermieter und einen himmlischen Marine-Fuhrpark. All dies ist in einem Tempel untergebracht, den Pharao Sethos erbauen ließ, der Vater des Großpharaos Ramses II. war.

Hier ist alles, was an Ausgestaltung zu sehen ist, auf Pharao Sethos I. ausgelegt. Sogar ein gleichberechtigtes Heiligtum gab es für ihn in der Reihe der Boxen der richtigen Götter. Es betraf zwar den Gott Seth, den Mörder des Osiris, den Bösewicht und Feind aller anderen im Tempel angebeteten Götter, aber der Pharao personifizierte ihn nun einmal. Für seinen Namen konnte er schließlich nichts, wie auch wir nichts für den Namen können, auf den man uns getauft hat. Hier taucht erstmals Ramses in den figürlichen Darstellungen und Texten an den Tempelwänden auf, aber noch als Kind und erst später als Mitregent, der unterwiesen wird. Sethos ist der Herrscher, und Seth gebührt der Gottesdienst. Sethos gibt den Göttern die Maat, von der sie leben, und auch er lebt von der Maat. Der Pharao ist das sichtbare Verbindungsglied zwischen den Menschen und den Göttern, und auch die Priester huldigen ihm. Er verkörpert das Reich und hält es zusammen.

Die Maat. Das ist die winzige und verletzliche kleine Figur, die Tochter des Sonnengottes mit der Straußenfeder im Haar, die sie trägt, wie auch die Indianer früher ihre Adlerfeder trugen. Die Maat sitzt jedenfalls auf der großen ausgestreckten flachen Hand des Pharao. Ich nenne sie mal die Göttin der Gerechtigkeit, denn genau wie die Gerechtigkeit und die Wahrheit, die sie auch personifiziert, ist sie ein leicht verletzliches Wesen, das besonderen Schutzes und der Fürsorge des Herrschers bedarf. Da ist es nur logisch, dass sie die Tochter des Sonnengottes ist, denn die Sonne bringt auch bei uns nach dem Sprichwort die Wahrheit an den Tag. Wenn von den Ägyptologen abgestritten wird, dass die Maat Recht und Gesetz verkörpert, dann stimmt das. Recht und Gesetz können nicht Wahrheit und Gerechtigkeit ersetzen. Gesetz und Recht hielt man auch in Ägypten möglichst gering im Umfang, denn der Mensch versucht stets tote und überlieferte Texte auf Schlupflöcher zu untersuchen, ob er sie nicht benutzen könnte, wie es ihm gefällt, und nicht so, wie sie gemeint waren, als man sie aufschrieb. Es gibt nur wenig Gesetzestext in Ägypten im Vergleich zur Dauer der Zivilisation. Eine öde und unfruchtbare Gegend für Juristen.

Der Ägypter setzte auf die Maat, und darin offenbart sich ein guter Teil gesunden Menschenverstandes. Jeder hat seine eigene Vorstellung von Gerechtigkeit, und jeder Fall liegt anders. Die Maat war nichts, was sich von selbst durchsetzte oder per Gesetz kanalisiert als Vorschrift über ein Volk verhängt werden konnte.

Die Maat war etwas, was im Bedarfsfall durch den Ankläger vom Pharao eingefordert werden musste. Ganz nach dem Prinzip „Wo kein Kläger, da kein Richter" wurde nur verhandelt, wo es zu Reibereien kam. Nichts im Sinne der Ermittlung von Amts wegen, um die Justiz an der Arbeit zu halten. Der Pharao sprach Recht, und nur für den einzelnen Fall. So blieb das Recht lebendig, und Gnadengesuche erwiesen sich als überflüssig. Der Pharao stand bei den Göttern in der Pflicht, dass er die Gerechtigkeit stets wieder herstellte, und in und von diesem Glanze der Maat lebten der Pharao und auch die Götter. Das sind paradiesisch gedachte Zustände in einer Diktatur, wo Ansehen und Akzeptanz der Regierungsgewalt von der gerechten Behandlung der Bevölkerung abhängen und die Götter darüber wachen. Man hat schon damals davor gewarnt, die Maat nicht allzu sehr überzustrapazieren, und gemahnt, immer das gesunde Mittelmaß zu suchen. Nicht alles, was geregelt werden kann, muss auch reglementiert werden. Sie waren keine Dummen, die Ägypter, und dass ein Armer der um seine nackte Existenz und die seiner Familie kämpft, keinen Sinn für Maat hat, wussten sie auch. Ein gewisser Mindestwohlstand des Volkes muss gesichert sein, sonst sind auch keine moralischen Normen und sittlichen Grundsätze im Umgang miteinander durchsetzbar. Dafür steht der Pharao auch ein, und das ist genauso Bestandteil der Maat wie die Gerechtigkeit. Die Zentralgewalt war schwach in diesen noch nicht technisierten Zeiten und deshalb auch erträglich. Stehende Heere gab es nicht, und was es an Wachmannschaften gab, reichte nur für den Normalfall. Ein Aufstand ließ sich nicht so schnell niederschlagen und ein zufriedenes Volk hält sich leichter in Gehorsam. Die Maat, das personifizierte Prinzip Wohlstand, Wahrheit und Gerechtigkeit. Sethos I. steht im Tempel, als erhabenes Wandrelief dargestellt, groß und mächtig, und bringt den Göttern die Maat. Er reicht sie ihnen dar, er ernährt die Götter mit ihr.

Auf diesen Tempel hatte ich gewartet, denn hier befand sich die „Königsgalerie", eine Aufzählung als steinerne Liste aller Pharaonen, die Ägypten beherrscht hatten. In einem langen und ziemlich dunklen Gang, von dem die Tür zur Opferhalle abging, trafen wir auf diese Liste. Ich hätte sie bestimmt übersehen. Auf ihr steht ganz links Pharao Sethos I. mit der blauen Krone samt Uräusschlange, hält in der linken Hand einen Streitkolben oder eine ähnliche Waffe und weist den vor ihm stehenden, noch die Kinderlocke tragenden Ramses in das Verzeichnis seiner königlichen Ahnen ein.

Nun ist zwar nach der 18. Dynastie mit Ramses I. und Vater von Sethos I. die 19. Dynastie auf den Thron gekommen, aber Sethos lässt alle

Vorgänger auch seine Vorfahren sein. Dabei betreibt er eine gezielte Auslese, denn dem Pharao Amenophis III. folgt der Usurpator Haremhab. Echnaton, Semechkare, Tut-ench-Amun und Aja fehlen in der Auflistung.

Die Regierungszeit dieser vier Pharaonen schlägt er Haremhab zu, und schon stimmt die Geschichte. Die 30 Jährchen verkraftete der glatt. Da hat er eben nicht 28 Jahre regiert, sondern 58. Das ist noch nicht so lange her, aber Amarna ist weit und auch verlassen, ein Steinbruch, und wer da arbeitet, kann nicht lesen, und wenn einer hinkommt, der lesen kann, dann interessiert es ihn nicht, und fällt ihm etwas auf, dann haben die sich da eben mal vermeißelt. Die Priester werden es schon richten. Schließlich ist man als Pharao auch ein Sohn des Sonnengottes. 76 Pharaonen reichen als Vorfahren, und es beginnt bei Menem, dem ersten Pharao nach der Götterzeit, und endet bei Sethos I. Das ist man selbst.

Königin Hatschepsut fehlt übrigens auch in dieser Auflistung. So säubert man Geschichte. Es ist besser, nicht so viele Ahnen zu haben, als mehr und solche faulen Eier darunter. Da fällt einem doch die Maat runter und in den Dreck, wenn man sie den Göttern darzubringen versucht. Die „gute alte Zeit" war wohl auch nicht viel besser und das mit der Wahrheit und Wahrhaftigkeit muss auch nur ein frommer Traum gewesen sein, also auch nicht so sehr anders als das, was wir heute haben und wie wir unsere Geschichte schreiben.

Sehr seltsam ist, dass man in diesem Tempel durch das normale Heiligtum des Osiris hindurch in ein weiteres inneres und ein daran anschließendes zweites gelangt. Diese Räume sind förmlich versteckt, und niemand würde ihr Vorhandensein vermuten, denn dieser Tempel wimmelt nur so von Blindtüren ins Jenseits, durch welche nur die Götter und die verewigten Pharaonen zu gehen vermögen. Wer sie dummerweise aufzubrechen versucht, bleibt in der Tempelmauer stecken oder steht plötzlich draußen im Freien. Diese inneren Heiligtümer sind ziemlich große Räume, die man auch als geheime Tempelschatzkammern benutzen konnte, aber dagegen sprechen die Bemalungen der Wände. Alles dreht sich bei diesen Wandmalereien nur um eins, die Errichtung und den Betrieb des Djed-Pfeilers und die damit verbundenen Zeremonien.

Der Djed-Pfeiler ähnelt einem Hochspannungsisolator, wie man ihn heutzutage in Freiluft-Starkstrom-Schaltanlagen für Hochspannungs-

Freileitungen findet. Er ist jedenfalls immer übermannsgroß dargestellt. In seiner Umgebung treibt sich immer ein Pavian mit einem oder zwei scharfen Messern herum. Das ist zwar eine Verkörperung des Gottes der Unterwelt, aber wie schon erwähnt, auch das Piktogramm für eine tödliche Gefahr. Gewitter mit Blitz gab es bestimmt, und wie das St. Elmsfeuer bei den Seeleuten der Antike geheißen hat, weiß man nicht. Ägyptische Obelisken sollen auf ihrer Spitze Metallverkleidungen getragen haben. Da entsteht so etwas auch, und wenn es Gewitterregen gibt, ist das, was vor dem Tempel steht und von uns jetzt als Obelisk bezeichnet wird, statt dem Zeiger für die Sonnenuhr, nun ein Blitzableiter.

Es hatte schon damals alles einen tieferen Sinn. Priester waren nicht nur klug und gut ausgebildet, sondern auch wissbegierig. Und wenn eine forschende Generation nicht herausbekommt, wie man an die göttliche Kraft der Elektrizität herankommt, dann die nächste. Die Kontinuität und das Anwachsen von Wissen waren schon durch die Tempelordnung und die damit verbundene Personalpolitik garantiert.

Diesen Nilschlüssel, die allgegenwärtige Hieroglyphe „Ankh" oder „Ench", das Henkelkreuz, schleppt jeder Priester und jeder Pharao auf jedem Bild mit sich herum. Hier drängte sich mir ein Vergleich auf: Wenn im Physikunterricht der Bandgenerator angeworfen wurde, streckte die Abstoßung die Seidenbändchen oder die Fäden mit den Holundermarkkügelchen des darauf steckenden Demonstrationsstiftes zur Seite. Daran ein isolierter Griff, und man hätte das Henkelkreuz, mit dem man prüfen konnte, ob etwas geladen war oder nicht und mit dem man auch jemandem einen winzigen Stromschlag versetzen konnte.

Hinten im Allerheiligsten des Tempels stand die „göttliche" Elektrisiermaschine. Der Priester kam „geladen" aus dem Allerheiligsten, man sah es am aktivierten Henkelkreuz, welches er trug und er verteilte nun die göttliche Kraft an die Auserwählten und die Gläubigen als Dank der Götter für das dargebrachte Opfer. Statische Elektrizität. Es gibt da sogar Darstellungen, wo ein Diener dem Priester mehrere solcher aktivierter Henkelkreuze unterschiedlicher Größe hinterherträgt.

In Ägypten ist es nicht nur sehr heiß, sondern auch sehr trocken, die besten Voraussetzungen für das Funktionieren solcher physikalischen Phänomene.

Alles Spinnerei und alles gelogen? Mir ist nur eins nicht klar. Warum fasst auf allen Darstellungen der Pharao oder der Priester das Kreuz stets und ausschließlich nur am Henkel, dem isolierten Teil an, die Götter aber immer am unteren senkrechten Teil, der die Ladung trägt? Die Maat und auch Ra tun es zum Beispiel, wenn sie das Ankh überreichen, und auch bei allen Götterhieroglypen ist das so. Es gibt ganze Wandfriese mit gemalten oder gemeißelten hockenden Götterfiguren und jeder Gott hält vor sich das Henkelkreuz, und immer am unteren Ende. Es gibt auch Darstellungen größerer Henkelkreuze mit mehreren Querbalken. Die sind größer und sehen wieder wie Isolatoren aus. Und der Priester trägt sie alle am isolierenden Henkel.

Als Ramses II. sein erstes Regierungsjubiläum feierte, anlässlich seines 30. Regierungsjahres, wurde der Djed-Pfeiler errichtet und die völlige Verschmelzung des Pharaos mit dem Herrn des Lebens, dem Gott Osiris bewerkstelligt. Osiris ist auf der bildlichen Darstellung plötzlich ein Djed-Pfeiler, und der Pharao hält die Enden von zwei (!) von diesem Pfeiler ausgehende isolierte Leitungen in den Händen, durch die ihm die göttliche Lebenskraft zufließt. Es heißt ausdrücklich, dass es hier um die Erneuerung der physischen Lebenskraft ging. Ramses erhielt da nach meiner Meinung eine Reizstrombehandlung. Das löst Verspannungen und heilt auch Ischialgien oder was sich so im Laufe der Zeit auch ein Pharao einfängt. In Verbindung mit den Rauschgiften, mit denen sogar manche Mumien noch jetzt nach Befund der Chemiker bis in die Fingerspitzen vollgepumpt seien, ergibt das schon eine Vorstellung von einer zu Lebzeiten erfahrenen Verschmelzung mit Osiris. Priester nahmen diese Behandlung anscheinend auch mit wahr, denn gerade sie erreichten oft ein sehr hohes Alter.

Diese Behandlung hatte so gut gewirkt, dass Ramses das alle drei Jahre wiederholen ließ und zum Schluss sogar alle Jahre. Insgesamt also 14mal diese Kur, obwohl es schon beim siebenten Mal nicht mehr richtig gewirkt haben soll. Gegen Arthritis und Arteriosklerose half dann nichts mehr. Neunzig Lebensjahre fordern auch ihren Preis.

Das, was in diesem Tempel so versteckt war, waren demnach die Räume, in denen sich die Gerätschaften für das Djedfest und den Pfeiler unterbringen ließen und wo sie auch vor einem Geheimnisverrat sicher waren. Für den Alltag benutzten die Priester wohl kleinere Geräte. Nur, wie sie es wirklich angestellt haben, das weiß ich nicht, und deshalb stehe ich ziemlich dumm da mit meinen Behauptungen. Es gibt aber eine einfache Erklärung für die Elektrizitätserzeugung mittels des Djed-

Pfeilers. Wenn man annimmt, dass der Pfeiler einen inneren Aufbau wie eine Volta'sche Säule hatte, was auch der bildlichen Darstellung entsprechen könnte, sind alle Fragen geklärt.

Die erforderlichen Materialien zum Zusammenbau waren verfügbar: Papyrus, Salzlösungen, Metallplatten (Gold, Silber, Kupfer, Bronze, Zink). Der Wirkungsgrad ist mittels der Anzahl der gestapelten Metallplatten und deren mit Salzlake getränkten Papyruszwischenlagen einstellbar. Wenn nun die als Kühlrippen von Isolatoren gedeutete Ausformung der Djed-Pfeiler diese elektrolytisch miteinander gekoppelten Metallplatten der Stromerzeugung gewesen wären, dann hätten wir in den letzten Jahrtausenden bei der Betrachtung dieser in Stein gemeißelten technischen Dokumentationen tatsächlich Tomaten auf den Augen gehabt. Weil sich so eine Versuchsanordnung bei ihrer Benutzung aber auch verbraucht, erklärt sich auch, warum der Djed-Pfeiler immer wieder neu errichtet werden musste, was auf ihre Verwandtschaft mit der Volta'schen Säule hinweist.

Auf dem Anubis-Schrein aus dem Grabschatz des Tut-ench-Amun sind beispielsweise eine Menge Djed-Pfeiler zu sehen und daneben Henkelkreuze, deren Seitenarme schlapp herabhängen. Diese Truhe sieht mir verdächtig nach der in der Bibel beschriebenen Bundeslade aus, obwohl sie es bestimmt nicht ist. Sie wurde genau so an Stangen getragen und war ebenfalls mit Goldblech überzogen.

Als einziger Unterschied lag auf dem Schrein des Tut-ench-Amun der Gott Anubis, und nicht die Cherubim der Bundeslade. Ansonsten war der technische Aufbau identisch. Die Dekoration mit den Djed-Pfeilern und Henkelkreuzen bedeutete wohl, dass man nicht vergessen darf, den Schrein zu erden, weil er statische Aufladungen haben konnte, denn nach seiner Bauweise war der Schrein ein Kondensator, auf dem man elektrische Ladungen sammeln und sie auch wieder abnehmen konnte. Man sollte es einmal ausprobieren, denn es funktioniert garantiert auch heute noch.

Die Priesterschaft bestand aus gebildeten Leuten. Mit Hokuspokus und Brimborium allein kommt eine Religion nicht aus. Der einfache Gläubige braucht ab und zu den Gottesbeweis, und zwar am besten durch den Priester, mit dem er direkten Kontakt haben konnte. Weshalb blieb denn der Ablauf der Djed-Zeremonie über fünfhundert Jahre unverändert? Wir wissen nichts, aber wir wissen alles besser. Dabei ließe sich das so leicht ohne irgendwelchen größeren Aufwand prüfen. Dass die Ägypter bereits auf elektrolytischem Wege Schmuck und auch andere Gegenstände mit Gold beschichteten, um einen höheren Wert vorzutäuschen, dazu hat man auch bildliche Darstellungen und Gebrauchsanleitungen gefunden.

Vom Hof dieses Tempels habe ich mir ein winziges, muschelig gebrochenes Stück ockerfarbenen Kalksteins mitgenommen, nicht größer als ein Stück Würfelzucker, weder bearbeitet noch bemalt. Der war dabei, damals. Der müsste gesehen haben. Manitu, der Große Geist, ist überall, und auch ein Stein bekommt seinen Teil davon ab, sagen die Indianer. Einst werden auch die Steine zu uns sprechen. Vielleicht ist es gut, dass wir technisch noch nicht so weit sind. Sie würden vielleicht schreien. Es könnte aber auch Gelächter sein, was wir von ihnen zu hören bekämen. Was wäre denn schlimmer?

Sonnabend/Sonntag, 17./18. Oktober 1992
82 Stunden nach Beben Überlebenden geborgen
5477 Gebäude in Ägypten eingestürzt oder beschädigt

KAIRO (afp/dpa). Ein Mann, der 82 Stunden unter den Trümmern eines eingestürzten Hochhauses in Kairo eingeschlossen war, ist in der Nacht zum Freitag lebend geborgen worden. Nach Angaben der Rettungsmannschaften ist der Gesundheitszustand des 35jährigen ägyptischen Ingenieurs Aksam Sajed Ismail zufriedenstellend. Er liege jetzt mit einem gebrochenen Bein im Krankenhaus. Er habe nur überlebt, weil er seinen eigenen Urin getrunken habe, sagte Ismail. Seine Frau und seine Tochter, die sich zur Zeit des Erdbebens am Montag ebenfalls in ihrer Wohnung im siebten Stock aufhielten, hätten dies jedoch abgelehnt. Beide seien an seiner Seite gestorben.

Bereits am Donnerstagnachmittag hatten fünf Rettungshunde des Deutschen Roten Kreuzes unter den Hochhaustrümmern eine Frau und einen schwerverletzten Mann aufgespürt, wurde gestern mitgeteilt.

Die Erdkrusten sind nach Beobachtungen des Forschungsministeriums offenbar zur Ruhe gekommen, seit Donnerstag 14.24 Uhr seien keine Nachbeben mehr aufgezeichnet worden. Unterdessen stürzte in Alexandria ein weiteres Haus zusammen, wobei ein Mensch getötet und sechs verletzt wurden. Bis zum Freitagmorgen wurden noch 54 Leichen aus dem Schutt geborgen. Die offizielle Zahl der Todesopfer des schwersten Erdbebens in der Geschichte Ägyptens beträgt damit 524. Die ägyptischen Behörden registrierten nach dem Erdbeben vom Montag laut der Tageszeitung „Al Gumhuria" weiterhin 3528 Verletzte. Insgesamt seien 5477 Gebäude eingestürzt oder beschädigt, schrieb „Al Gumhuria".

Über Assiut nach El Minia

Die schöne Zeit der gemütlichen Reise auf dem Schiff war nun endgültig vorbei. Warum das Hotelschiff nicht bis Kairo fahren konnte, blieb weiterhin geheim. Vielleicht war der Wasserstand des Nils wirklich zu niedrig. Wir verstauten unser Gepäck unten im Bus und setzten uns dann oben hinein. Klimaanlage gab es, aber sehr laut, vor allem hinten, und man hörte die Anweisungen von Madame nicht, selbst als sie die Bordlautsprecheranlage benutzte. Da wir ihr vertrauten und sie sich wie eine Glucke um ihre Küken kümmerte, entging uns, was sie uns vielleicht gesagt hatte.

Der Bus fuhr los und legte gleich ein ziemliches Tempo vor. Vor uns fahrende Lastwagen mit Käfigen, in denen sich Hühner befanden, und solche mit Baumwollballen jagten wir mittels Hupe zur Seite und schossen an Warenumschlagplätzen vorbei, die ebenfalls mit Käfigen voller Geflügel, Baumwollballen und Maiskolben belegt waren, oder auf denen volle Paletten mit weißen Säcken oder Ballen mit undefinierbarem Inhalt standen.

Eselskarren brachten sich vor uns in Sicherheit, und am Straßenrand stehende Kinder hielten uns die offene Hand hin. Wir rasten vorbei. An Wasserschöpfgöpeln angebundene Büffel liefen unter einem Sonnendach ihre Runden, und nur der Antreiber des Büffels schenkte uns eventuell einen Blick. Dattelpalmenhaine, Fellachendörfer, schmale Brücken über Bewässerungskanäle, weite Mais- oder Baumwollfelder, vielleicht waren es auch Tabak- oder Hanfpflanzungen, Zuckerrohrfelder, Bananenplantagen. Feldwächter beim Vögel verscheuchen, Bauern, die sich auf Gemüsefeldern in Handtuchgröße beschäftigten, Bewässerungsanlagen und Kanäle, mal der Nil in greifbarer Nähe und mal die Fahrt durch eine Allee, dann wieder gnadenlose Sonne. Asphaltstraßen abwechselnd mit Lehmstraßen – mal mitten in der von Vorausfahrenden erzeugten Staubwolke fahrend, mal andere einnebelnd kamen wir bis Assiut.

Hier fuhren wir nicht wie sonst per Schiff auf dem Nil an der Uferstraße und der Rückseite einer Stadt entlang, sondern diesmal auf einer Hauptverkehrs- und Durchgangsstraße, die neben Eisenbahn und Schifffahrt auf dem Nil gleichzeitig die Hauptverkehrsader Ägyptens darstellt. Statt einmal anzuhalten oder vielleicht etwas langsamer zu fahren, drehte unser Fahrer jetzt erst richtig auf, und vom Gas und der Hupe ging er überhaupt nicht mehr herunter.

Die Stadt war zwar schon von modernerer Bauweise angekränkelt und der Sieg der Betonskelettbauweise mit Ziegelausfachung und ihren Besen aus Armierungseisen auf den Flachdächern deutete sich an der linken Straßenseite ziemlich klar an. Die einmündenden Seitenstraßen hatten aber eine deutlich orientalischere Anmutung. So griff ich zu einem Trick: Wenn sich eine Querstraße ankündigte, hob ich den Fotoapparat und schoss ein Foto in die Seitenstraße hinein. Es wurde nicht viel Gescheites, und nicht nur, weil der Apparat kaputt war, aber eins davon zeigte alle orientalischen Gemeinplätze und Klischees auf einmal und bediente das romantische Verlangen nach Nostalgie und Harmonie, auf deren beschauliche Betrachtung man aus ist (Siehe das Bild auf dem Buchumschlag):

An einer Straße, die ziemlich breit, aber unbefestigt ist, stehen rechts und links verschieden hohe mehrstöckige Gebäude mit Flachdächern und unverputzten braunen Ziegelwänden. Die Fronten sind nicht einheitlich ausgerichtet, sondern mal steht ein Haus etwas weiter zurück, mal ein anderes etwas weiter vorn. Es gibt massiv gemauerte Balkons, innen weiß oder hellblau ausgemalt, und auch mal keine. Fenster haben Sonnenblenden, Markisen oder Jalousien, alles kastenförmig und individuell angelegt. Im Hintergrund führt die Straße in die freie Landschaft. Ein Feld in Graugrün und ein dahinterliegender Eukalyptuswald in fast schon Grau deuten die Weite der Landschaft an.

Der Himmel ist blassblau, und ein paar vereinzelte Dattelpalmen stehen etwas entfernt vor dem Feldhintergrund, duftig in der Morgenluft, bei einer kleinen weißen Moschee, von der man aber nur das wunderschön mit langen Lüftungsschlitzen geschmückte mehreckige Minarett sieht, wie es voll beleuchtet, durch Friese in Etagen unterteilt, mit seinem spitzen und ebenfalls weißen Dach im Morgensonnenschein steht.

Die gesamte Straße liegt noch im Schatten, und auf ihr bewegen sich an der linken Seite mehrere Männer in Ghallabijas auf den Vordergrund zu. Der eine in dunklem Graugrün mit graubraunem Turban, neben ihm ein jüngerer mit schwarzem Haarschopf und bodenlangem Hemd in Blassrosa, weiter zurück eine Frau ganz in Anthrazit mit einem lehmfarbenen Tontopf auf dem Kopf, und noch ein Beturbanter mit einer Ghallabija in der Farbe gebrannter Siena, in einem Lichtstreif stehend.

In der Mitte des Bildes, etwas zurückgesetzt, kommt ein Schimmel getrabt, der einen Reiter mit zur Seite wehenden langen dunkelblauen Burnusschößen zeigt, und über einem braungebrannten Gesicht sitzt ein weißer Turban. Mehr auf der rechten Seite, hinter ihm zurückgesetzt, ein Reiter auf einem ebenfalls weißen Esel, neben dem ein Kind läuft, dann noch weiter rechts eine weitere Ghallabija im Schatten, in Grau. Die rechts im Sonnenlicht stehende Häuserfront ist zum Teil von beliebig aufgestellten und mit Sonnensegeln versehenen Händlerständen verdeckt, es liegt etwas Müll von Verpackungen herum, dazwischen große grüne Blätter und auch dürre Zweige, Stroh, ein bisschen Bauschutt, dazu die Gemüsekörbe der Händler. Die ziemlich niedrigen Lichtmasten mit Isolatoren sind grün angestrichen, und die über die Straße führenden Drähte sind kaum zu erkennen. Haustüren und Fensterläden in Giftgrün und Ocker runden das Bild ab, und wenn man eine Lupe nimmt, sieht man im Hintergrund noch mehr winzige Personen, die dem Vordergrund zustreben, auf dem sich wie bestellt ein Araber mittleren Alters mit schwarzem Schnauzbart, großem weißem Wickelturban und vorn am Hals offener Ghallabija in der Farbe zwischen Elfenbein und Hellgrau halb rechts direkt vor dem Bus genau in meine Kamera hinein lächelnd in Pose stellt. Hinter ihm ein paar Bananenstauden, die man hier ganz sorglos auf einen Erdstreifen vor einem mehrstöckigen Wohnhaus hinter einem kniehohen Betonmäuerchen gepflanzt hat. Links oben flattert Wäsche von einem Balkon im Schatten. Nie hätte ich mir eine solche Szenerie zusammenstellen können, wie es der Zufall geschafft hat. Als einziges stört bei genauerem Hinsehen, dass hinter dem orientalischen Reiter in der Mitte etwas weiter entfernt ein großer roter Traktor fährt.

Soweit das Bild, auf dem allerdings nicht erkennbar ist, in welcher Situation es gemacht wurde. Diese möchte ich jetzt beschreiben. Sie war uns absolut unverständlich und glich einer Amokfahrt quer durch einen Abenteuerspielplatz.

Zuerst die Kulisse im Querschnitt. Ganz rechts der Nil, dann das Ufer, dann ein breiter Lehmstreifen, anschließend die zweispurige Asphaltstraße, auf deren rechter Spur wir fahren sollten, wieder ein glatter festgefahrener Lehmstreifen, so breit wie die Asphaltstraße, jetzt eine

Reihe Verkaufsstände, denn es war Markt. Hinter den Verkaufsständen, die immer in größeren Abständen als Gruppen zusammenstanden, ein Lehmweg, und davon abbiegend die breiten Durchfahrten zu den Nebenstraßen, in deren eine ich hinein fotografiert hatte. Abschließend die Front der mehrstöckigen Wohnhäuser.

Wir fuhren, als sei der Teufel hinter uns her. Die vor uns fahrende Lastwagenkolonne war uns zu langsam und wurde Stück für Stück von uns überholt, und das bei starkem Gegenverkehr, den unser Fahrer mittels Scheinwerfern und Hupe oft nach links von der Gegenfahrbahn vor die Verkaufsstände abdrängte, wenn er es selbst nicht schaffte, sich rechtzeitig wieder auf die rechte Seite einzuordnen.

Dann kam einer, der größer war als wir und nicht von der Gegenfahrbahn wollte. Da wechselten plötzlich wir auf diese dritte nicht ausgebaute Spur vor den Händlerbuden. Gleich sprang eine Menge Leute beiseite und drohte wütend hinter uns her. Wir hielten aber nicht, sondern versuchten zurück auf die Straße zu kommen, was beinahe gelang, aber nur auf die Überholspur, das heißt auf die Geisterfahrerseite, und als uns ein abgedrängter Lastwagen auf der Budenseite im Kopf-an-Kopf-Rennen mit seinem Zwillingsbruder entgegenkam, musste unser Fahrer mit heulender Hupe noch näher zu den Verkaufsstände hin ausweichen.

Dort spritzten nun die Marktbesucher schreiend auseinander, angebundene Esel scheuten und Ziegen versuchten sich zu strangulieren, während in ihren Käfigen festsitzende Hühner nur flattern, aber nicht wegrennen konnten. Vielleicht haben wir einen Hühnerkorb überfahren, vielleicht auch nur einen Korb mit Granatäpfeln. Wer kann das schon so genau sagen. Wir entkamen auf der nächsten Kreuzung völlig verkehrswidrig und ohne zu schauen, ob es da eine Ampel gäbe oder nicht, wieder auf die Straße, sogar auf die richtige Fahrbahn, und rasten wie besengt wieder aus der Stadt hinaus. Solche Fahrten kann man nur da erleben oder im Stummfilmkino sehen, wenn die Feuerwehr, um ein Kätzchen vor dem Ertrinken zu retten, massenhaft Leute totfährt, nur um rechtzeitig am Ort der Hilfe einzutreffen.

Nun, nachdem wir im gefährlichsten Verkehrsgewühl gezeigt hatten, dass man überall Autorennen veranstalten kann, ließ der Fahrer seinen Bus verschnaufen und nahm das Tempo etwas zurück. Jetzt, wo Platz und Zeit zum Rasen gewesen wären, bummelten wir. Der Fahrer musste ein Irrer sein. Die Bananenplantagen, Zuckerrohrfelder, Maisschläge, Palmenhaine und Apfelsinenplantagen zogen vorbei, und wir waren froh, dem Stadtverkehr entronnen zu sein. Die Gegend wurde flacher und breiter, und seit Assiut war plötzlich nicht nur rechts, sondern auch links Wasser: rechts der Nil und links der Josephskanal, der in die Oase Fayum führt, um diese Kornkammer Ägyptens zu bewässern.

An einem kleinen Hügel, auf dem ein steinernes Gebäude stand, hielten wir an und stiegen aus. Der Bus fuhr noch ein Stück weiter in den Schatten einiger Büsche und Bäume und stand da kühl und versteckt. Uns leitete man nach dem Aussteigen zu Fuß an dem Haus vorbei einen breitgefahrenen Weg zum Nilufer hinunter. Dort lag an einem massiven Ponton festgemacht eine stählerne LKW-Fähre mit an- und abklappbaren Stahlbrücken auf beiden Seiten, wie sie zum Übersetzen gepanzerter Raketenschlepper bei der Armee üblich sein konnte und die auch einen Panzer trockener Kette über den Nil gebracht hätte. Diese Fähre transportierte allem Anschein nach nur LKWs mit Baumwollballen und ähnlichem Gut und manchmal, so wie heute auch Touristen.

Gemütlich tuckerten wir nun über den Nil, aber nicht auf direktem Wege, sondern erst ein Stück flussabwärts und um einige der im Fluss liegenden grünen Inselchen herum. Ein kleines Fischerboot mit zwei Mann Besatzung, deren einer das Steuer und der andere das Segel bediente, begleitete uns ein Stück, blieb aber dann zurück. Die schon entbehrte kühle Brise auf dem Wasser genießend, sahen wir die weißen Felsabbrüche an der rechten Flussseite vorbeiziehen, und nun erfuhren wir, dass wir die Ruinen von Tel-el-Amarna nicht zu sehen bekämen, aber dafür die Felsengräber von Beni Hassan. Unterhalb eines im Grün liegenden Fellachendorfes schrammte die Fähre dann an eine Betonmauer, die das Ufer bildete, ließ die Zugbrücke fallen und entließ uns an Land.

Auf einer verhältnismäßig breiten Betonpiste ging es erst ein Stück aufwärts und dann auf einem Gelände entlang, flach wie ein Tisch und restlos bis auf den letzten Maulwurfshügel waagerecht, wie man das nur bei Sportplätzen kennt, nur viel größer.

Dieses ganze Plateau war in kleine Feldfleckchen eingeteilt, jedes für sich kaum größer als 100 Quadratmeter, fruchtbar mit dünnem grünem Bewuchs, jedes umgrenzt von einem flachen schmalen Bewässerungsgraben, mal abgedeckt mit trocknendem Maisstroh, mal als Brache,

Zuckerrohr im Heranwachsen tragend oder Getreidekulturen. Wir marschierten in Richtung der im Sonnenlicht weiß leuchtenden bergigen Felsabhänge, an deren Fuß sich eine kleine Bauernsiedlung im Schatten von Dattelpalmen befand. Ein Eselreiter kam uns entgegen, und im Maisstroh auf einem Feld suchte jemand in der Mittagshitze stark vermummt nach vergessenen trockenen Maiskolben. Neben einem frisch gepflügten und bewässerten Feldfetzen standen vier alte Dattelpalmen beisammen. In ihrem Schatten stand ein Fellache mit einer langen dunkelgrünen Ghallabija und neben ihm ein ihm nicht ganz bis zur Schulter reichender gedrungener dunkler Wasserbüffel. Die sahen sich den bunten Aufzug der verrückten Touristen an, die in der Mittagshitze unbedingt in den glühenden Felshang hinauf wollten, um die Felsengräber zu besichtigen. Dem Büffel wurde das als erstem langweilig, denn er legte sich umständlich in der mit Maisstroh gefüllten Kuhle zwischen den Palmen nieder, was wohl sein Lieblingsaufenthaltsort war, und begann vor sich hin zu kauen. Wir grüßten den Einheimischen, er grüßte zurück, und schon waren wir am Fuße des Berghanges angelangt, den es zu erklimmen galt. Bemerkenswert war der Übergang vom fruchtbaren Schwemmland zum Berghang. Das Feld endete streng waagerecht an der Kante des aus dem Boden wachsenden Berges. Der Übergang von grasbewachsener Fläche zum weißen Wüstensand konnte nicht krasser sein. Das Kulturland endete wie mit dem Messer abgeschnitten, und von da an wuchs auch nicht ein Halm mehr auf dem ganzen Berghang. In dessen halber Höhe hatten wir schon von weitem ein paar schwarze Punkte ausgemacht, die Eingänge der Felsengräber, die sich nach schweißtreibendem Stufensteigen als Tore von drei mal vier Metern Größe erwiesen, auch Eingangssäulen besaßen, die gleich mit aus dem anstehenden Material geschnitten und mit Eisengittern bewehrt waren. Wir konnten die Tore jedoch erst nach einigen Verhandlungen mit dem Aufsichtspersonal passieren, an deren Ende eine Bakschischgabe stand.

Vor den Felsgräbern befand sich ein Plateau mit Steinbänken. Der Ausblick, den wir zwischenzeitlich von diesem kahlen, unfruchtbaren Berg auf das riesige, vom Nil durchflossene grüne Bewässerungsgebiet im Tal hatten, das nur ganz weit am Horizont von einem hellen Streifen der libyschen Wüste begrenzt schien, war atemberaubend schön. So musste es gewesen sein, als Moses direkt aus der Wüste kommend seinem Volk vom Berg aus das Land Kanaan gezeigt hatte. Auch in diesem

Land schien Milch und Honig zu fließen. Da vergaß ich sogar die Hitze. Die Besichtigung der Felsengräber kam da ein bisschen unpassend. Meinerseits bestand auch nicht mehr so viel Interesse, aber ich lief mit und hätte es bestimmt bereut, nicht da gewesen zu sein. Pharaonengräber waren das nicht, und von Grabbeigaben auch keine Spur mehr, aber die Ausmalung der Gräber war eine Pracht. Auf weißem Stuck waren verschiedene handwerkliche Tätigkeiten dargestellt. In einem Grabvorraum zeigte eine ganze Stirnwand Griffe bei Ringkämpfen, Stockkampftaktik und auch Faustkampfdarstellungen. Aber auch Ballspiele, deren Regeln längst vergessen sind, könnten anhand dieser Darstellungen wiederbelebt werden. Andere Grabräume zeigten Episoden aus dem Leben des dort zur Ruhe Gebetteten.

Als wir es nicht mehr vermuteten kam die eigentliche Attraktion. Mitten in halber Höhe einer Wand in einer Grabvorhalle, so hoch, dass man es gerade noch deutlich erkennen konnte, war in den Friesen oder Zeilen eine auffällige Personengruppe dargestellt. Diese bestand aus fremdländisch bunt bekleideten, mit Bogen und Speeren bewaffneten bärtigen Männern, Frauen mit langen Haaren und Haarreifen und Kindern. Unter der Leitung von zwei sie führenden Ägyptern übergeben sie zwei Steinböcken oder Gazellen ähnelnde Tiere entweder als Tribut oder als Opfer an jemanden. Es steht darüber, dass es sich um 37 Fremde handelt, wobei wohl nur die Männer gezählt sind. Dieser Fries ist wohl der meistreproduzierte und bekannteste aus ganz Ägypten, denn er wird als Beweis der Einwanderung semitischer Stämme nach Ägypten angesehen, ist in jeder die Bibel betreffenden archäologischen Dokumentation mit Bildern wiedergegeben und so weltweit verbreitet.

Die Grabanlage datieren einige auf 2000 bis 1900 v.u.Z., andere vermuten, der Fries sei etwa 1600 v.u.Z. ausgemalt worden. Der eine sieht hier Abraham bei seinem Besuch Ägyptens, ein anderer die Familie Jakobs, wie sie Joseph nach Ägypten nachzieht, denn der Josephskanal läuft hier vorbei. Die eigentliche historische Einwanderung wird um 1300 bis 1100 v.u.Z. vermutet. Suchen Sie sich etwas Passendes heraus. Bei Gott ist nichts unmöglich, und auch die Zeitdifferenz ist nebensächlich, denn für ihn sind diese tausend Jahre Differenz nur ein Tag … So hat jeder seine eigenen Ansichten, und jeder kann sie beweisen.

Für mich ist in einem solchen Fall wichtig, dass ich dem begegnet bin, was uns diese ferne Zeit Handgreifliches überliefert hat, und zwar die Kunde, dass schon vor Jahrtausenden fremde Leute nach Ägypten kamen, ohne dass man sie als Gefangene herbeischleppte, und dass man diesen Besuch dokumentierte, was eine gewisse Hochachtung voreinander trotz unterschiedlicher Bräuche und unterschiedlichen Aussehens beweist. Geschichte ist nicht nur Krieg. Das ist die Art Atem der Geschichte, den ich liebe, wenn er mich anweht. Selbst wenn ich mich damit als hoffnungsloser Romantiker disqualifiziere: Ein Aha-Erlebnis dieser Art lohnt die weiteste Reise.

Anschließend ging es die gleiche Strecke zurück zur Fähre, über das Wasser und zum Bus. Das Ziel hieß El Minia. Jetzt hatten wir es nicht mehr sehr eilig und klapperten in aller Ruhe die Landstraße entlang.

Zum Abschluss der Besichtigungstour der Gräber hatte es noch einen wenn auch unbedeutenden, so doch psychologisch interessanten Zwischenfall gegeben. An der Anlegestelle der Fähre hatten ein paar kleinere Kinder in ihren Kittelchen gestanden und uns angestaunt. Es fiel auf, dass plötzlich unter diesen schwarzen Wuschelköpfen ein hellhäutigeres Kind auftauchte, welches rote Haare und Sommersprossen hatte. Sofort begannen einige Frauen aus unserer Gruppe nach ihm zu haschen, und es kam gleich die Frage, wo es denn wohne und wo denn seine Mutti sei, als ob seine Haut- und Haarfarbe zwangsläufig bedeute, dass das Kind Deutsch könne. Es konnte sich ängstlich rufend nur mit knapper Not vor den „Tanten" retten, floh, und ward nicht wieder gesehen.

Auf der ganzen Rückfahrt mit der Fähre, bis wir wieder im Bus saßen, war dies das wichtigste Thema der Unterhaltung unter den Frauen. Da war doch bestimmt auch eine Mutter dazu da, die wohl nicht von hier stammen konnte. Dass man doch gerne wüsste, wie es denn diese Mutter hierher verschlagen haben mochte, woher überhaupt, aus welchem Grund, mit wem, oder von wem hierher gelockt, um Himmels willen hoffentlich nicht etwa sogar verkauft, und wie sie so zurechtkäme unter diesen primitiven Bedingungen, ob sie Schleier tragen müsste und überhaupt auf die Straße dürfte, wie das mit Zeitung, Radio oder Fernsehen sei, falls sie hier überhaupt Strom hätten, und ob sie es nicht schon bereut hätte, was das für ein Leben sein mochte in so einer Lehmhütte, kein Supermarkt in der Nähe, wie sie der Mann behandeln mochte, ob es da noch Nebenfrauen gebe und andere weiterführende und nun sehr leise geäußerte Vermutungen.

Wenn alle diese Gerüchte, die von unseren Frauen in den zwei oder drei Stunden danach aus dem Anblick einer sommersprossigen Rotznase entwickelt wurden, in einem Buch gesammelt worden wären, hätte das den Umfang der Bibel übertroffen. Die Frauen hatten sich eine Nilkreuzfahrt so vorgestellt wie etwa auf dem „Traumschiff" und auch mit denselben wichtigen Problemen komplizierter Beziehungen, von zu Hause mitgebracht und die ganze Reise weitergepflegt, die sie im Urlaub mit sich herumschleppen konnten und einer Lösung zuführen könnten.

Aber hier hatte man es die ganze Zeit nur mit Fremden zu tun und die Mitreisenden kannte man auch so wenig, dass man kaum Ansatzpunkte für die Installation entsprechend interessanter Probleme entwickeln konnte. Die Frauen unserer Reisegruppe fanden diese Pharaonengeschichten, Gräber und Tempel, das ganze Herumgelatsche im Sand bei dieser Hitze und was dergleichen mehr war und was sie erdulden mussten, sterbenslangweilig und öde. Das möchte ich hiermit als äußerst wichtigen Hinweis für die, welche eine Reise dieser Art in unergiebiges Ausland beabsichtigen, dokumentiert haben ... Wenn nämlich einmal der Haussegen schief hängt, dann macht meist auch die exotischste Reise keinen Spaß mehr.

Am Spätnachmittag kamen wir nach El Minia. Der Bus fuhr langsam durch die Innenstadt und durch dichte Menschenmassen, denn auch hier war Markttag gewesen, und die Käufer kommen wie überall erst gegen Ende, um sich mit Obst und Gemüse einzudecken, weil die Stände schon abgebaut werden und alles billiger ohne langes Feilschen zu haben ist, um es noch loszuwerden und nicht wieder ins heimatliche Dorf zurückschleppen zu müssen. Besser weniger Geld eingenommen als überhaupt keins. Alle waren im Aufbruch, die Wagen wurden beladen und Frauen trugen Körbe, Töpfe und Ballen auf dem Kopf weg. Niemand interessierte sich für den Touristenbus und seine Besatzung.

Als wir vorm Hotel ankamen, dämmerte es bereits, und die Straßenbeleuchtung schaltete sich ein. Der Bus hielt. Vor uns eine breite Anfahrt von hundert Metern Länge im vollen Licht der Straßenlampen und dahinter der mehrstöckige Gebäudekomplex des Hotels, von Scheinwerfern angestrahlt. Der Busfahrer öffnete die Gepäckklappe und gab jedem sein Gepäck. Mancher trug dann auf diesen hundert Metern zwei Koffer, Tornister, Handgepäck und Umhängebeutel, also was man für zwei Wochen so braucht, wenn man auf einem Schiff gefahren wird, und in einer reichlichen Woche zukauft. Es schien sich etwas auszuwachsen, dass wir immer und überall unsere eigenen Packesel waren, sogar in den Hotels. Die Reiseleitung wurde in solchen Fällen stets unsichtbar. Vielleicht hatte das eingezahlte Geld in der Bakschischkasse nicht gereicht. Das war bestimmt schon in den ersten Tagen ausgegangen, dem Service nach zu urteilen.

Da wir sehr folgsam waren, hatten wir wie immer unterwegs unseren anfallenden Müll in Form von Papiertüten, Obstresten, Bonbonpapier und so weiter gesammelt, damit wir ihn an geeigneter Stelle in Papierkörben oder Müllbehältern entsorgen konnten. Angesichts des Marsches mit Gepäck war kein Bedarf mehr an gutem Benehmen, der Weg bis zu dem uns erst am Hoteleingangsportal bewillkommnenden Hotelpersonal, hinterher mit Müll gepflastert. Wir warfen überflüssigen Ballast ab. Das Gepäck war uns wichtiger. Man hielt vor uns irgendetwas geheim. Dazu noch der Service auf Selbstbedienungsbasis, das machte leicht aufsässig.

Das Hotel schien voll belegt, und nicht alle bekamen ein Zimmer im Gebäude. Meine Frau und ich zogen in einen Bungalow in den Bananenhaingarten hinter dem Hotel. Die Klimaanlage war so laut wie eine Dreschmaschine, fabrizierte aber nur Wind und keine Kühlung. Der Garten war voll fliegender Insekten, die sich auf jedes noch so kleine Licht stürzten. Moskitonetz: Fehlmeldung. So zogen wir anschließend gleich Richtung Hotelgebäude, um uns zusammen mit einem befreundeten Ehepaar wenigstens die nähere Umgebung anzusehen. Eine Übernachtung steht man so schon durch. Wir wollten etwas von Ägypten sehen und uns nicht unnötig ärgern. Dafür hätten wir später Zeit genug.

Im Hotelfoyer roch es sehr stark nach Leinölfirnis, wie normale Druckfarbe. Als wir durch das Treppenhaus gingen, bemerkte unser Bekannter, es röche sehr nach Glaserkitt, der bekanntlich auch nach Firnis riecht. Jeder kannte etwas, was so roch wie das Hotel. Wir blieben stehen und sahen uns um. Dieses Hotel war innen mit weißen Fliesen ausgestattet. Die hier mussten neu sein, und zwar überwiegend sehr neu, und zwar ganze Wände davon. Die Verarbeitung musste recht flott erfolgt sein, denn die Verlegung hätte vor allem bei den zuletzt angebrachten sorgfältiger ...

Gehen wir lieber raus, meinte jemand, sonst fällt uns das Hotel noch auf den Kopf. Nach Komo Ombo war dies das zweite eindeutige Zeichen für das Erdbeben, wenn man die Sache mit dem Fremdenführer nicht rechnet. Es war doch vielleicht besser, in einem Bungalow aus Pappe zu wohnen, als in diesem Bau mit seinen zugepappten Rissen in den Wänden. Eine Runde um das Hotel wollten wir noch gehen. Um das Gelände war aber eine über zwei Meter hohe Gartenmauer gezogen, davor ein unbefestigter Fahrweg. Wir liefen einmal außen herum. In regelmäßigen Abständen hatten sich Armeewachtposten mit ihren Kalaschnikows postiert. Da gingen wir doch lieber in Richtung Nil und gerieten in einen wirklichen orientalischen Garten, der für die Hotelgäste angelegt war. Wenn man in Reisebeschreibungen sonst von den betörenden Wohlgerüchen Arabiens las, hakte man das unter Kitsch und Übertreibung, zur Kulisse des Liebesromans gehörig, ab und las weiter, ohne einen Gedanken darauf zu verschwenden.

Kommt man aber abends bei Windstille in so einen von einem Gartenkünstler angelegten Garten voller Blumen und Kräuter, unter dessen hohen Bäumen, deren Schatten einem tagsüber Kühle spenden, Wasser rieselt, welches ständig in Umlauf gehalten oder wie hier aus dem Nil nachgepumpt wird, entlädt sich die gesammelte Duft-Aura des Gartens in die Nase des Besuchers. Da riecht jedes Fleckchen anders, und man kann nicht so schnell die Gefühle wechseln, wie sich die Duftnuancen ändern, überlagern und mischen. Es ist wie eine Art Orgelkonzert für die Nase.

Das Allerschlimmste ist, man weiß nicht, was man riecht und wie das Kraut oder die Blüte aussieht; und hat man in Händen, was da so duftet, kennt man es nicht mit Namen. Die Stärke des Geruchseindruckes entsprach dem eines Gewürzladens, aber dezenter und mit wechselnden Gerüchen, mild ineinander verlaufend, sagen wir: künstlerisch gestaltet, mit nicht so viel Pfeffer. Da verliefen verschlungene Gänge unter duftenden Blumengirlanden, die sich an Büschen hochrankten, und leicht plätschernde Rinnsale. Ganze Beete schickten Duftwolken. Es stieg einem wirklich zu Kopf.

Gleich nebenan auf dem Nil lag am Ufer vertäut ein hell erleuchtetes Restaurantschiff mit offenem Oberdeck. In diesem von da ausgehendem Licht entfaltete der sonst dunkle und zum Nil hin abfallende Garten erst richtig seine Wirkung.

Wir wunderten uns erst, dass die Gesellschaft auf dem freien Deck so lässig bei ihren Drinks saß und sich leise unterhielt, ohne laufend nach Mücken und sonstigem stechenden Getier zu schlagen, aber als wir näher kamen, hörten wir es brutzeln. Sie hatten UV-Lampen über dem Schiff aufgehängt, mit denen sie die Insekten anlockten, die dann in die glühenden Wendeln der davor gespannten Widerstandsdrähte gerieten, um dort zu verbrennen. Deshalb war auch der Garten so mückenfrei gewesen. Wir gingen wieder, schauten vor dem Hotel noch einmal an dem Ladentrakt mit dem Souvenirangebot vorbei und schlenderten zum Bungalow, um ins Bett zu gehen.

In unserem Domizil stand ein Fernseher, den wir nicht gleich bemerkt hatten. Wir hatten ihn auch nicht vermisst in der letzten Zeit. Es würde aber nichts schaden nachzusehen, was in dieser Gegend im Fernsehen passierte. Aufs Geratewohl schaltete ich ihn ein und geriet gleich an die „Deutsche Welle". Die war uns zwar zu DDR-Zeiten als besonders aggressiver westlicher Hetzsender bezeichnet worden, aber hier repräsentierte sie Deutschland. Da musste man doch sehen, was die hier brachten. Es waren Nachrichten in Englisch. Davon verstanden wir wenig, aber es betraf Ägypten, und Assiut kam auch drin vor. Nun hätte meine Frau wohl gern etwas anderes gesehen, vielleicht eine Unterhaltungssendung in Arabisch. Ich blieb aber stur und hörte mir die Nachrichten auch noch einmal in Deutsch an. Die Meldung über Ägypten besagte, dass es an diesem Tag in Assiut einen bewaffneten Überfall auf einen Kleinbus mit Touristen gegeben hatte, der von terroristischen Moslems begangen worden sei. Sie hätten dabei eine englische Touristin getötet, Verwundete habe es auch gegeben. Das musste nach unserer Durchfahrt durch Assiut passiert sein. Plötzlich bekam alles, was an diesem Tag geschehen war, einen Sinn. Die Schiffe auf dem Nil wurden beschossen und mussten bewacht werden, Tel-El-Amarna war für Touristen nicht mehr sicher. Dann der Überfall in Assiut. Der abgestellte Bus musste getarnt werden, und um unser Hotel stand jetzt die Armee und hielt Wache.

Wir konnten hier draußen gleich neben der Gartenmauer zwar leichter überfallen werden, aber die im Hotelkomplex vor Extremisten sicherer Untergebrachten hatten die Chance, dass ihnen das baufällige Hotel beim geringsten weiteren Erdstoß auf den Kopf fiel. Schönes Ägypten, schöner Urlaub. Bauchtanz wollte ich jetzt nicht mehr im Fernseher suchen. Am Morgen reisten wir Richtung der großen Oase El Fayoum ab.

Der Bus durfte wieder nicht bis zum Hotel heranfahren, und wir schleiften unser Gepäck wieder allein durch die Gegend. Da hilft es auch nichts, wenn das Hotelpersonal mit bis vor die Tür kommt, um einen persönlich zu verabschieden. Diesmal hatten wir beim Verladen und Einsteigen Gesellschaft. Zwei Züge Infanterie der regulären ägyptischen Streitkräfte trabten mit freiem Oberkörper, aber langen Armeehosen und Schnürschuhen auf dem Buswendeplatz herum und mimten Frühsport.

Wieso sie ihre Sturmgewehre dabeihatten, konnte ich mir denken, aber dass sie diesen Wachschutz für unsere Abreise auch noch als Turnübung tarnen mussten, fand ich affig. Inzwischen wussten wir, was hier lief. Man hätte es uns sagen sollen.

Montag, 19. Oktober 1992
Obdachlose demonstrieren
Nach Erdbeben in Ägypten: Regierung tut „Maximum"

KAIRO (dpa). Tausende von erdbebengeschädigten Ägyptern haben am Wochenende in Kairo gegen die ägyptische Regierung demonstriert und ein Dach über dem Kopf gefordert. Staatspräsident Husni Mubarak versicherte, die Regierung tue ihr „Maximum" und habe bereits kurz nach dem Beben mit der Zuteilung neuer Wohnungen an Geschädigte begonnen. Erst fünf Tage nach der Katastrophe allerdings richteten die Behörden jetzt die ersten Lager für die Betroffenen ein. In den nächsten zwei Tagen würden alle Obdachlosen in vollausgestatteten Lagern untergebracht, sagte Informationsminister Safwat el Scherif.

Regierungsvertreter räumten ein, dass das Ausmaß des Erdbebens zunächst falsch eingeschätzt worden sei. Nach Angaben Mubaraks liegen die Schäden an Häusern und Altertümern bei mindestens 450 Millionen Mark – doppelt so hoch wie bisher angenommen.

Bei dem Erdbeben wurden nach Angaben von Premierminister Atef Sidki vor allem 118 islamische und koptische Bauwerke in Kairo beschädigt, davon 18 schwer. Kultusminister Faruk Husni bezifferte die Restaurierungskosten auf umgerechnet mehr als 90 Millionen Mark. Gleichzeitig wies er Berichte zurück, die weltberühmte Sphinx in Gizeh sei durch das Erdbeben beschädigt worden. In Gizeh seien lediglich Risse in den Außenhüllen der Pyramiden festgestellt worden.

Fayoum

Die Fahrt von El Minia nach Fayoum brachten wir in etwas schweigsamerer Stimmung zu. Der Armeeaufmarsch um das Hotel herum und die Meldung von dem Feuerüberfall in Assiut drückten etwas aufs Gemüt. Da nahmen wir ziemlich gleichgültig zur Kenntnis, welche Anstrengungen die ägyptische Regierung hier in dieser Oase unternahm, mittels zusätzlichen Nilwassers die landwirtschaftliche Nutzfläche zu vergrößern um dadurch die Versorgung der in letzter Zeit schneller anwachsenden Bevölkerung Ägyptens sicherzustellen.

Schließlich langten wir in der „Auberge du Lac" an, einem Gaststättenkomplex direkt am Strand des großen Salzsees von Fayoum. Vor der überdachten Eingangshalle des Hotels empfing uns eine vierköpfige Araberkapelle, die sofort mit Trommel, Tamburin, Dudelsack und Dreitonpfeife ein Höllenspektakel fabrizierte, woraufhin aus dem Inneren Hotelpersonal herbeieilte, um uns offiziell in Empfang zu nehmen. Drinnen sahen wir erst, wie groß die Anlage zur Touristenabfütterung war, denn der Speisesaal war riesig und schien schon gefüllt, doch für uns fand sich trotzdem noch genügend Platz, und auch nach uns kamen noch ganze Busladungen unter.

An diesem Ort hatte anscheinend alles, was es an bekannten Schauspielern in der westlichen Welt gab oder gegeben hatte, mindestens einmal geweilt und seine Porträtfotos, zumindest eine Autogrammkarte dagelassen. Der Eingangsbereich war mit diesen Dankkarten förmlich tapeziert. Hier hatte alles sein Stammquartier genommen, was jemals in Ägypten die Außenszenen zu irgendwelchen Orientfilmen abdrehen musste. Ich müsste lügen, wenn ich aufzählen sollte, wer da alles seinen Dankesschnörkel hinterlassen hatte. Omar Sharif war jedenfalls häufigster und auch beliebtester Gast gewesen. Er hatte einen ganzen Schaukasten für sich allein.

Hier trafen wir auf eine Touristengruppe aus der Heimat, welche die gleiche Reise beim gleichen Veranstalter wie wir gebucht hatte, aber für eine Woche später und, wie es sich ergab, unsere Fahrt nun umgekehrt nachvollzog. Sie hatten jetzt die Busreise über El Minia und Assiut vor sich, um das Schiff zu besteigen, welches wir zurückgelassen hatten.

Diese Gruppe war nur halb so groß wie unsere, weil viele noch zu Hause wegen der Katastrophenmeldungen abgesprungen waren. Sie wollten von uns wissen, wie es uns während des Erdbebens ergangen sei, und ob es stimme, was in den Zeitungen gestanden habe.

Wir hatten aber keine Ahnung, was in der Zeitung gestanden hatte. Jeder hielt sich etwas zurück, und die junge Frau, bei der ich damals die Reise telefonisch gebucht hatte, stand wie ein Häufchen Unglück mittendrin, denn sie war diesmal mitgekommen und sollte nach dem Rechten sehen und aufpassen, dass die neue Gruppe alles ohne Zwischenfälle überstand. Dass wir alle gesund und munter waren, bedeutete noch lange nicht, dass nun nichts mehr passieren konnte. Die Stimmung war deprimierend. Wir gingen lieber an den Salzsee.

Direkt in der Sonne war es heiß, aber über den See kam ein vergleichsweise kalter Wind. Es gab eine Brandung, aber direkt am Hotel keinen Strand. Man hätte baden können, aber die Gegend machte einen zu tristen Eindruck. Fischerkähne, Maschendrahtzäune, Ölfässer, Netze und Bojen, grober Schotter und Bruchsteine. Etwas wüst.

Für Gäste gab es hier Unterkünfte, wie ich sie noch nirgendwo gesehen hatte: In Gartengrundstücken standen Bungalowbauten in exakter Würfelform. Drei Seiten ohne Fenster. Obendrauf wie ein Kaffeewärmer auf einem Tisch eine Halbkugel, etwas kleiner im Durchmesser als die Kantenlänge des Würfels. Alles anscheinend aus Lehm gebaut und weiß angestrichen. Eigentlich kennt man das nur von historischen orientalischen Darstellungen, wo diese Art Gebäude meist einzeln in der Landschaft steht und irgendein Grab eines muslimischen Heiligen ist.

Nachdem wir ein Weilchen auf der Sonnenterrasse am See gesessen hatten, ging es weiter. Wir kauften einige Flechtkörbchen von einem da vor dem Hotel sitzendem Händler. Die Kapelle verabschiedete uns mit dem gleichen Tamtam, mit dem sie uns begrüßt hatte. Das Hotel in Kairo erwartete uns, denn nachdem die Gegengruppe nun auf dem Weg nach El Minia war, brauchte man uns da als Anschlussgäste.

Der Nachmittag gehörte aber den Pyramiden ... endlich würden wir sie in natura sehen.

Gizeh, der Steinbruch der Nachfahren

Der Klapperbus quälte sich nach diesem Mittagsstopp langsam und unlustig aus der Gegend um Fayoum heraus und ein Wüstenplateau mit mehr Krach als Geschwindigkeit hinauf, fuhr dann einige Zeit und schwenkte schließlich ziemlich unvermittelt von der Straße herunter nach rechts auf einen befestigten Platz. Die Türen wurden von außen aufgerissen. Wir stiegen aus und versanken sogleich in einer lautstarken Herde von fliegenden Bauchladenhändlern und Kameltreibern.

Meine Frau, die beim Aussteigen unvorsichtigerweise nach einem Halt gesucht hatte, bekam statt der Haltestange der Bustür etwas anderes zu fassen, was sich als ein neues Gewand entpuppte, was sie nicht gebrauchen, ich nicht bezahlen, aber der Händler als schon gekauft uns aufdrängen wollte. Während ich noch ein leeres, extra für diese Zwecke bereitgehaltenes Portemonnaie umdrehte, in dem sich eine einzige Pfundnote und deutsche Messinggroschen befanden, um den Händler abzuwehren, der plötzlich händeringend um Geld bettelte, das er für seinen in München am Hungertuch nagend Medizin studierenden Sohn brauchte, versuchten zwei weitere Araber mir schon die Frau zu entführen, damit sie sich von mir auf einem Kamel sitzend fotografieren ließe. Diesmal wehrte sie sich selbst, denn bekanntlich beißt ein Kamel vorn und hinten tritt es, und sitzt man endlich oben, versucht es einen abzuwerfen.

Wir flohen in die Wüste. Weit hinein, vielleicht fünfzig Meter oder auch einundfünfzig ... Die geschäftige Welt versank hinter uns im Staub zur Bedeutungslosigkeit. Wie schnell doch die Geschäftemacher ihr Interesse am zahlungsunfähigen Kunden verlieren, solange sie noch andere bessere Beute zu finden glauben.

Vor uns erstreckten sich mindestens zwei Kilometer unberührter, von Steinen durchsetzter Sand und dahinter standen sie, gerade so aus dem Sand ragend und in gleicher Farbe wie dieser ... die Pyramiden von Gizeh.

Der Anblick war überwältigend. Nur die Wüste, glatt wie ein Tisch, der blassblaue Himmel und die Pyramiden. Alle drei, die Chephrenpyramide mit ihrer im oberen Teil noch erhaltenen Kalksteinverkleidung vornean, die Cheopspyramide, mit ihrer abgeplatteten Spitze links dahinter, und rechts etwas abseits die Pyramide des Mykerinos mit den kleinen Königinnenpyramiden daneben. Dazwischen in der Ferne eine dunstige graugrüne blasse Ahnung der Stadt Kairo und des anschließenden Nildeltas.

Die Hitze war uns jetzt nebensächlich und der Krawall hinter uns auch. So ein Panorama muss man auf sich wirken lassen. Wenn man bedenkt, aus welchen Steinquadern diese Bauwerke errichtet sind, und dass sie von unserem Standort aus wie aufgeschüttete Sandhaufen wirkten, so dass die Steine nur wie eine körnige Struktur erschienen ... Da stellt man sich kurz in die Landschaft, jemand drückt auf den Auslöser einer Kamera, und zu Hause holt man aus der Drogerie nach ein paar Tagen das Foto ab. Beweis: Das bin ich, und ich war dort. Ende. Leimpunkt hinten drauf, ab ins Fotoalbum. Doch weder Sprache noch Foto oder selbst gemaltes Bild können wiedergeben, was man empfindet.

Hier ein Abklatsch meines Erlebnisses aus Gefühlen: Assoziationen von Erzähltem, Berichtetem, romanhaft Verarbeitetem, Gemaltem, Fotografiertem, Vermutetem, Spekuliertem und auch Erlogenem. Erträumtes mischte sich mit Ersehntem, Gelesenem, Zusammengesponnenem. Gewünschtes wurde erfüllt. Und ich bin außerstande, es mit Worten in einer verständlichen Form in zumutbarer Zeit wiederzugeben, dass Sie es nachempfinden könnten. Der Mensch kann kommen, wohin er will, er wird nur sehen, was er begreift ... Für mich waren das keine Steinhaufen, deren Rätsel nur noch darin bestand, dass wir es den Erbauern nicht gönnten, dass sie sie tatsächlich errichtet hatten. Das hier war versteinerter Glauben, zwar an die zeitweise Existenz eines oder mehrerer Pharaonen gebunden, in Wirklichkeit aber an die Sehnsucht nach einem Gott, der ewig gerecht sein möge und in dessen Schutz man floh, wenn man starb. So eine Pyramide war kein diesseitiger Zweckbau mit unmittelbarem Nutzen, wie es ein Staudamm ist.

Das hier waren Wechsel auf die Zukunft des Jenseits, die man vorzeigte, wenn man es hinter sich hatte, das Leben. Jeder Stein eine gute Tat. Jeder Stein eine unmissverständliche Forderung. Jeder Stein ein Faustpfand auf das Paradies. *„An dieser Pyramide habe ich mit gebaut...“* – *„Ameen! Hörst Du? ICH. Zu Deiner Ehre! Ameen!“*

Religion in Stein. Glaube, verewigt in Millionen Tonnen Stein. Gottesdienst ...: *„Ein Gebet von zwei Tonnen Gewicht haben wir Dir dargebracht.*

Heute. Siehe den Quader, sauber behauen, meine Kolonne und ich ... wie alle Tage ... Ameen! – Vergiss es nicht ... AMEEN!... "

Und dann Madam Bahiga: *„Kommen Sie bitte, Sie sind die letzten. Wir wollen weiter."* - Bus, Asphalt, Sandwolke. Wir haben noch viel vor.

*

Der Pyramidenstandort. Touristen, soweit das Auge reicht, meist in Gruppen. Man hört alle Sprachen und sieht die Völker aus aller Herren Länder. Pferde und Kamele zum Ausleihen. Alles ist Ruine und Baustelle zugleich.

Das Besteigen der Pyramiden ist verboten wegen der Absturzgefahr. Die Sphinx ist an ihrer linken Seite abgestützt. Sie wird hoffentlich nicht umfallen. Es wird viel an ihr herumgemörtelt. Wege sind keine, sondern nur zufällig von Steinen befreite Schneisen, die für Vermessungszwecke freigeräumt wurden. Heruntergerutschte Reste von Pyramidenverkleidungen liegen herum, Restbrocken von versuchten gewaltsamen Stollenvortrieben versperren Zugänge zu Löchern, in denen Archäologen nach Ecksteinen und Grundmauerkanten gesucht haben.

„Die Cheopspyramide hat einen Umfang von ..." Ich mag jetzt keine Zahlen hören.

„Es wird vermutet ..." Lasst mich mit Spekulationen in Frieden, die lese ich zu Hause.

Ich will gar nichts davon hören, wo angeblich die riesigen Aufschüttungen der Rampen waren, auf denen die Ägypter die Steine für die Cheopspyramide hinauf gezerrt haben sollen. Das hätte statisch nie funktioniert. Ich hätte die Steinblöcke ganz gemütlich im Inneren der Pyramide hochziehen lassen. Das ist auch sehr unaufwendig. Man braucht dazu keine extra Rampe. Wozu gibt es eigentlich diese so funktionslos erscheinende „Große Galerie" in der Cheops-Pyramide? Nur um am Ende den Verschlussstein runtersausen zu lassen? Wozu eigentlich diese verdächtig einer Haspel ähnelnde Seilzugvorrichtung am oberen Ende der Galerie vor der Königskammer? – Eine Falle für Grabräuber? Für wie dumm will man mich denn angesichts offensichtlicher Beweise verkaufen? Da stand doch die große Winde, mit der man die Steine am Seil die Galerie hochzog, um sie oben zu verbauen. Müssten Archäologen nicht wenigstens ein Minimum an technischer Grundlagenausbildung haben?

Aber gerade heute dürfen wir nicht hinein. Der Zugang zu den großen Pyramiden ist gesperrt wegen der Risse, die das Erdbeben letzte Woche in ihrem Inneren verursacht hat. Da haben wir den Salat. Vielleicht sind diese Pyramiden auch nur außen so akkurat gesetzt und innen ungeordnet mit Gesteinsbrocken aufgefüllt. Die Ecke da an der Cheopspyramide, ja, die, uns gegenüber, das sieht mir verdächtig nach solchem Pfusch aus. Sie werden schon gewusst haben, warum sie die Königsgrabkammer fünffach überwölbt haben.

„Die Außenverkleidung der Pyramiden wurde im Mittelalter abgetragen, um damit in Kairo zu bauen ..."

Verflixt, jetzt habe ich es nicht mitgekriegt. Wurde nun die Sultan-Hassan-Moschee aus den Steinen erbaut, oder wurde auch die Alabastermoschee mit...

„In der Zitadelle von Kairo ..." Sieh an, diese Türken ... aber hatten die Christen nicht auch zu der Zeit in Rom ihre Kalköfen, in denen sie die antiken marmornen Baudenkmäler zu Kalk für Mörtel gebrannt haben? *„Was war das eigentlich früher für eine Statue, bevor es nach dem Brennen zum Kalkputz und zum Mörtel für die Wand zum Ziegenstall wurde?"*

Napoleon und die abgeschossene Nase der Sphinx. Dieses Märchen wird länger Bestand haben als die Pyramiden. Wozu hatte der eigentlich so furchtbar viele Gelehrte mit in Ägypten, die ihm jeden bearbeiteten Stein abmalen mussten, wenn er angeblich so barbarisch gegen dieses Standbild vorging? Wie sah denn die Sphinx eigentlich aus, bevor ihr Pharao Chephren seinen Porträt-Kopf verpassen ließ? Oder doch lieber „der" Sphinx?

Ausgegraben sieht das aus wie ein Riesenlöwe, der schon zu Zeiten hier lag, als dieses Land so kurz nach der letzten Eiszeit noch jährlich von Wasserfluten der Frühjahrsregen und der Schneeschmelze heimgesucht wurde, die ihn umspülten und an seinem Gestein Auswaschungen hinterließen, die jetzt noch zu sehen sind.

Zu der Zeit war die Sahara noch fruchtbares Land und bewohnt, mit Wäldern bedeckt und mit Feldern. Da war wohl noch ein richtiger Löwenkopf auf dieser Statue und nicht dieses mit dem Löwenkopftuch geschmückte Köpfchen eines Pharao. – Aber der Stein verrät nichts.

Ja, wir bekommen die Sondererlaubnis, in die Mykerinos-Pyramide hineinzugehen. Es geht steil hinab, es ist eng, es ist feucht. Entweder man bückt sich oder übt den Entengang. Alles ist zusätzlich und ganz neu mit Holz abgestützt. Im Erzbergbau habe ich solche Stollen auch schon gesehen.

Unten dann die große Halle und anschließend die tiefer liegende Grabkammer. Man sieht von innen die Satteldachkonstruktion aus Granitblöcken. Hier kann man sogar auf das Dach der Grabkammer hinauf. Statikern muss das ein Leckerbissen sein, wie die Granitblöcke außen miteinander verfugt sind.

Ein Nebengelass, schief und schräg, schmucklos und mit Nischen. Die Kammer der Kanopenbehälter und Grabbeigaben.

Schnell weiter, die Treppe hinauf, noch ein kurzer Blick zurück und dann wieder dem Sonnenlicht entgegen. Hier herrscht Einbahnstraßenverkehr, die nächste Gruppe stand schon unten, die übernächste wartete draußen.

Noch ein Gang durch die Gänge des Taltempels der Sphinx. Aus rotem Granit gebaut, aber seht, da, wie dieser monumentale Block eingepasst ist. Allein an der Vorderseite, und die weist einen Innenwinkel auf, sind sieben sichtbare Passfugen für die Anschlussquader eingearbeitet ... Das Zyklopenmauerwerk in Mittel- und Südamerika weist auch solche Rätsel auf ... Die Welt ist voller Rätsel.

Schnell weg aus diesem Trubel der Massenbesichtigungstour. Es gibt noch ein weiteres Nachmittagsprogramm. Wir besuchen eine Parfümerie. Das ist eine Fabrik, die aus Naturprodukten ätherische Öle gewinnt, die sich zur Herstellung von Duftstoffen für alle Arten kosmetischer Zwecke einsetzen lassen. Der Mensch ist bekanntlich ein Stinktier und bedarf der geruchsverbessernden Anwendung von Parfüm.

Wir landen im Kundenberatungs- und Verkaufsraum. Bei Bedarf gibt es Kaffee, und es wird ein Vortrag darüber gehalten, wie kostbar die in goldeloxierten Aluminiumbehälterchen steckenden Glasfläschchen mit ihren reinen Düften der Natur sind. Es gibt aber auch teurere Duftzusammenstellungen. Auf der Liste der reinen Naturdüfte, mit denen sie hier handeln, befinden sich 27, von den speziellen Düften gibt es 31. Darunter: „Tut-Ankh-Amon, Queen Hatshipsut, Omar Khayyam, Christmas Night, Flower of Sakkara, Harem Perfumes, Secret of the Desert ...“ Wenn man es nicht versteht und auch kaufunlustig ist, gerät man an Übersetzungen wie „Wüstenschweiß“ oder Ähnliches und assoziiert eventuell noch den Mumiengeruch mit den Bezeichnungen. An Weihnachten mag man sowieso bei der Hitze nicht denken.

Wir wollen kein Parfüm, sondern unter die Dusche, und auch die manuell hergestellten, exotisch geformten, original echt ägyptischen Glasflakons, die es auch an der Côte d'Azur vom gleichen Hersteller als billige Massenware gibt, wollen wir nicht haben. Zehn Dollar für eine Träne Rosenöl sind kein Schnäppchenpreis sondern hinausgeworfenes Geld. So wurden wir trotz Klimaanlage und des voll mit Orientteppichen ausgelegten Verkaufsraums immer weniger Interessenten, und draußen im Bus wurden wir immer mehr, die auf die Abfahrt warteten.

Ich hing meinen Gedanken nach. Es war heiß gewesen und es galt viele Eindrücke zu verarbeiten. Dabei erinnerte ich mich an ein Relief, was ich vor Tagen in einer Grabkammer im Tal der Könige gesehen hatte. Da reichte ein Gott dem noch als lebend dargestellten Pharao eine Blume, damit er daran riechen sollte.

Die Fremdenführerin hatte da von einer Lotosblüte gesprochen. Lotosblüte, das passt wohl zu Indien und zum Buddhismus, wo der Buddha als „O, du Kleinod im Lotos" angesprochen wird, aber zu Ägypten? Die Ägypter, vor allem die Pharaonen hatten es auch mit dem Parfüm, den Salbölen und den Düften gehabt. Das war wohl doch nicht ganz ohne Bezug zu Ägypten, uns in eine Parfümerie zu verfrachten.

Von draußen klopfte es an ein Seitenfenster des Busses. Einer der Mitreisenden, der sich wie alle anderen seine eigene Strategie zur Abwimmelung lästiger Händler zugelegt hatte, öffnete das Fenster einen schmalen Spalt und sagte wie immer, wenn er einen Händler sah, auf Englisch: „*Ein Pfund.*" Dann wollte er das Fenster wieder schließen, denn es erfolgte stets lautes Protestgebrüll von draußen, wenn er das tat.

Das hier war aber anscheinend ein Anfänger, der jungenhaften Stimme nach zu urteilen, und der nahm den Preis an. So besaß der leichtsinnige Kaufinteressent plötzlich eine aus beigefarbener, chromlederartiger Wachstuchtischdecke mittels Stopftwist per Hand zusammengenähte Kamelpuppe mit aufgemaltem Gesicht, aufgenietetem Sattel, Zügel und grob gewebter Wolldecke mit Fransen. Das Ding war etwa 15 Zentimeter hoch und lang. Die Hand kam ans Fenster, und eine Stimme forderte: „*Wonn pound!*"

Er zahlte, und gleich war die Hand draußen wieder da, mit einer weiteren Kamelpuppe und der Forderung: „*Wonn pound!*"

„*Wer will ein Kamel für ein Pfund?*" Unser Mitreisender hielt seine Erwerbung hoch und wurde so zum Zwischenhändler ohne Eigenanteil am Geschäft, denn wir wollten jetzt plötzlich. Alle. Wir erstanden eine ganze Kamelherde, und jedesmal, wenn die Stimme des Jungen erschallte: *„Wonn pound",* gab es Gelächter, dann kam ein Kamel durch das Nadelöhr des schmalen Fensterspaltes, und eine Pfundnote wanderte nach draußen. So war das also damals mit dem Kamel und dem Nadelöhr ...

Man muss hinfahren und selbst nachsehen. Teure Kamele hätten nicht so viele durch den engen Spalt gepasst...

Dann kamen auch die letzten. Touristen, nicht etwa Kamele. Ich glaube, sie mussten sich mit zehn Dollar aus der Parfümerie freikaufen, um wieder freigelassen zu werden, denn sie hatten jeder eine Phiole mit Rosenöl bei sich. Endlich ging es ins Hotel. Eine kalte Dusche, was wäre das für ein Himmelreich. Kairo hatte uns wieder.

Mittwoch, 21. Oktober 1992
552 Tote bei Erdbeben
Bilanz veröffentlicht

KAIRO (afp). Bei dem schweren Erdbeben, das vor einer Woche Ägypten erschüttert hatte, sind nach einer endgültigen Bilanz 552 Menschen getötet worden. Das berichtete die ägyptische Presse am Dienstag unter Berufung auf den Minister für lokale Verwaltung, Mahmud el Scherif. Demnach wurden 9000 Personen verletzt. 961 Schwerverletzte befänden sich noch in den Krankenhäusern. Berichten zufolge forderte die Regierung unterdessen die Weltbank auf, eine internationale Expertendelegation zu entsenden, die die „unsichtbaren" Schäden in den öffentlichen Gebäuden untersuchen solle. 12 000 Gebäude wurden als zerstört oder beschädigt gemeldet.

Enttäuschung Memphis,
wie Araber bauen,
und etwas über Straßenverkehr

Memphis ist neben Theben eine der zentralen Stätten, an denen ägyptische Geschichte geschrieben wurde, denn Memphis war die Hauptstadt des Landes, vor den Toren Kairos gelegen, das es damals noch nicht gegeben hatte. Also erwarteten wir, dass da auch etwas zu sehen sei.

Der Bus lud uns vor einem Maschendrahtzaun ab, hinter dem sich die berühmte Alabastersphinx befand, wir bekamen Eintrittskarten, umrundeten die Sphinx, die einen ziemlich angekratzten Eindruck auf uns machte, kein Wunder bei ihrem Alter, und das war alles.

„Weshalb sind wir hierher gefahren? Da gibt es doch hier noch die liegende Kolossalstatue von Ramses II.“ - „Ja, die gibt es hier, aber man kann sie nicht besichtigen, weil sie gerade restauriert wird. Nein, auch das Gebäude, in dem sie sich befindet, kann man nicht betreten. Es wird auch restauriert.“ - „Wenn das die alte Hauptstadt des alten Unterägypten war, warum ist dann hier nichts? Ist das noch nicht ausgegraben?“ - „Da gibt es nichts auszugraben. Die Ägypter haben fast alle Gebäude nur mit Lehmziegeln und Stroh errichtet, auch die Paläste. Nur Tempel, Grabmäler und Statuen sind aus Stein. Eine Lehmwand, wenn sie mit glattem Stuckgips beschichtet ist und mit bunten Hieroglyphen bemalt, sieht auch prächtig aus. Alles, was aus Stein war, ist in vergangenen Zeiten nach Kairo verschleppt worden und ist dort vermauert.“

Das „Labyrinth“ in Fayoum ist auch deshalb nicht mehr sehenswert. Wem sagt man das. Auch das „Kolosseum“ in Rom hat als Steinbruch gedient. Da braucht man sich nicht über das zu wundern, was von den Bauten der Ägypter übriggeblieben ist, und dass es nur Standbilder, Tempel und Gräber sind. Also, noch eine Runde um die Sphinx, Alibifoto gemacht und nun wieder weg hier. Wir können noch nicht weg. Der Fahrer muss noch etwas nachsehen lassen und ist weggefahren. Stellen wir uns dann eben in den Schatten der Sphinx und warten. Wer will, kann draußen etwas herumspazieren, unter den Eukalyptusbäumen. Ich sah also lieber den zeitgenössischen Arabern zu, was sie hier bauten.

Es war sehenswert. Eine Baubrigade aus mehreren Arabern in weiten weißen Hemdkitteln beschäftigte sich auf dem Gelände mit der Errichtung eines Gebäudes. Einer schippte den Sand, von dem man in Ägypten ganze Wüsten voll hat und ihn nicht extra als Baumaterial anzufahren braucht, in einen Blechkübel, in den ein zweiter Zement aus einem Sack nachschüttete. Der dritte kam mit einem Eimer Wasser von einem in der Nähe befindlichen Wasserhahn, der an einem Rohr aus dem Boden ragte und an einem in den Boden gerammten Holzpfosten befestigt war. Der vierte besaß eine Schaufel und stützte sich darauf.

Als nun Sand, Zement und Wasser sich in dem Kübel befanden, trat dieser vierte in Funktion und begann zu mischen. Als er fertig war, nahm der fünfte, der soeben einen leeren Blechkübel gebracht hatte, diesen vollen hoch und trug ihn weg, den vieren seinen leeren Kübel zum erneuten Befüllen hinterlassend. Dann führte der Weg des Transporteurs mitten durch die Touristen hindurch auf die andere Seite hinter der Sphinx. Dort befanden sich Nummer sechs und Nummer sieben. Der sechste kratzte auf dem Erdboden herum und erzeugte so im losen Sand eine Kuhle, in die ihm Nummer fünf den mit Mörtel gefüllten Kübel entleerte. Nummer sechs nahm Augenmaß und eine Kelle und verteilte den Beton in der Kuhle. An der vorher schon gegossenen Stelle anschließend wurde es fast gerade, aber es kam wohl nicht so darauf an. Sie hatten auch darauf verzichtet, den Baugrund einzuebnen. Das konnte man alles später noch machen. Vermessung, Richtscheit, rechte Winkel, gerade Mauern, alles Luxus. Wenn sie so arbeiten würden wie die europäischen Maurer, würden sie nie fertig werden. Nummer sieben setzte nämlich die Mauer, denn in der Hitze band entweder der Zement so fix ab, dass man das Fundament schon nach zehn Minuten belasten konnte, oder das Wasser aus der Betonmischung versickerte zu schnell. Man wusste nicht, mit welchem Effekt die da um die Wette mauerten. Ein großes Gebäude würde das sowieso nicht werden, der Menge des Zements und der da liegenden Anzahl abgeschütteter Ziegel nach zu urteilen.

Schwierigkeiten schienen sie mit der genormten Form der Ziegel zu haben, weil es nicht so klappen wollte, wenn die geraden Ziegel auf der welligen Oberkante der Mauer angepappt werden mussten. Auch viel Mörtel oder dessen stellenweises Weglassen halfen da nicht. Wenn man zu Hause auf dem Dorf sein Häuschen baute, war das mit Nilschlammziegeln viel einfacher, weil man sich die in allen Maßen passend herstellte und im Nu natürlich eine gerade Maueroberkante hatte. Es war auch viel standfester, weil man die Mauer unten breiter anlegte und sie konisch hochzog, bis oben die durchflochtenen Balken aufgelegt und dann das Flachdach aufgetragen werden konnte.

Dieses schmale Ziegelmauerwerk aus Zementmörtel und gebrannten Ziegeln würde nie so gut halten, aber man musste nehmen, was der Auftraggeber an Material anschleppte, und besseres hatte er wohl nicht beschaffen können.

Ob dies am Ende eine öffentliche Toilette, ein Verkaufskiosk für Souvenirs, ein größeres Pförtnerhäuschen oder sogar das Verwaltungsgebäude für die Sphinx und den restaurierten Ramses werden würde: Als ich gesehen hatte, wie sorglos die da tätig waren, konnte ich mir gut vorstellen, dass bei einem Erdbeben in Ägypten auch größere Gebäude wie Kartenhäuser zusammenfallen.

In Städten war mir aufgefallen, dass eine bestimmte sehr moderne Bauweise in den letzten Jahren überhand genommen haben musste. Außenbezirke waren meist flach bebaut, hatten ein-, anderthalb- und zweistöckige Würfelhäuser aus luftgetrockneten Lehmziegeln mit nach oben leicht konisch zulaufenden Mauern, die knapp unter dem Dachüberstand kleine Luftöffnungen aufwiesen.

Dazwischen befanden sich nach vorn offene niedrigere Gebäude, in denen die Männer handwerklichen Tätigkeiten nachgingen oder die mit Waren zum Verkauf gefüllt waren. Es war auch mal eine Autowerkstatt darunter, die im Raum einer normalen Garage ihr Geschäft betrieb. Die Straße davor wurde stets sauber gehalten, morgens erst mit Wasser besprengt und dann mit einem Strohbesen gefegt. Das sah sehr ordentlich aus.

Schaute man aber vom Nilschiff aus auf die Szenerie, bekam man einen anderen Eindruck. Vom Sonnendeck aus gesehen, offenbarte sich ein getarnter Müllplatz. Alles, was als vorläufig unbrauchbar anfiel, flog mit kühnem Schwung auf das Flachdach des Hauses. Vor allem Metall.

Von der verlorenen Radkappe eines Autos über Karosserieteile, verbeulte Töpfe, Pfannen und Kessel bis zum verbogenen Fahrrad, Autofelgen und Motorradrädern, Autoreifen und zerbrochenen Stühlen lag alles auf dem Dach, denn da konnte es nicht gestohlen werden. Man hatte auf den winzigen Grundstücken keinen Platz, und das hinten hinaus gelegene Stückchen Gemüsegarten zankte sich auch so schon mit der Hoffläche um seine Daseinsberechtigung. Das war die alte Bauweise und Nutzung. Land gab es zwar genug, aber wahrscheinlich kein Bauland, und die Preise dafür mochten auch schon ziemlich hoch sein, wenn jemand in der Stadt oder ihren Vororten bauen wollte. Zwangsläufig begann man nun vor allem in die Höhe zu bauen, und zwar mit Beton und genormten Ziegeln.

So entstand zuerst ein flaches Untergeschoß auf einer in den Dreck gegossenen Betonbodenplatte mit oder ohne Stahlarmierung, und man setzte Betonsäulen mit quadratischem Querschnitt im Rastermaß verfügbarer Betonfertigteile darauf, mit etwa drei mal vier Metern Zwischenfläche.

So stand dann eine Art Beton-Carport da, mit Betonfußboden, Betondecke und einer Galerie Betonsäulen, entsprechend dem Rastermaß. Dann wurden die Flächen zwischen den Säulen „ausgefacht", das heißt, mit Ziegelmauerwerk ausgemauert, und jeweils ein Fenster oder eine Tür und manchmal ein Garagentor eingesetzt. Innen wurde ein Rastergeviert für eine Betontreppe reserviert, über die man auf das flache Dach steigen konnte. Aus dem Dach ragten nun nur leider diese hässlichen Drahtbüschel aus dem Armierungsstahl der Säulen, weil sie natürlich viel zu lang gewesen waren. Am besten nutzte man die Rundeisen, um gleich vor Ort noch ein paar Säulen auf das Dach zu gießen und darauf noch ein Dach zu setzen.

Der Sohn war nun im heiratsfähigen Alter, brauchte also mehr Platz. Also wurde der Dachgarten ausgefacht, man setzte Fenster, Zwischenwände und richtige Türen ein. Schon war das Haus zweistöckig, obwohl man das nie beabsichtigt hatte. So bekam der zweite Sohn später auch ein Stockwerk und die Schwester der Frau, die man dazugeheiratet hatte, auch, und man konnte das nächste Stockwerk vielleicht vermieten, was zusätzliches Baugeld bedeutete...

Heliopolis ist auf diese Weise sehr schnell bevölkerungsreicher geworden, und die Satellitenstädte um Kairo-City folgten diesem Beispiel. So erklärt sich auch, dass von einem vierzehnstöckigen Wohnhochhaus acht Stockwerke illegal errichtet werden können. Wo jeder baut und alle in die Höhe, wer soll denn da die Übersicht behalten.

Der Anblick der verschieden hohen, in ständigem Bau begriffenen Wohnhochhäuser mit ihren Büscheln Armierungseisen auf dem Flachdach ist im modernen Ägypten einer der hässlichsten, aber am häufigsten anzutreffenden. Von einem solchen Haus war wohl der Bruder oder Onkel unseres fristlos entlassenen Fremdenführers erschlagen worden, als die Erde zu beben begann.

Der Bus kam langsam wieder herbei gezuckelt, und wir sahen schon, dass „das Nachsehen" nichts gebracht hatte. Das stimmte aber nicht. Erst hatte der Busfahrer nur vermutet, dass der erste Gang kaputt war, aber jetzt wusste er es, und das war für ihn entscheidend, denn Wissen ist Macht, aber das machte nichts.

Das Anfahren, besonders an Kreuzungen, war eine haarsträubende und zähneknirschende Angelegenheit, denn nicht immer ließen sich die vorausfahrenden Fahrzeuge mit der Hupe vor uns her über die gerade Rot zeigende Ampelkreuzung jagen, und wir wichen gelegentlich in eine Blumenrabatte oder auf den Fußweg aus, um nicht anhalten zu müssen. Fußgänger wachsen bekanntlich sehr schnell wieder nach.

Madame sagte dann immer, dass wir einen sehr guten, wenn nicht den besten Busfahrer Ägyptens bei uns hätten. Aber wo war denn der und warum fuhr er nicht diesen sich langsam in seine Teile auflösenden Bus, denn das Individuum, das hinter dem Lenkrad hockte, konnte sie nicht meinen. Der fuhr wie ein Hasardeur, trotz oder gerade wegen seiner fünfzig oder auch sechzig Lebensjahre, und ich fragte mich, wie man bei dieser Fahrweise so alt werden konnte, ohne sich mehrmals totzufahren.

An diesem Morgen hatten wir ein „Papyrusinstitut" besucht. Das sind Verkaufsräume, in denen Werbung für die Wiederaufzucht und Neuansiedlung der fast ausgerotteten Papyrusstaude in Ägypten gemacht wird. Aus dem nun neu nachgewachsenen Papyrusstauden wird dann Papyrus hergestellt, welches man dann dort bereits bedruckt oder bedruckt und bemalt, nur bemalt oder auch als Rolle im Rohzustand kaufen kann, um es dann selbst zu bedrucken oder zu bemalen. Eine Angestellte des Instituts stand in der Mitte des Verkaufsraums und demonstrierte, wie man aus einem dreieckigen Schilfstengel ein Papyrusblatt erzeugt, das sich dann zur Bemalung und Beschriftung eignet. Das geht nicht so schnell, und sie zeigte nacheinander die Halbfabrikate vor, bis sie zum Schluss ein fertiges Blatt herumgehen ließ, damit es jeder befühlen und beschnuppern konnte. An den Wänden und in Vitrinen hingen und lagen große Mengen Papyrusbilder zum Verkauf. Es waren sehr schöne Motive aus der ägyptischen Mythologie, Fische spießende Pharaonen auf Schilfbooten, altägyptische Trinkgelage, Jagdszenen, Handwerker, Götterbilder mit und ohne Pharao, Schiffe und Abbildungen des Tut-ench-Amun mit seiner Frau sowie die allgegenwärtige gold-blau gestreifte Totenmaske dieses Königs.

All das gab es zu kaufen als Wandschmuck und Souvenir, und durch die Vielfalt verwirrend, weil alles Unikate und sehr sauber handkoloriert. Die Umrisslinien und Hieroglyphen waren im Siebdruck aufgebracht, aber die Ausmalung bei den teureren Sachen wirklich manuell, wenn auch oft mit Schablone ausgeführt.

Die Straßenhändler vertrieben ähnliches, vor allem im Umkreis des Ägyptischen Museums, zwar billiger und größere Blätter, auch bedruckt in Braun, Schwarz und Goldbronze, aber das waren Blätter, die nur nach Papyrus aussahen. In Wirklichkeit handelte es sich um aus Bananen- oder sogar Maisblättern zusammengeleimte Bogen, was aber die Käufer nicht ahnten.

Bei der Weiterfahrt sah ich mir unsere Beute, drei kleinere Bogen, genauer an, bis der Bus zweimal stark hoppelte, scharf bremste und dann stand. Im Moment war nicht zu erkennen, was los war, denn auf dieser unbefestigten Piste holte uns sofort die riesige Staubwolke ein, die wir hinter uns herschleppten.

Der Busfahrer öffnete das Türfenster auf der linken Busseite, hängte seinen Oberkörper halb hinaus und wechselte mit jemandem, der drau-ßen vor dem Bus stand, etliche scharfe Worte, bekam aber nur Wider-spruch. Da öffnete auch Madame auf der rechten Seite ihr Fenster und mischte einen nicht zu verachtenden Diskant in die Diskussion der Männer.

Aus dem Seitenfenster schauend, bemerkte ich jetzt, dass sich hier eine Kreuzung mit mehr als vier Straßen befand, und zwar mitten auf einem unbeschrankten Bahnübergang, denn vor mir verliefen zwei Ei-senbahngeleise, die von weit her kommend unter den Bus führten und auf der anderen Seite wieder herauskommend in die entgegengesetzte Endlosigkeit verschwanden.

Der Krawall hatte sich weiter verstärkt, und dem Fahrer platzte jetzt der Kragen. Er hupte lange und laut, jagte den Motor hoch, und als er den Gang einlegte, knallte es hinten, wo sich anscheinend nicht nur die defekte Klimaanlage und der Motor befanden, sondern auch das Getriebe. Der Bus stand mit abgewürgtem Motor. Zum Glück kam kein Zug.

Der Anlasser leierte eine Weile, und endlich sprang der Motor wieder an. Wir hüpften mit gütiger Hilfe des zweiten Ganges mit den Hinterrädern von den Schienen und bogen gleich scharf links wie besengt in die nächste Eukalyptusallee ein. Ich hatte flüchtig einen vorschriftsmäßig uniformierten ägyptischen Polizisten mit Tellermütze zur Seite springen sehen.

Madame nahm ihren Kopf auch wieder herein und schloss ihr Fenster. Dann wandte sie sich uns zu und sagte noch ganz entrüstet: *„Das wissen wir, dass das eine Einbahnstraße ist, aber wenn er alle anderen verkehrt hineinfahren lässt, dann kann er nicht verlangen, dass ausgerechnet wir ihm Geld geben, damit er uns durchlässt."* Dann setzte sie sich wieder zurecht, und wir fuhren im Bewusstsein unseres Sieges und mit kaputtem Getriebe diese Einbahnstraße verkehrt herum entlang in einem Tempo, das Entgegenkommenden keine Chance zum Ausweichen gelassen hätte. Dies alles machte uns eigentlich nicht mehr richtig etwas aus. Die Anfahrt über Assiut hatte uns ziemlich abgehärtet.

Die nächste Station war der Besuch einer Teppichschule. In der Gegend um Kairo gab es mindestens so viele Teppichschulen wie Papyrusinstitute. Ihr Erscheinungsbild war stets gleich. Sie standen zumeist inmitten eines grün von Blumen, Stauden, Büschen und Palmen überwucherten Gartengeländes. Meilenweit vorher waren schon Wegweiser und Hinweisschilder angebracht, die auf ihr Vorhandensein hinwiesen. Das meist quadratische Haus besaß eine Art Tiefgarage. Auch das, was wir besuchten. Dort standen große Webgestelle mit gespannten Fäden, primitive Handwebstühle verschiedener Größen und stabile Handwebstühle größeren Kalibers für große Teppiche. Es war kühl, und die Beleuchtung erfolgte ausschließlich mit Leuchtstoffröhren. An den Webgestellen mit den senkrecht gespannten Kettfäden saßen Kinder zu mehreren nebeneinander und knüpften mit der Hand Knoten für Knoten kurze Fäden hinein, die sie dann klopften, damit der Teppich fest würde. An weiteren Handwebstühlen arbeiteten Weber und Weberinnen und erzeugten in Handarbeit Teppiche, die dennoch sehr maschinell hergestellt wirkten.

Die Kinder lernten hier bei den Erwachsenen, die teilweise ihre Eltern waren, das Handwerk des Teppichknüpfens. Um zu beweisen, dass sie keine Kinderarbeit leisteten, versuchten uns die Kinder in die Geheimnisse ihrer Arbeit einzuführen: wie man einen Knoten macht, wie man ihn festklopft und wie man weiß, welche Farbe jetzt gerade dran ist. Man ließ es sich erklären, aber dann kam die Hand für „Bakschisch". Im ersten Stock befand sich der Verkaufsraum. Wir kauften. Der Teppich war so groß wie ein Fußabtreter und sehr dicht und dick gewebt. Er wies Fehler im Motiv und in der Ausführung auf. Auf ihm war der Lebenszyklus des Menschen anhand eines Baumes dargestellt, auf dem und um den Vögel saßen.

Der erste Vogel saß am Boden und war ganz unscheinbar. Der zweite saß auf dem untersten Ast des Baumes und besaß schon einige bunte Federn, zwei bunter geschmückte folgten ihm. Der letzte saß oben im Wipfel des Baumes. Der nächste war der prächtigste. Er versuchte die Flügel auszubreiten und zu fliegen, aber er saß schon auf der anderen Seite des Baumes auf einem absteigenden Ast und der Baum war ihm beim Abflug im Wege.

Alle diese Vögel blickten in eine Richtung, nach Osten, der aufgehenden Sonne entgegen. Nun kam der letzte Vogel. Er saß unterhalb des letzten flugbereiten Vogels, war nicht mehr so prächtig, hatte die Flügel wieder angelegt und schaute nach Westen, dahin, wo die Pharaonen das Jenseits verortet hatten. Das war bestimmt Handarbeit und bodenständiger Mythos und dazu erschwinglich. Es war mir egal, was ich hier sanktionierte.

Draußen, bei der Abfahrt, sah ich noch einmal zurück. Über dem Verkaufsraum befand sich ein Stockwerk mit Balkonen und Terrassen. Unter einem Sonnenschirm saß dort die Familie des „Schulleiters" bei einem Imbiss oder beim Kaffee.

Das würde ich mir auch gefallen lassen. Der ganze Keller voller Heinzelmännchen, in jeder Ecke eins, und jedes werkelt für mich und erzeugt die Wunder des Orients. Am Tag ab und zu eine Busladung Goldesel, die dafür Dukaten spucken. Da lebt es sich bestimmt nicht schlecht.

Sakkara

B ei einer zwanglosen Unterhaltung hatte es eine Unstimmigkeit gegeben, und jemand hatte behauptet, dass die Hochkultur des Pha-
raonenreiches sich im Lauf so vieler Jahrtausende sehr einfach und ohne
großen technischen Fortschritt entwickelt hätte, wenn man zum Beispiel
die Entwicklung Europas in den letzten Jahrhunderten dagegenhalte.
Madame hielt dagegen und bezeichnete den, der das behauptete, als
Nestbeschmutzer, denn wenn man es recht betrachte, stammten die
Deutschen auch von den Ägyptern ab, und als man ihr nicht glauben
wollte, wettete sie, dass sie es bei den Bayern sogar beweisen könne. Das
war schon fast vergessen und ein Wettpreis war auch nicht ausgesetzt
gewesen.

Dann fuhren wir nach Sakkara, um die Stufenpyramide des Djoser in
Augenschein zu nehmen. Sie wird immer etwas nebenbei genannt und
als etwas noch nicht Ausgereiftes angesehen, weil angeblich nur aus
übereinandergestapelten nach oben immer kleinerer „Mastabas" beste-
hend. Bis dahin war eine Mastaba der übliche Begräbnisbau, gemauerte
kastenförmige Flachgrabanlagen für Pharaonen und Würdenträger, als
es diese Pyramidenbausucht noch nicht gab.

Die Größe der verarbeiteten Blöcke dieses aufgehäuften Mastaba-
turmes des Djoser hat aber etwas Monumentaleres als die Quaderhäu-
fung der Pyramiden bei Gizeh. Djoser, als „der Pharao, der den Stein
beim Bau einführte", sollte doch etwas mehr beachtet werden. Alle Na-
chahmer bringen es bekanntlich besser, aber er hatte die Grundidee,
vielmehr sein Architekt und Baumeister Imhotep war ein Schlaukopf
und nutzte eine geologische Besonderheit dieser Gegend, die es ermög-
lichte, dann auch noch die noch größeren Pyramiden zu bauen.

Kurz zusammengefasst: Das ganze Plateau von Gizeh bis Daschur
oberhalb des Nils besteht aus einem sedimentären Schichtgestein, das
am Abbruch zum Niltal zu Tage tritt. Verwerfungen gibt es kaum. Es
kommt immer eine Schicht Kalksandstein und dann eine Schicht toniger
Schluff, dann wieder die Sandsteinschicht, der abermals der Schluff
folgt. Angenommen, die Steinschicht ist einen reichlichen Meter stark,
dann bildet sie ein Plateau, aus dem man nur noch wie aus einem Ku-

chen auf einem Backblech Stücke zu schneiden braucht, und hat dann Quader einheitlicher Stärke, die sich auf Endgröße zuhauen lassen. Vom Boden löst sich das leicht, weil der Quader auf dem Schluff gleitet. Wasser und ein Anschub mit Holzkeilen wirken da Wunder. Das Hauptproblem war immer gewesen, den Stein vom Grund zu lösen. Das hat die Natur hier schon erledigt. Der Transport erfolgt dann auf nasser Nilschlammbahn. Wer mir das nicht glaubt, der lese die Geschichte von der berühmten Knickpyramide in Daschur. Dort hatte man den Steinbruch zu nahe an der Baustelle niedergebracht, und als man mitten im Bau begriffen war, begann sich die Pyramide infolge ihres Eigengewichtes auf einer unter ihr befindlichen Schluffschicht im Ganzen ein Stück Richtung Nil in Bewegung zu setzen. Das war die eigentliche Ursache. Daraufhin verzichtete man, sie wie vorgesehen, höher und damit schwerer zu bauen. Es hat sich auch kein Pharao darin beisetzen lassen.

Das üblicherweise dazu verbreitete Märchen vom angeblich zu steilem Außenwinkel der Pyramide und damit verbundenen statischen Problemen ist Unsinn. Dieses Problem des zu steilen Basiswinkels führte allerdings in dieser Zeit zum Zusammenbruch der nur halb vollendeten und schon während ihrer Errichtung eingestürzten Pyramide in Meidum. Man kann an solchen Bauversuchen gut erkennen, wie man sich damals mit den mit dem Pyramidenbau verbundenen Problemen herumschlug und auch, welches Lehrgeld das gekostet haben mag.

Hier in Sakkara wurde in der Zeit, als wir zur Besichtigung erschienen, wirklich etwas für den Tourismus getan, denn auf dem Trümmerfeld um dieses berühmte Bauwerk befanden sich eine Menge Steinmetze, die in Handarbeit maschinell zurecht gesägte Sandsteinklötze aus den Originalsteinbrüchen zurecht hieben und fachgerecht mörtellos hochsetzten, um die Nekropole um die Pyramide mit allen ihren Blindtempeln und Durchgängen, Scheintüren ins Jenseits und was es da alles gegeben haben mochte, wieder aufzubauen, wobei Originalsteine mit verwendet wurden, falls auffindbar und noch zu gebrauchen. Hoffentlich wird es am Ende nicht auch so steril wie in Philae.

Nichts war fertig und alles verstellt. In die Pyramide könne man jetzt nicht hinein, und die Statue des Pharao stünde doch sowieso im ersten Raum des Ägyptischen Museums gleich am Eingang im Erdgeschoss. Die kannte ich und besaß kein Verlangen, mir hier die Gipskopie anzusehen. Nach einem kleinen Marsch zu dieser Pyramide und einer Teilumrundung schwenkten wir in die Wüste ab, wo eine, sagen wir mal, mittelprächtige und schon ziemlich verwitterte, halb im Sand begrabene kleinere Pyramide stand, ich glaube, die des Unas, der ebenfalls ein Pharao war, aber erst nach Djoser.

Im Eingangsbereich, als wir alle schon ins Innere strebten, hielt uns Madame auf und führte uns an ein Wandrelief, wie wir es schon in Beni Hassan als Innenausmalung der Felsengräber kannten. Dieses hier war ohne Farbe, aber die Figuren traten deutlich als Halbrelief aus der Wand hervor. Eigentlich sehr unauffällig und von weitem fast einem Schlüsselbrett einer Hotelrezeption ähnelnd, eröffnete es sich uns überraschend als die Darstellung von Tanzfiguren. Dort waren immer dieselben Tänzer dargestellt und abgebildet wie beim Daumenkino, der Bewegungsablauf Bild für Bild in bester Zeichentrickfilmtechnik gemeißelt, und das vor über 4000 Jahren. Wir sahen die Darstellung eines Watschentanzes, wie es auch der bayrische Schuhplattler ist.

Die dargestellten Figuren waren natürlich keine Bayern, sondern Ägypter mit ihrem gefältelten Lendenschurz und der unvermeidlichen Flachsperücke, die immer so nach Motorradhelm aussieht. Wir glaubten Madame jetzt, dass die Deutschen von den alten Ägyptern abstammten, zumindest die Bayern. Es blieb uns nichts anderes mehr übrig.

Der Zugang zur Pyramide ähnelte demjenigen im Tal der Könige beim Felsengrab Ramses III. Der Grabhausherr war wie immer und überall in Ägypten entweder nicht zu Hause, ausgelagert, umgebettet, woanders ausgestellt, geraubt, versteckt, nur zum Teil wiedergefunden oder in Totalverlust geraten. So kamen wir wieder heraus, und weil wir kein zusätzliches Bakschisch zahlten, gab es auch kein zusätzliches Licht. Im Halbdunkel kann man sich zwar zurechtfinden, aber nichts erkennen. Batterien sind teuer, und da brennt die Taschenlampe nur gegen Bakschisch. Das muss man wissen.

Einer der offiziellen Wächter hatte eine polierte Messingplatte, mit der er das Tageslicht des Einganges hier unten zu streuen und so unter die Leute zu bringen versuchte. Da er aber draußen keinen Helfer stehen hatte, der ihm das Sonnenlicht mittels Spiegel in den Eingang lenkte, musste dieses Unternehmen erfolglos bleiben.

Die Rätselei, wie die Ägypter im Finstern ihre Felsgräber und Pyramiden ausgehauen, geschmückt und bemalt haben, ist mir unverständlich. Die gerade Anlage von Gängen zeigt doch, dass sie Sonnenlicht als

Beleuchtung nutzten, und zwar mittels Metallspiegeln. Das hatte außerdem den Vorteil, dass schon beim Bau die Richtung beibehalten blieb. Laserstrahlanlagen tun heute auch nichts anderes.

Eine Öllampe kann viel Helligkeit verbreiten, ohne besonders hell zu sein, weil sich das menschliche Auge auch mit geringstem Restlicht begnügt. Das ist nur eine Frage der zeitlichen Anpassung an die Beleuchtungsverhältnisse.

Gips war sowieso weiß, und für die Vorzeichnung war auch nicht viel Licht von Nöten. Farben mischte man nicht vor Ort, sondern draußen bei Sonnenlicht, und die Maler nahmen jeder nur ihren Topf mit ihrer Farbe mit. Hatte man Rotbraun, malte man nur Arme, Beine und Gesichter an. Es wurde schon richtig, auch wenn man die Farbe kaum sah. Andere malten mit anderen Farben etwas anderes.

Als dann später die barbarischen Ausgräber unbedingt mit rußenden Teerfackeln in die Grabesruhe einbrechen mussten, wurde natürlich viel verqualmt und zugerußt. Dabei ist bekannt, dass die Ägypter damals schon wussten, dass der Zusatz von Salzen zum Lampenöl oder auf den Dochten die Flamme heller macht und auch die Rußbildung stark reduziert.

Wir haben doch auch im Chemieunterricht den Bunsenbrenner am oberen Rand mit Seife eingeschmiert, und das Natrium aus dem Ätznatron der Kernseife machte ein so helles gelbes Licht, dass unserem Lehrer, der gerade heute eine blassblaue heiße Flamme für seine Versuche benötigte, daran fast verzweifelte und aufgab, weil noch der winzigste Natriumrest die Flamme färbte.

Natronsalze gab es in Ägypten genug. Pharaonen wurden in dieser Lake dauerhaft eingepökelt, so dass sie nur noch zu trocknen brauchten, um zur Mumie zu werden. Da gibt es sogar ganze Natronseen. Kochsalz haben sie bestimmt gekannt, die alten Ägypter. Phantasielosigkeit habe ich nie als Beweis gelten lassen. Wunder bitte nur dann, wenn es nicht ohne geht, sage ich.

Wir hatten übrigens an der falschen Stelle zur falschen Zeit mit Bakschisch gespart, denn wir brachten uns dadurch um den Anblick der legendären „Pyramidentexte", mit denen gerade diese Pyramide innen ausgemalt ist. Ein schönes Beispiel für Prinzipienreiterei und meine persönliche Dummheit, denn hätte ich das nicht hinterher gelesen, wäre mir die nachträgliche Enttäuschung erspart geblieben.

In dieser Grabanlage verbarg sich aber noch etwas, was vor uns mit Gitterdraht abgesichert war, denn es gibt immer Unvorsichtige und Neugierige, die es nicht erwarten können, in den Brunnen zu fallen. Das war zwar nichts, was ein Wunder darstellte, aber es verwunderte einen, und es war schlecht zu begreifen, auch wenn man es sah. Es entstammte einer Zeit, in der man noch nicht ahnte, dass jemand es sich eines Tages auf dem Patentamt als alleiniges geistiges Eigentum registrieren lassen würde. Ich spreche hier vom Paternoster, dem umlaufenden Fahrstuhl.

Die Ägypter hatten zu Zeiten, als die Cheopspyramide gerade erst gebaut war, hier einen errichtet und er konnte noch benutzt werden, wenn das auch niemand mehr ernsthaft tun würde. Dieser Paternoster war eine technisch auf der Basis der Steinmetzkunst basierende Ausführung, für einmalige Benutzung vorgesehen, und arbeitete unter den Bedingungen der Zeitlupe. Was also hatte man hier gebaut?

Zu ebener Erde waren zwei tiefe ovale Schächte von der Grundfläche eines Steinsarkophages nebeneinander in den Felsboden gemeißelt worden, mit glatten Wänden, aber leer. Jeder aus unserer Gruppe liebäugelte schon damit, einen Stein hineinzuwerfen, um festzustellen, wie tief diese Löcher wären. Da waren aber Madame und die ägyptische Altertümerverwaltung vor und auch das Drahtgitter aus Maschendraht. Madame sagte, dies sei eine Begräbnisstätte für einen Pharao. Was wir sähen, sei eine U-förmige Anlage, die den Transport des Sarkophages mit der Mumie in die Tiefe des Schachtes ermöglicht habe. Die Funktionsweise müsse man sich so vorstellen: Beide Schächte werden bis obenhin mit Sand gefüllt. Dann wird der Sarkophag auf den Sand des einen Loches gestellt, und man beginnt den Sand aus dem anderen Loch heraus zu schaufeln.

Dadurch rutscht unten durch den Verbindungskanal infolge des Gewichtes des Sarkophages Sand nach, und der Sarg samt Pharao beginnt im ersten Loch zu verschwinden. Von nun an ist es nur noch eine Frage der Zeit und der Arbeitsintensität. Steht der Sarkophag auf dem rechten Loch, müsse man den aus dem linken Loch heraus geschippten Sand nun auf den Sarkophag rechts schütten, damit auf der linken Seite von unten wieder Sand nachgedrückt werde. Vom Erfolg seiner Arbeit sehe man nichts, denn alles, was man heraus schippe, verschwinde sofort auf der anderen Seite und werde einem von unten wieder entgegen gedrückt.

Ist der Sarg unten, ist man fertig. Zu kontrollieren sei das nur mit einem Seil, welches man am Sarg festbinden müsse und dessen Länge bekannt sei. Schippe man zu lange, komme der Pharao auf der anderen Seite wieder hoch, schippe man zu wenig, komme er unten nicht an. Als die Anlage gefunden wurde, war sie voller Geröll, aber von einem Sarkophag oder einem Pharao keine Spur. Man müsse annehmen, dass dieser antike Paternoster nie benutzt wurde oder dass die Grabräuber den Pharao mit der gleichen Methode wieder herausgeholt hätten, mit der er versenkt worden sei.

Diese einmalige und erstmalige Konstruktion und der Bau dieses Paternosters weist indirekt darauf hin, dass sich die Pharaonen selbst in den großen Pyramiden nicht für die Ewigkeit sicher wähnten und nach weiteren Möglichkeiten der Grabtarnung suchten. Das hier war wohl auch nicht das Gelbe vom Ei gewesen, aber der Versuch war es wert. So war das in Sakkara, und dümmer bin ich von dort auch nicht wiedergekommen.

Donnerstag, 22. Oktober 1992
Fünf Tote bei Häusereinsturz

KAIRO (dpa). Beim Einsturz eines beim Erdbeben in der vergangenen Woche beschädigten Wohnhauses im Kairoer Vorort Gizeh sind fünf Menschen getötet und fünf andere Bewohner verletzt worden. Das Unglück ereignete sich am Mittwochmorgen im Volksviertel Imbaba, als ein wegen gefährlicher Risse bereits evakuiertes sechsstöckiges Gebäude zusammenfiel. Herabfallende Trümmer brachten ein noch bewohntes Haus auf der gegenüberliegenden Straßenseite zum Einsturz. Die Behörden ließen die benachbarten Gebäude evakuieren. Damit stieg die Zahl der Erdbeben-Toten auf 557.
Bei dem Erdbeben am Montag vergangener Woche, das eine Stärke von 5,5 bis 6 auf der Richterskala erreichte, sind Tausende von Häusern in Nordägypten beschädigt worden. Einige von ihnen sind nachträglich eingestürzt. Nach den bisherigen Untersuchungen müssen allein 788 Schulen abgerissen und neu aufgebaut werden. Schulen und Universitäten bleiben noch bis Ende des Monats geschlossen. Das Erdbeben hat deutlich gemacht, dass nicht nur beim Bau von Privathäusern, sondern auch staatlicher Schulgebäude offenbar geschlampt wurde. Unter den Todesopfern sind viele Schulkinder, die vor allem in der entstandenen Panik totgetrampelt wurden.

Kairo. Zweite Berührung

Endlich wieder zurück in Kairo. Nach fast zwei Wochen stets wechselnder Gegenden, Besichtigungen und Fahrten kam es uns vor, als kämen wir wieder heim, nur weil wir wieder dasselbe Hotel bezogen. Es wurde uns der Vormittag frei gegeben, damit wir uns einmal selbst in der Stadt umsehen könnten. Wir wollten sehen, wie es um das Hotel herum so aussähe und was herauskäme, wenn wir einkaufen gingen.

Die Gegend machte einen unfertigen Eindruck, denn vor dem Hotel führte zwar eine neue Haupteinfallstraße vorbei, es mussten jedoch hier vorher Häuser abgerissen worden und eine andere Straßenführung vorhanden gewesen sein. Die Reste davon waren nur halb weggeräumt und irgendwie nur durch die neue Asphaltstraße überbaut worden. Eine neue Geschäftszeile mit Schaufenstern lief gegenüber dem Hotel entlang der alten unbefestigten Straße. Dazwischen befanden sich alte Mauerbrocken, Baumaterialreste, Bauschutt und entlang der Schaufenster ein schmaler Fußweg.

Über die Straße zu kommen war schon ein Problem. Endlose Autokolonnen bewegten sich auf mehreren Fahrspuren in die Stadt hinein und aus ihr heraus, häufig Kombi-PKW verschiedener westlicher Fabrikate, durchweg als Achtsitzer ausgelegt. Vorn Fahrer und Beifahrer, die erste Rücksitzbank mit drei Mann belegt, und statt des Kofferraumes eine weitere Rücksitzbank mit drei stets besetzten Plätzen.

Uns war schon eher aufgefallen, dass sich aus den südlicheren Gebieten diese anscheinend als Sammeltaxis fungierenden Autos morgens nach Norden nach Kairo auf den Weg machten und abends in umgekehrter Richtung wieder genau so voll besetzt wiederkamen. Eine besondere und auch etwas beweglichere Form des Arbeiterpersonenverkehrs. Man sah aber nur Männer in diesen Autos sitzen. Das war der Hauptanteil der Straßenfahrzeuge. Dazwischen die Busse und Lieferwagen des An- und Auslieferverkehrs. Es wurde unaufhörlich gehupt.

Ein Bauernwägelchen mit einem dürren kleinen Pferdchen kam vorbeigezockelt. Da waren an einem aus Schrott-Utensilien zusammengeschweißten Gestell vier gummibereifte Autoräder angebracht, ein Holztableau darüber genagelt und vorn eine Holzdeichsel für das Pferd angeschraubt. Der Kutscher hockte vorn auf dem Wagen, und um ihn herum standen Kisten mit Gemüse. Den erkannten wir wieder, denn dies war auch an unserer ersten Anreise seine Tour früh in die Stadt hinein gewesen. Abends auf seinem Rückweg sahen wir ihn übrigens zufällig auch wieder. Da musste sein Pferd sich mehr anstrengen. Die Ladung bestand da aus Ziegelsteinen und Zementsäcken. Es machte ihm nichts aus, am Rande des Autoverkehrs langsam seinen Weg zu verfolgen. Das Hupen ging sie nichts an, und das Pferdchen schien sich am Auspuffqualm und Krach nicht zu stören.

Endlich bildete sich eine Lücke, weil ab und zu sich jemand dafür interessierte, was die Ampel irgendwo weiter draußen vor der Stadt zeigte, und er bei Rot gehalten hatte. So kam man über die eine Straßenhälfte, obwohl die Autofahrer sich sehr anstrengten, dieses Loch wieder zuzufahren. Über die zweite Straßenhälfte kamen wir schnell, denn da gab es gerade einen dreispurigen Stau. Dann tauchten wir in den Bereich der Nebenstraßen und Gassen dieses Viertels ein.

Es waren nur wenige Fußgänger unterwegs, denn die Läden hatten gerade erst geöffnet. Die Inhaber der Lebensmittelgeschäfte begannen vor ihren Läden Gemüse und Obst in Kisten, Stiegen und auf Regalen aufzubauen, die Fleischerläden, die man schon von weitem roch, öffneten, und wenn man vorbeiging, schreckten die Fliegen auf. Große Fleischfetzen, die wie Rind aussahen, lagen auf Tafeln, und von der Decke hingen Hälften von kleineren Tieren herab, die ich vorläufig als Ziege oder Schaf identifizierte. Es war aber auch noch Kleineres dabei, was man vielleicht als Kuscheltier kennen mochte, aber nicht gern zugeben hätte. Vielleicht war das Lamm, obwohl nicht die Zeit dafür, oder auch Hase. Geflügel gab es nur als Huhn, mit Federn, noch lebend und zum Selberrupfen. Es war alles sehr provisorisch. In den Seitengassen standen Lieferwagen herum, und Handwerker gingen ihrer Tätigkeit nach, bauten irgendetwas aus Altmetallteilen, reparierten etwas mit Schweißgeräten, machten etwas Hölzernes passgerecht, flickten an irgendeinem Mechanismus herum oder warteten auf Kunden, denen sie helfen könnten. Dazwischen befand sich ein Geschäft mit eleganten Schuhen in Glasvitrinen, was sich in jeder europäischen Großstadt hätte sehen lassen können, Klimaanlage und an der Glastür die Symbole, welche Arten von Kreditkarten akzeptiert würden. Ein letzter Ausläufer der City-Geschäfte.

Gleich zwei Häuser weiter ein Flickschuster, der den Leuten ihr kaputtes Arbeitsschuhwerk oder die Sandalen flickte. Man konnte auf die Reparatur warten, und er stellte auch neues Sandalenwerk her, dessen Sohlen er aus abgefahrenen Autoreifen gewann. Logisch, die Reifen waren zwar abgefahren, aber noch nicht abgelaufen und es war allemal besser so etwas zu tragen, als sich barfuß auf dem in der Sonne oft glühend aufgeheizten Asphalt oder Beton der Straße fortzubewegen. Und billiger war dieses Schuhwerk allemal. Garagentore öffneten sich und zeigten Schätze: Gebrauchte Küchengeräte, Haushaltsmaschinen und sonstiges, wobei es sich nicht immer um einen Second-Hand-Laden in unserem Sinne handelte, denn das meiste war nur noch halb vorhanden und oder mindestens beschädigt.

Da konnte man sich ein Gerät zum Selberreparieren kaufen oder auch nur einen Motor erschachern, den man aber dann selbst ausbauen musste. Alte Nähmaschinen gab es, Teile von Schreibmaschinen, defekte Ventilatoren oder mal ein modernes, aber zu Bruch gegangenes Radio, Fahrradteile und verbogene Rahmen und bisweilen ein chromglänzender Föhn. Herrlich zum Stöbern und Schachern. Diese Art Geschäft gibt es anscheinend in ganz Ägypten. Vor den Geschäften befanden sich Schilder und Werbetafeln mit arabischer Kunstschrift, kalligrafisch und bunt gestaltet, auch etwas steifer und nüchterner mit englischen Wörtern gemischt, mit Kreide geschrieben oder auch als Leuchtreklame.

Die Lampen der Straßenbeleuchtung standen, in Betonsockeln befestigt, mal auf und mal neben dem Bürgersteig, mit angeschlagenem Sockel oder krummgefahrenem Mast, so wie sie den Autos im Wege gewesen waren. Die Stromzufuhr war kompliziert. An jedem Haus waren Gestelle an der Außenwand befestigt, an denen Porzellanisolatoren angebracht waren, die den kreuz und quer entlang der Straße gespannten und sie überquerenden Drähten Halt gaben, damit die Elektrizität überall hinkomme. Ein einziger Lieferwagen mit zu hoch aufgepackter Ladung konnte bei einmaligem Durchfahren einer solchen Straße ein ganzes Viertel von der Stromzufuhr abschneiden, wenn er dieses Netz aus Elektroleitungen zerriss. Diese Welt der Seitenstraßen war eine ganz andere als die der Hauptstraßen. Sie war aber auch anders als die der Märkte und fliegenden Händler im Umkreis von Sehenswürdigkeiten. Niemand kümmerte sich um uns. Nur wenn man deutliches Interesse an den Auslagen zeigte, kam jemand und wollte einen beraten.

Ein sehr streng und in dunklen Farben dekoriertes Geschäft hatte eine Auslage aus seltsamen Tafeln, die arabisch beschriftet waren. Große und kleine, der Text meist in Messing eingraviert oder eingeätzt. Die Tür stand offen, und ich wurde hineingebeten, mir auch im Laden die Tafeln und Aufstelltäfelchen anzusehen. Sie stellten Koransprüche aus. Ein kleines, auf einem Holzklotz aufgenietetes Messingschild gefiel mir besonders. Es wurde mir billig angeboten, für fünf Pfund.

Man weiß aber auch gern, was man da kauft, und wenn ich dann herausfände, dass es sich um einen Text handelte, der besser nicht bei mir zu Hause auf dem Schreibtisch stünde, wäre ich wohl der Gelackmeierte. Also fragte ich nach der Sure und der Nummer. Das würde mir zwar nicht allzu viel helfen, weil ich den Koran nicht kannte. Mir war nur klar, dass es sich um eine mit einer sehr hohen Nummer handeln musste, weil sie im Koran der Textlänge entsprechend geordnet sind und die kürzesten sich also am Ende befinden. Hoffentlich stand auf dem Täfelchen nichts über Verleumder, Ungläubige oder Höllenstrafen.

Der Verkäufer ähnelte mehr einem Koranlehrer, statt einem Händler und antwortete: „Al Fatah". Als ich ihn ungläubig ansah, ergänzte er auf Englisch: „Open the book, first ..." Es war die erste Sure und das Beste, was ich kaufen konnte, obwohl „Al Fatah" als Organisationsname zu der Zeit keine besonders gute Empfehlung war. Dafür konnte aber Allah nichts und sein Prophet Mohammed auch nicht. Hier der Text dessen was ich kaufte in der Übersetzung:

Im Namen Gottes, des Erbarmers, des Barmherzigen!
Lob sei Gott, dem Weltenherrn, dem Erbarmer,
dem Barmherzigen, dem König am Tag des Gerichts!
Dir dienen wir, und zu dir rufen um Hilfe wir.
Leite uns den rechten Pfad, den Pfad derer, denen du gnädig bist,
nicht derer, denen du zürnst, und nicht der Irrenden.

Wer eine bessere Übersetzung kennt, soll dort nachschauen. Ich fand, dass dieser Spruch in seiner bestimmt gesicherten Unleserlichkeit sich wunderbar und nicht nur als Schmuck an der Wand meines Arbeitszimmers machen würde.

Als wir weitergingen, kamen wir an einer Hauptstraße in unmittelbarer Nähe einer größeren Kreuzung heraus. Dort stand ein offener Armeejeep, die Ladefläche mit sechs Soldaten besetzt, die sich je zu dritt eng aneinander gepresst gegenüber saßen, den Rücken leicht gekrümmt, jeder einen polierten runden Stahlhelm auf dem Kopf und zwischen den Knien jeder sein Sturmgewehr mit aufgepflanztem Bajonett. Der Fahrer saß genau wie sie stumpf vor sich hin blickend und auch mit Helm hinter seinem Lenkrad. Auf dem Beifahrersitz stand ein höherer Dienstgrad, der zur Uniform Tellermütze trug und den vorbeieilenden Passanten von da oben etwas lauthals zu vermitteln versuchte.

Dass über Ägypten schon jahrelang der Ausnahmezustand verhängt war, und das Militär die Macht ausübte, war uns gar nicht bewusst. Niemand nahm sich Zeit, diesem Offizier zuzuhören. Er verteilte von da oben herab Handzettel, die oben einen Wappenadler über arabischer Schrift trugen. Die Zettel gingen reißend weg, aber niemand nahm sich Zeit, sie zu lesen. Das war unverständlich und sah auch gefährlich und bedrohlich aus, so dass wir lieber in Richtung auf unser Hotel in die nächste Straße einbogen.

Eine junge Frau in einem sehr vornehm wirkenden langen Kleid in dezenten hellen und gut zusammengestellten Pastellfarben mit einem Kopftuchschal folgte uns nun. Sie führte zwei kleinere Kinder an der Hand mit sich, die auch sonntäglich und sauber gekleidet waren. Sie wollte offensichtlich etwas von uns. An der Kleiderordnung konnte es nicht liegen, denn wir waren beide nicht zu frei gekleidet und hatten so ziemlich alles bedeckt, was die Sonne verbrennen konnte.

Die Frau holte uns trotzdem ein und stellte uns ziemlich laut auf Arabisch zur Rede, und weil wir nicht verstanden, wurde sie immer wütender. Im Bewusstsein, nichts Unanständiges getan zu haben, gingen wir weiter. Sie folgte uns unangenehm lautstark keifend noch ein paar Meter und blieb dann stehen, raffte ihre Kinder an sich und verzog sich wütend und immer noch schimpfend.

War das nun jemand gewesen, der außer seinen Sonntagssachen nichts aus dem Erdbeben gerettet hatte und nun so betteln ging, um sich von den normalen Straßenbettlern zu unterscheiden, oder lag hier eine Verwechslung vor? Wir standen jedenfalls ratlos vor der Situation, und wenn ich meine Erinnerungen durchforste, sind es immer die unerwarteten und ungeklärten Vorkommnisse, die sich mir eingeprägt haben, die es ermöglichen die Vergangenheit erneut zu beschwören. Als sei ein Gedankenprogramm nicht bis ans Ende gelaufen und der Horror, eine Sache unerledigt mit sich herumzuschleppen, würgt die Situation wieder hoch.

Als ich dann nach Jahren mit jemand ins Gespräch kam, der längere Zeit in Ägypten, speziell in Kairo gelebt hatte, lachte der mich wegen meiner eventuellen Gewissensbisse aus. Das sei ein Zeitvertreib der dortigen Frauen, die in sogenannten besseren Verhältnissen lebten. Die gingen keiner Arbeit nach, wären materiell über ihre Männer gut versorgt, hätten Langeweile und weil es tagsüber in den hohen Wohnsilos der Stadt trotz Klimaanlagen so heiß sei, dass man es kaum darin aushalten könne, würden sie sich und ihre quengelnden Kinder eben gut anziehen und dann in andere Stadtviertel gehen wo man sie nicht kennt, um dort aggressiv Touristen anzubetteln. Ihre Kinder nähmen sie deshalb mit, um dem eventuellen Vorwurf vorzubeugen, sie gingen der Prostitution nach. Ich konnte das kaum glauben, aber was blieb mir übrig. Er kannte das nur so.

Wir wollten wieder zum Hotel zurück und ich glaubte eine Abkürzung durch einen Torbogen eines mehrstöckigen Hauses nehmen zu können, weil da eine Menge Passanten hineinging und auch welche herauskamen. Das erwies sich aber als Irrtum. Wir landeten unversehens in einem ganz modernen Supermarkt, der dort kaum so zu vermuten war. Der Innenraum des Häusergevierts, in den wir hineingegangen waren, war kein Durchgang, Hofraum oder Garten, sondern vollständig zugebaut. Nach außen bestand dieses Häusergeviert aus mehrstöckigen Mietskasernen nach allen Straßenseiten aus Wohnungen und der Innenraum, der in europäischen Städten normalerweise in Hinterhöfe oder Gärten aufgeteilt ist, war ein mehrstöckiges künstlich beleuchtetes und klimatisiertes Kaufhaus, in dem man sich durchaus verlaufen konnte.

Das war kein orientalischer Basar, sondern ein stinknormales mehrstöckiges Kaufhaus, wie man das auch zuhause in jeder Großstadt finden kann. Sie hatten da alles für den täglichen Bedarf, auch Textilien aller Art, sogar Kleinmöbel und Haushaltsgeräte. Wir querten diesen Bereich und kamen auf der anderen Seite wieder auf die Straße zum Hotel, zu der ich gewollt hatte.

Kairo im Schnellzugtempo

Wer die größte Metropole Ägyptens erleben will, muss hier längere Zeit leben und wohnen, und nicht nur als Tourist. Damit der touristische Pauschalreisende sich aber nicht verläuft, wird er gezielt dahin geführt, wohin er wohl von allein in dieser kurzen Zeit nie käme. So etwa zur Zitadelle von Kairo. Von da aus hat man eine wunderbare Sicht auf die Stadt, und ich habe mich daran sattgesehen, während sich die anderen durch das Festungsgemäuer schleifen ließen. Mich interessiert nicht wirklich alles in der Geschichte. Es gibt mehr Moscheen in der Stadt, als man sich merken und auch besuchen könnte. Die Mohammed-Ali-Moschee auf der Zitadelle durften wir betreten. Die Schuhe ließen wir draußen in offenen Regalfächern unter der Bewachung Allahs und eines Wächters, der sich aber um das Schuhwerk kaum kümmerte.

In Socken betraten wir den Innenraum. Die Moschee bestand bis auf ein paar kleine Nebenräume aus einem einzigen Raum. Im Halbdunkel hingen Glaskugeln an großen Metallringen von der hohen Decke, die eigentlich die Kuppel der Moschee war; kronleuchterartig, aber leicht und schmucklos fast bis in Kopfhöhe herabhängend. In jeder Glaskugel eine Glühbirne, nur schwach leuchtend, kaum heller als eine Wachskerze. Der Innenraum der Moschee war mit mehreren Lagen Teppichen ausgelegt, und darüber leuchteten in Kreisen angeordnet diese Lampen. Da stellt sich eine feierliche Atmosphäre sofort von selbst ein. Unter jedem Lichtkreis sahen wir Touristengruppen im Schneidersitz hocken, denen ihr Fremdenführer mit leiser Stimme die Moschee und den Ablauf eines muslimischen Gottesdienstes erklärte. Auch wir ließen uns im Kreis auf dem Boden nieder, aber von den Erläuterungen weiß ich nichts mehr. Die Stimmung und der Eindruck des akustischen Zusammenwachsens der Einzelerklärungen zu einem den Raum füllenden Gemurmel sind mir jedoch geblieben.

Bemerkenswert der Platz, von dem aus der Imam seinen Schäfchen predigt. Unten ist eine Tür, dahinter eine Treppe und oben der Platz des Predigers. Das ist gerade umgekehrt wie in einer Christenkirche. Dort schleicht sich der Prediger von hinten über die Treppe auf seine Kanzel, watscht dann alle ab, und wenn er merkt, dass er nicht so gut ankommt, flieht er über die Hintertreppe. Der Imam steigt vor den Augen seiner Gläubigen hinauf und muss am Ende den gleichen Weg wieder herunter und durch das Spalier seiner von ihm geistig hoffentlich Erbauten hinausschreiten. Da braucht das Abkanzeln Mut. Wie leicht ist man dann vielleicht kein Imam mehr.

Draußen fanden wir danach unser Schuhwerk tatsächlich noch vollständig vor, schauten nach dem Uhrturm, in dem das Gegengeschenk für den Obelisken, die kaputte Turmuhr des Louis Philippe steckte, und schon ging es weiter in die Stadt.

Die zweite Moschee ist dann, auch wenn noch so prunkvoll, doch nur die zweite, und so überlasse ich es Ihnen, sich selbst auszumalen, wie die Besichtigung der Sultan-Hassan-Moschee abgelaufen ist.

Zum Abschluss besuchten wir den Basar in Kairo. Dorthin traut sich ein Reisebüro seine Schäfchen wohl nur zu führen, wenn sich eine Reisegruppe schon bewährt hat und Disziplin wahrt. Auf einem Riesenplatz inmitten des brausenden Nachmittagsverkehrs, an einem Kreuzungspunkt mit Kreisverkehr und mitten in einer riesigen Menschenmenge stellte sich unser Bus in eine Warteschlange mit noch anderen Bussen. Im Abstand von ungefähr zwei Minuten rückten wir weiter. Die Uhrzeit wurde verglichen und festgelegt, dass wir zu einer bestimmten Zeit genau wieder an diesem Platz, an dem wir anhalten und aussteigen würden, uns einzufinden hätten, um wieder abgeholt zu werden. Dann hielten wir endgültig. Die Türen öffneten sich, und wir betraten einen Platz, von dem mehrere Wege in den Basar hineinführten. Menschenmassen standen dichtgedrängt, noch ratlos als Gruppen eine Richtung suchend, zum Teil aber wie festgerammt den Platz haltend, um den bestimmt gleich eintreffenden Abfahrtsbus nicht zu verpassen. Unser Bus war schon fort, und an seiner Stelle hielt der nächste, seine Insassen in unserem Rücken entladend, die uns auch gleich weiterdrängten.

Ich versuchte mir ein Kennzeichen, wenigstens ein Straßenschild oder etwas Markantes zu merken, was über Kopfhöhe angebracht und somit imstande wäre, mich wieder zu diesem Platz zu lotsen, aber es gab nichts, was ich mir hätte merken können.

Wir tauchten in den Basar ein, der in einem Altbauviertel und seinen schmalen Straßen und Gassen liegt. Alle Geschäfte offen zur Straße, kaum ein Schaufenster mit Glasscheibe. Der Übergang von Straße zu

Geschäft fließend. Nie war klar, ob wir uns im Freien oder in einem Laden befanden. Nach oben Sonnensegel als Abschluss. Ein Verkaufstunnel neben dem anderen. Um Himmels willen sich hier nicht verlaufen, die Ecken zählen und die Himmelsrichtung merken! Ein Lederwarengeschäft: Streng nach frisch gegerbtem Leder riechende Taschen, Hocker, Gürtel und Hüte, Schürzen, Beutel und auch Hosen und Hemden ... Daneben der Silberschmied mit seinen unzähligen ziselierten Schmuck- und Servierschalen, Leuchtern, Dosen, Döschen, Büchsen und Büchschen, Räuchergefäßen und Kronleuchtern ... Holzgegenstände in jeder Be- und Verarbeitung, vom Tisch über den Hocker zum Stuhl, Schränke und Schränkchen, Dosen und Kästchen, mit Beschlägen und ohne, geschnitzt oder gefräst, mit und ohne Geheimfach, mit Perlmutt eingelegt in reicher oder magerer Ausstattung. Säulen zum Aufstellen von Büsten oder Vasen, gedrechselt oder glatt, das meiste dunkel gebeizt und auch aus wohlriechenden Hölzern gearbeitet...

Das Sortiment an altägyptischen Sachen fehlte. Dies war ein arabischer Basar, der Kunsthandwerk nach arabischer Tradition feilbot. Das Ornamentale und Arabeske hatte hier die Oberhand. Wozu noch einmal von all den Teppichen erzählen? Es ist alles schon abgekupfert worden, und manche sächsische Weberei hat Jahrzehnte in den Vorderen Orient geliefert, wo ihre Teppiche reißenden Absatz fanden und auch als private Re-Importe wieder zurückkamen, um wieder zu Hause, von ihren Erwerbern dem neidvollen Gast als Mitbringsel vorgeführt zu werden.

Echte mohammedanische Gebetsteppiche, in Handarbeit geknüpft, hat man in bundesdeutschen Haushalten an Ehrenplätzen unter Glas gesehen, die als wertbeständige Geldanlage und vor Motten geschützt da hingen und auch tunlichst vor direkter Sonneneinstrahlung geschützt wurden. Wenn man in Unkenntnis des Wertes unvorsichtigerweise bemerkte, man habe auch so einen, aber mit einem kleinen Webfehler, aus der Produktion des vogtländisch-sächsischen Teppichkombinates für das Inland, wo diese Teppiche im Akkord und immer zu mehreren vom Webautomaten als Meterware hergestellt würden, wurde man angesehen, als habe man selbst diesen Webfehler.

Zu einer Faserbrennprobe zwecks Beweis, dass es sich keineswegs um Wolle oder Seide, sondern lichtecht mit Anilinfarben gefärbtes Acryl aus den Retorten der Leunawerke oder eines anderen Kunstfaserwerks der Halle-Leipziger Gegend handele, was auch bei grellster Sonnenbestrahlung nicht ausbleicht, ließ man es nicht kommen.

Das Leben ist eine Summe von Illusionen, warum denn alle zerstören. Echte Smyrnateppiche aus Sachsen, aus Hainichen oder Hohenstein-Ernstthal, bzw., den vogtländischen Webereien der Halbmondteppichfabriken, wie bereits seit vor dem 1. Weltkrieg zu Kaiser Wilhelms Zeiten, das darf nie irgendwann herauskommen!

Herrliche Wasserpfeifen konnte man auf dem Basar sehen, eine schöner als die andere. Nur schade, dass ich das Rauchen vor Jahren aufgegeben hatte...

„Jetzt müssen wir aber wieder zurück." Zwei Stunden sind auf alle Fälle zu kurz, um einen solchen Basar wenigstens einmal zu durchqueren.

„Nein, jetzt geht es rechts herum, und dann müsste da ganz vorn ... Lass doch die Körbchen ... und wenn sie noch so schön sind, die Flechtwaren ... Hier sind wir bestimmt nicht vorbeigekommen ... Da, das ist die Goldschmiede ... Meinst du wirklich? ... Dort, die sind doch auch von unserer Gruppe ... Das ist aber ein schönes Tuch, wo haben Sie denn das ... Ich habe auch gedacht, dass das die Ecke ist ... Etwas Zeit haben wir noch ... Schade, wenn wir vorhin an diesem Stoffladen vorbeigekommen wären ... Komm, solange ich nicht weiß, dass wir pünktlich wieder an der Bushaltestelle sind ... Die verkaufen hier doch tatsächlich richtige Türkensäbel ... Du hast gesagt, du willst zum Bus ... Das verwechselst du. Wir müssen ..." „Da geht es raus. ... Na endlich ... Fünf Minuten noch ... Wo stehen denn die anderen ... Da, sie winken ..."

Der Bus kam fast auf die Minute genau. Es waren alle da. Es fehlte niemand ... Dies erschien mir als das allergrößte Wunder, welches mir da begegnet ist.

Ägyptisches Museum

Wir haben wirklich nichts Wichtiges ausgelassen, im Rausch der Geschwindigkeit Altägypten abzugrasen. Zum Ende stand als krönender Abschluss der Besuch des Ägyptischen Museums in Kairo.

Erste Enttäuschung: Fotografieren verboten. Auch hier die wenig plausible Begründung, dass das Blitzlicht der Fotoapparate den Exponaten nicht bekomme. Zweite Enttäuschung: Wir sind in einem Massenaufgebot von Touristengruppen nur eine von vielen, die zusammenbleiben muss und geführt wird. Das geht wie bei der Rohrpost. Paketweise. Anders ist es nicht zu ermöglichen, dass alle noch an diesem Tag das Museum besuchen können, und dabei abzusichern, dass sich im Inneren kein Besucherstau ergibt, der das Museum verstopft, alle wieder herauskommen und sich auch niemand verläuft.

So kam es, dass wir eine der langen Galerien, in der rechts und links in Regalen Glaskästen mit Dutzenden von Mumien lagerten, auch einmal im Laufschritt hinter uns bringen mussten und sich die Führung meistens auf den Ruf zum Weitergehen reduzierte. Es gab unheimlich viel zu sehen, und es war so wenig Zeit für Erklärungen. Man musste erst den Rausch der anstürmenden Eindrücke zurückweisen, denn nur was man wenigstens ein paar Augenblicke betrachtet hat, kann man sich eventuell merken.

Was ist mir geblieben, was man nicht in der hinterher gekauften Broschüre mit den Abbildungen der prachtvollsten Ausstellungsstücke nachsehen und nachlesen konnte?

Da ist zum ersten der Zufall, dass von dem Pharao, der vermutlich das größte Bauwerk Ägyptens errichten ließ, nur eine winzig kleine, auf einem Stühlchen hockende, graue elfenbeinerne Figur kündet, die eine beschädigte Pharaonenkrone trägt. Das ist Cheops. Man weiß noch nicht einmal, ob er die Pyramide tatsächlich hat bauen lassen, denn es gibt immer noch Forscher, die dies negieren. Nur gut, dass man die Existenz der Pyramide nicht verleugnen kann. Dieses Ärgernis steht und will sich nicht ergeben. Dauernd werden neue Legenden um sie gesponnen. Dann gibt es das Paradox, dass von einem Pharao, dessen Existenz die nachfolgenden Pharaonen, selbst bereits die nach ihm regierende

Dynastie, zu ignorieren versuchten und der wirklich als unbedeutend als letzter seiner Dynastie in Vergessenheit fiel, plötzlich ein Grab gefunden wurde, welches sich als das reichst ausgestattete unberaubte der ganzen Pharaonengeschichte erwies. Das ist Tut-ench-Amun. Für die Präsentation seiner Grabbeigaben, die in einem der kleinsten Felsengräber im Tal der Könige gefunden wurden, braucht das Museum eine ganze Etage.

Die Amarnazeit nimmt einen verhältnismäßig großen Raum an Ausstellungsfläche ein, obwohl sie von nachfolgenden Pharaonen samt Priesterschaft als Ausrutscher der Geschichte und als ungeschehen überall aus der Erinnerung verbannt werden sollte. Die Trümmer wurden so gut versteckt, dass sie erhalten blieben und als Beute der Archäologen wieder zum Vorschein kamen.

Die Großsprechereien und grandiosen Siegesmeldungen, die Jahrtausende lang fleißigst, vom Ruhm der Herrscher kündend, in alle erreichbaren Tempelmauern eingegraben wurden, der Nachwelt von Vergangenem kündend, sind in diesem Museum nicht zu sehen. Die verwittern in der heißen Sonne Ägyptens, und die Fotografien und Gipsabgüsse davon sind über die ganze Welt verstreut. Rühmende Übersetzungen stehen in Buchausgaben, die nur Ägyptologen lesen.

Papyri, beschrieben und bemalt, künden in diesem Museum vom Leben nach dem Tode. Totenbücher, den Mumien mitgegeben, Gebrauchsanweisungen für das Jenseits und was einem da blüht. Unter Glas und von der Außenluft isoliert, findet sich unschätzbar wertvolles und bei Verlust unwiederbringliches Gedankengut verschollener Generationen.

Die Darstellung des „Totengerichtes" sah ich dort gemalt: Anubis, der schakalköpfige Gott und Begleiter der Verstorbenen in die Unterwelt, bringt den Toten vor das Totengericht. Da steht die große Waage mit den zwei Waagschalen, die Anubis unter Aufsicht der Maat, der Göttin der Gerechtigkeit, der in ihr personifizierten Wahrheit und unter Kontrolle des ibisköpfigen Gottes der Weisheit, Thot, ausbalanciert und somit eicht. Nun wird das Herz des Verstorbenen in der einen Waagschale gegen die Straußenfeder in der anderen Waagschale aufgewogen, welche das Kennzeichen der Maat und ihr Vergleichsmaßstab für die Sündhaftigkeit des Menschen ist. Ist das Herz infolge der begangenen Sünden des Verstorbenen schwerer als die Feder, steht schon der Gott

Sobek bereit, der Allesverschlinger in Gestalt eines Nilpferdes mit Krokodilkopf. Er verschlingt das Herz des Verstorbenen, und für den gibt es dann keinerlei Wiederauferstehung im Jenseits. Dies liest sich nicht nur grässlich, es ist auch bunt gemalt nicht schöner anzusehen.

Das gesamte Museum enthält einmalig schöne und wunderbar gestaltete Kunstwerke, welche Dutzende Epochen vergangener Macht verherrlichen. Sieht man genauer hin, ist dies wohl eine der grausamsten Sammlungen von Machtkunst. Nicht die im Vergessen der Jahrtausende versunkenen Verfertiger dieser Kunst, deren Namen wir nie erfahren werden und deren Dasein nur aus dem von ihnen erzeugten und mit dem Namen ihres Herrn versehenen Kunstwerk erschlossen werden kann, meine ich damit, sondern die Spuren der Geschichte an diesen Erzeugnissen.

Hier ist an Exponaten zusammengetragen, was Neid, Habgier, Gehässigkeit und Wut, Zerstörungslust und Fanatismus, Unduldsamkeit und über den Tod hinaus ungestillte Geltungssucht, Größenwahn und maßlose Eitelkeit alles anrichteten und uns hinterlassen haben.

Es ist doch sadistisch, wenn man auf dem über und über mit Ornamenten, Bild- und Blattwerk in Goldbemalung und mit Edelsteinen verzierten Sarkophag, der im Licht der Scheinwerfer als strahlendes Kunstwerk prunkt, schon zum Zeitpunkt der Beisetzung des Toten sämtliche Hinweise, wer denn darin liegen könnte, mit entschlossener Hand bis auf den Holzgrund weggemeißelt hat, Gesicht und Namen, wohlweislich aber so sauber, dass nicht ein einziges Ornament beschädigt ist. Am Sarkophag des Semenchkare kann man das sehen. Im Jenseits ist der dann ein strahlender Niemand, ein Nichts. Wer wollte diesen Sarg für sich umbenennen lassen?

Von den abgeschlagenen Händen und Köpfen der Statuen muss man nicht reden. Wenn es irgendwo die Andeutung eines Geschlechtsteiles an einer Statue gab, war hier anschließend irgendwann der Hammer am Werk, um es abzuschlagen.

Namenskartuschen sind zugepappt und mit anderen Namen übermalt. Wenn ich es mir schon nicht selbst leisten kann, nehme ich es dem, der vor mir war, und wenn es sein Sarg ist. Ich muss ihn haben. Ich habe das zwar nicht vollbracht, was ich aufschreiben ließ, aber die Menschen sind vergesslich und werden der Niederschrift mehr glauben als den verblassenden Legenden mündlicher Überlieferung.

Beinahe wäre ich vom Feind gefangen worden oder umgekommen, und die Schlacht, die ich schlug, ging auch verloren, aber bis ich wieder zu Hause war, glaubte ich schon selbst, dass das ein Sieg gewesen sein musste, denn ich habe doch unverletzt überlebt.

Welche Beute wohl angefallen ist, als man die Mumien aller großen Pharaonen aus ihren Grüften in einem Sammelgrab in „Sicherheit" brachte? Der größte Raubzug der Geschichte des alten Orients, ein organisierter umfassender Grabraub einer Gang aus miteinander verschworenen Oberpriestern, gedeckt von der Duldung des damaligen Herrschers? Das muss doch mehr gebracht haben als alle Feldzüge aller Pharaonen zusammen. Am Ende der fürsorgliche Hinweis über die Rettung der nun beraubten Mumien vor Verderb und Verlust. Von der Unversehrtheit des mumifizierten Körpers hing die Existenz im Jenseits ab. Man könnte vor Rührung weinen, sogar den Tag dieses Überfalls haben sie noch genau festgehalten.

Betrug auf der ganzen Linie. Von wegen Gold. Es gibt eingemeißelte Bilder in den geheimen Räumen der Tempel, auf denen bildlich dargestellt ist, wie man unedle Metallgegenstände elektrochemisch mit einer Goldschicht überzieht. Wer würde den Priestern zutrauen, dass sie solche Fälschungen erzeugten? Mit etwas Quecksilber und ein bisschen Gold macht das heute ein Schulkind mit seinem Chemiebaukasten auch. Die Ägypter kannten Quecksilber. Ich erwähnte es bereits.

Die Vorschrift für die Mumifizierungen besagte, dass alle inneren Organe aus dem Körper zu entfernen sind, außer dem Herzen, und dass sie in den Kanopenkrügen der Kanopenschreine getrennt von der Mumie aufzubewahren sind. Ich habe in einem Bericht von einer in der Jetztzeit vorgenommenen Obduktion einer Pharaonenmumie gelesen, dass die Einbalsamierer eine liederlich arbeitende Bande gewesen seien.

Neben verschiedenen auf grobe Behandlung hindeutenden Verletzungen des Leichnams des Gottkönigs ist auch aufgeführt, dass man dem Pharao bei der Entfernung der Eingeweide das Herz versehentlich mit herausgerissen haben müsse, denn es sei anschließend wieder in die Brusthöhle gelegt und dort wieder angenäht worden. Jetzt lesen Sie bitte noch einmal die Sache mit dem „Totengericht".

Als Skeptiker frage ich mich, was das wohl für ein Herz sein mag, was man da wieder eingenäht hat, und wer denn der Unschuldige gewesen sein muss, der sein sündenfreies Herz dem Pharao gespendet haben mag. Hat man vielleicht extra solche Opfer zielgerichtet gezüchtet und unter Verschluss in Bereitschaft gehalten? Als Pharao wäre mir diese Idee bestimmt nicht abwegig erschienen, und wenn man sich gut mit den Totenpriestern stellt ... Das Herz wurde schließlich nicht befragt, wessen Herz es wäre. Es wurde doch nur gewogen.

Dies würde die Gräuel der Geschichte auch nicht um so viel vermehren, wenn mein Verdacht heute einmal ganz einfach mittels einer Genanalyse bewiesen würde. Wir wissen nichts ... All dies tut aber dem Museum und der Geschichte keinen Abbruch.

Die Präsentation der Schätze des Tut-ench-Amun ist allerdings ein Kapitel für sich. Es gibt eine Menge gut dokumentierter Tatsachen und Dinge, und manchem sieht man das Alter nicht an. Die Schreine, die so kunstgerecht ineinander geschachtelt, welche die fast wie eine Matrjoschka anmutendenden Sarkophage des Pharao enthielten (die Schachtelpuppen der russischen Folklore, die alle ineinander stecken), sahen so verblüffend in Gestaltung, Materialbearbeitung, Beizfarbe und Lackierung einem in meinem Besitz befindlichen Bauernschrank aus der Mitte des 19. Jahrhunderts ähnlich, dass ich zu träumen glaubte.

Der Schreiner hatte diesen in meinem Besitz befindlichen Schrank nach 32 Jahrhunderten in seinem sächsischen Dorf noch nach der gleichen Methode hergestellt, wie die Ägypter ihre Mumienschreine für diesen Pharao. Auch das Konstruktionsprinzip war noch das gleiche, die Schreine durch verklemmte Holzkeile in Schlitzen stabil zusammenzuhalten, die es erlauben, sie ohne besonderes Werkzeug auseinander zu nehmen und wieder zusammenzubauen, der Aufbau aus Einzelteilen, die selbst durch die engste Tür passen und damit auch über enge Stiegen um schmale Ecken transportiert werden können.

Den stählernen Dolch des Pharao konnte ich mir noch aus Meteoreisen geschmiedet vorstellen, aber wie er zu dem Amulett aus Aluminium gekommen ist, das auch zu seinen Grabbeigaben gehört, ist mir schleierhaft. Darüber habe ich lange gesponnen, aber gediegen kommt so etwas nicht vor, und wenn, dann ist es wohl nicht verarbeitbar. Es sei denn, man löst es irgendwie als Flitter mit Quecksilber aus dem Gestein und erhitzt es anschließend, bis sich das Quecksilber wieder verflüchtigt. Für solche Überlegungen habe ich schon immer ein Faible gehabt ...

Zum Grabschatz des Tut-ench-Amun gehört als besonderes Prachtstück auch sein goldener Thron, auf dessen Rückenlehne er selbst zusammen mit seiner Frau Anches-en-Amun dargestellt ist. Das Bild eines jungen und glücklichen Königspaares, das im Luxus lebt und von Gott gesegnet wird.

Dies ist aber nur eine Momentaufnahme, und trotz der Bewunderung, die die Verwendung edelster Materialien, die das zu einem unübertrefflichen, ewigen und edlen Dokument des Glückes hochstilisieren, sollte man im Zug der sich aus dem Nichts in die göttliche Ewigkeit bewegenden Abfolge von Pharaonen einmal kurz anhalten und sich fragen, wer und was denn beispielsweise diese Frau ist, die in der Mitte des Bildes steht, zwar ihrem Mann dienend, doch unverkennbar das Zentrum bildend und Gott näher als der Pharao. In den Pharaonenlisten tauchen die Frauen nur auf, wenn sie selbst regierten, und selbst Hatschepsut musste sich Pharao nennen und den Zeremonialbart des Pharao tragen.

Da haben wir also das Abbild dieser Frau auf dem Thronsessel. Ursprünglich hieß sie *Anches-pa-Aton* und war die wahrscheinlich dritte Tochter des Ketzerkönigs *Echnaton* und seiner Frau, der schönen *Nofretete*. Schon mit zwölf Jahren wurde sie nach einer ihrer älteren Schwestern zu Lebzeiten ihrer Mutter als weitere Frau ihrem Vater angetraut, der um jeden Preis zu einem männlichen Thronerben kommen wollte. Sie bekam danach mindestens ein Kind, ein Mädchen, die *Anches-en-pa-Aton Tascherit*. Es gibt Hinweise, dass Anches-pa-Aton gleichzeitig mit *Semenchkare*, dem Mitregenten ihres Vaters, verheiratet gewesen sein soll, der aber vor ihrem Vater starb. Als Witwe des Mitregenten und als Witwe ihres Vaters heiratete sie schließlich ihren Halbbruder *Tut-ench-Aton*, den späteren *Tut-ench-Amun*. Der war gleichzeitig ihr Onkel, denn er soll der Sohn aus einer inzestuösen Verbindung ihres Vaters und ersten Mannes mit dessen Mutter, also ihrer Großmutter, entstammen, so dass sie für ihren zweiten oder gar dritten Mann zugleich Frau, Halbschwester und Stiefmutter war. Es sind aus dieser Ehe zwei Fehlgeburten von ihr dokumentiert, die als Mumien mit im Grab ihres zweiten Mannes beigesetzt sind. Wie viele Fehlgeburten hatte sie vorher und insgesamt?

Als sie ein weiteres Mal Witwe war, griff der Usurpator nach ihr, ein Greis, *Eje*, der zu Tut-ench-Amuns Zeit die Regierungsgeschäfte führte, ein Großonkel, der Bruder ihrer Großmutter, denn nur mit einer Gemahlin aus dem Blut der erlöschenden Dynastie konnte er seinen Thronanspruch begründen.

Sie war nun Stieftante und zugleich Witwe ihres Vaters, eine angeheiratete Schwägerin der Schwiegermutter ihrer eigenen Mutter, der Nofretete, die noch lebte. Ihrem verstorbenen letzten Mann, mit dem sie auf dem Thronsessel abgebildet ist, war sie Halbschwester, Frau, Stiefmutter, angeheiratete Tante und infolge Inzest ihres ersten Mannes zu seiner Mutter auch noch seine Großtante. Dann verliert sie sich aus der Geschichte. Den letzten Pharao dieser Dynastie, *Haremhab*, musste sie wahrscheinlich nicht mehr heiraten. Es gab da wohl noch andere Prinzessinnen von Geblüt.

Eine in Amarna gefundene beschädigte Porträtstudie aus Stein zeigt noch nach Jahrtausenden trotz Verwitterungsspuren, welchen Liebreiz ihr sinnendes Gesicht ausgestrahlt haben muss. Sie wurde höchstens 25 Jahre alt. Man weiß es nicht gewiss, genauso wenig, wie man ihr Geburtsjahr weiß.

Den Stammbaum dieser Familie möchte ich einmal gemalt sehen. Aber er sähe wohl jetzt schon wieder ganz anders aus, und das Beziehungsgeflecht ist noch verwickelter, denn nach neuesten Erkenntnissen der Ägyptologen war Echnaton noch mit einer weiteren Frau verheiratet, die in Rivalität zu Nofretete stand und das nicht überlebte. Daraus ergibt sich, dass auch seine Kinder wieder anders sortiert und zugeordnet werden müssen, weil noch Adoptionen mit hineinspielen. Da steht uns wohl noch die Entdeckung weit komplizierterer Formen des Inzestes innerhalb dieses Herrscherhauses bevor. Das sind nun die gesicherten Erkenntnisse unserer Historiker und soweit es die derzeitige Faktenlage uns nahe legt. Das waren die Fakten nur zu einer Person in diesem später ignoriertem Herrscherhaus und dem Durcheinander, welches da herrschte. Glauben Sie wirklich, dass wir einmal genau wissen werden, wie das früher einmal war?

Als wir uns zum Abmarsch sammelten, sah ich von der Balustrade am Eingang das Standbild des *Djoser* stehen, mitten im tollsten Gewühl der andrängenden Touristen, und wie tief hatte er gerade diese Statue unter seiner Stufenpyramide in Sakkara eingraben lassen, damit sie ungestört bliebe.

Die ungezählten Szenen aus dem längst versunkenen Alltag des Volkes, die hier ausgestellt sind, die bemalten Lehmpüppchen der Jäger und Fischer, der Handwerker und Fellachen, die Schreiber und Kutscher, Musiker, Haussklaven und Tänzerinnen, die unzähligen Uschebtis, die dem Pharao im Jenseits dienen mussten und sich für ihn stellvertretend meldeten, wenn er zur Arbeit aufgerufen wurde, die Behälter für Grabbeigaben, die eingetrockneten Öle und Gefäße mit schwarz gewordenem Saatgut für die jenseitigen Felder, das gemalte und als Lehmfiguren mitgegebene Vieh für den Neuanfang im Drüben der Wiederauferstandenen, es sind Nachrichten für uns aus einer längst vergangenen Zeit und Kultur.

Dieses Land hat viele Völkerstürme überlebt, wurde erobert, geknechtet, erholte sich wieder, befreite sich und wurde wieder erobert. Was aber blieb, ist die Kontinuität einer Besiedlung seit Urzeiten. Die heutigen Bewohner sind Teil der Tradition. Die Religionen wechselten mit den Zeiten, und wenn auch jetzt Kultur und Religion weitgehend arabisch und muslimisch geprägt sind, sind es doch noch die Nachkommen der Fellachen, der „Bewässerer", die hier leben. Die Pharaonen, die jetzt herrschen, heißen nur anders. Wer auf dem Dorf in seiner Lehmhütte lebt, hat bis zum Hereinbrechen des Medienzeitalters mit Radio und Fernsehen als Analphabet auch nicht anders gelebt als zu Pharaos Zeiten. Der trauert vielleicht sogar der guten alten Zeit nach.

Der letzte Abend und die allerletzte Nacht in Kairo

Die Fahrt näherte sich dem Ende, und mit jeder Stunde, mit der die Abreise näher rückte, wurde die Reisegruppe nervöser und aufsässiger. Alles, was sich irgendwie bemängeln ließ, wurde bekrittelt, alte Vorkommnisse ausgegraben und unter der Decke kräftig gehetzt.

Es war nicht die Unzufriedenheit mit der Summe der kleinen Pannen und Vorkommnisse, es war der Katzenjammer, der sich schon auszubreiten begann. Denn nicht nur die Reise war nun fast vorbei, sondern auch allen bewusst, dass damit auch das Geld für diese Reise weg war. Für sechstausend Mark pro Paar erwartet man, wenn man einkaufen geht, dass man hinterher auch Ware hat. Bei einer Reise hat man nichts, was man anfassen kann, und wenn man das, was man da erlebte jemandem erzählen will, mag der es vielleicht gar nicht wissen oder weiß es sowieso besser.

Das ist das ganze Dilemma unserer so sehr vom Haben geprägten Zivilisation und ihrem absolutem Besitzdenken. Das Immaterielle des geistigen, die Konfrontation mit abweichenden Lebensanschauungen, den anderen Bedürfnissen fremder Menschen und vor allem die Konfrontation mit den Überresten einer längst vergangenen Herrschaft und mit den Resten dieser Kultur wird nicht als gleichwertige Gegenleistung akzeptiert.

Selbst die, welche diese zwei Wochen nur mit dem Auge am Okular ihrer Videokamera verbrachten und zu Hause sich endlich alles ansehen konnten, was Sie mit der Kamera alles angepeilt und gefilmt hatten, selbst die fühlten sich um etwas betrogen, ohne es benennen zu können. Es war einfach der Katzenjammer, wenn etwas zu Ende geht, was man eventuell gern noch länger genossen hätte. Insofern zeugte das unterschwellig von der Qualität des Erlebnisses, wie es der Einzelne nach seinen Maßstäben beurteilte.

Am letzten Abend erwartete uns ein Spektakel besonderer Art. Für die in Kairo befindlichen deutschen Reisegruppen gab es eine Sondervorführung der Lichtschau vor den Pyramiden in Gizeh, gleich vor der Sphinx auf dem freien Platz, der speziell für solche Sachen hergerichtet ist. Darauf freuten wir uns schon, und dann kam ein ganz besonders schäbiger und zerbeulter Bus mit stotterndem Motor, ohne funktionierende Klimaanlage, mit eingeschlagenen Scheiben, die mit Papier und Folie repariert waren und bei dem man hinten während der Fahrt durch den Boden auf die Straße sehen konnte. Schon das Einsteigen war gefährlich. Die Türen waren auch nur ein Vorwand, und weshalb sie dann bei der kaputten Federung des Gefährtes während der Fahrt nicht aufsprangen, grenzte an ein Wunder.

Für den Besuch einer künstlerisch gestalteten Darbietung zieht man sich schon etwas besser an, man steigt dann verständlicherweise aber nicht in so einen Bus. Es gab Krach, aber keinen neuen Bus. Unser Begleiter war der undefinierbare, stets freundlich lächelnde Herr mit dem Vollmondgesicht, der immer und auch heute wieder so taubstumm wirkte. Der saß einfach vorn neben dem Fahrer und lächelte. Es blieb uns nichts anderes übrig als einzusteigen.

Dieser Mensch wurde uns schließlich von einer der Reiseleiterinnen, nachdem wir sie verbal so in die Enge gedrängt hatten, dass ihr keine Ausrede mehr einfiel, als der Manager des Reiseunternehmens in Ägypten und als allein zuständige allein verantwortliche Kontaktperson und Verantwortlicher für den Gesamtablauf der Reise benannt. Als uns das von ihr eröffnet wurde, befanden wir uns jedoch schon auf dem letzten Anstieg zur Einnahme unserer Plätze auf dem Vorführungsgelände, und dieser Herr war schon wieder nicht mehr zu sehen. Wir saßen dann mit entsprechender Wut in dieser Vorführung.

Von der Lichtschau kann ich nur sagen, dass sie choreografisch sehr gefühlvoll inszeniert war, und wer sich den Lichteffekten der wechselnden Beleuchtung von Sphinx und Pyramiden hingab, die gewählte klassische Musik mochte und sich in eine besinnliche Stimmung bringen ließ, die mit Anrufungen der Priester und Pharaonen an die Götter erzeugt wurde, in der Legenden zum Leben erweckt wurden, so dass man in vergangenen Zeiten schwelgte, der kam auf seine Kosten. Mir hat das sehr gefallen. Als das aber vorbei war, tauchten wir als Racheengel wieder in die Gegenwart ein.

Der Manager erschien wieder mit seinem Schrottbus. Er bekam nun von allen Seiten seine lautstarke Abreibung, und niemand nahm ein Blatt vor den Mund. Seinen Platz vorn beim Fahrer machten wir ihm jetzt streitig und verbannten ihn auf einen der zerschnittenen Sessel auf der letzten Bank, wo er von der defekten Klimaanlage besprüht wurde, sich vom abtropfenden Öl wie sonst wir nun auch selbst ein paar schöne Flecken in seinen modernen Khaki-Anzug machen lassen konnte und aufpassen musste, dass er nicht während der Fahrt durch das defekte Bodenblech des Busses auf die Straße fiel.

Da war er auf einmal nicht mehr taubstumm und wollte plötzlich etwas sagen. Außer seinem Arabisch konnte er nun auch Englisch. Das gestanden wir ihm aber nicht mehr zu, denn er hatte fast zwei Wochen jeden ohne Antwort stehen lassen, der ihn angesprochen hatte. Sollte er ruhig weiter lächeln.

Was dann folgte, das war der Aufstand der zu kurz Gekommenen. Das veranstaltende Reisebüro nahm es jedenfalls als willkommenen Anlass, diesen Menschen aus seinem Arbeitsverhältnis zu entfernen, denn am nächsten Morgen hatten wir schon einen neuen Manager, der sich auch darum kümmerte, dass wir unser Gepäck nicht mehr selbst zu schleppen brauchten, und der uns auch sicher und in einem Bus, der nicht nur so hieß, zum Flughafen brachte und dafür sorgte, dass wir alle wieder außer Landes kämen. Wären wir nicht so geduldige Schafe gewesen, hätten wir das schon früher haben können.

Was ich unbedingt noch nachliefern muss, ist der Verlauf des restlichen letzten Abends in Kairo. Wir waren zur Licht- und Musikschau gewesen, und nun gab es noch ein festliches Abendessen. Jeder machte sich noch einmal frisch, und dann fuhren wir im Hotelfahrstuhl aus unseren Zimmern wieder hinab ins Erdgeschoss zu diesem Essen.

Es gab in diesem Hotel drei Gruppen zu je zwei Fahrstühlen. Vier fuhren die Gäste, einer fuhr von ganz unten bis ganz oben durch, und einer war für Lasten. Ich kann mich aber da auch irren. Die Kabinen der Personenaufzüge waren jedenfalls für sechs Personen ausgelegt. Wir stehen also zu viert vor den zwei Fahrstuhltüren in der Nähe unseres Zimmers und warten. Einer der Fahrstühle kommt. Wir und noch ein Ehepaar steigen ein. Wir drücken den Knopf zum Erdgeschoss, aber es tut sich nichts. Ich drücke den Türöffner, und wir gehen wieder raus. Alles in Ordnung. Wir gehen hinein, die Tür schließt sich, die gleiche Prozedur. Es tut sich nichts. Tür auf, alles raus. Da kommt der zweite Lift. Nehmen wir den. Tür auf, vier Mann rein, Tür zu. Fahrstuhl streikt. Tür auf, ich raus, aber meine Frau will nicht. Soll sie mit den beiden anderen drin bleiben.

Tür zu. Fahrstuhl fährt nach unten. Ich warte, aber es kommt kein weiterer Fahrstuhl und der erste ist inzwischen schon weg. Dann gehe ich den Gang entlang auf die andere Seite und bekomme den nächsten auf der anderen Etagenseite.

Wir treffen uns unten, und es wird gefrotzelt, dass ich zu dick sei. Das kann nicht stimmen, denn wir waren zu viert, und der Kasten ist für sechs zugelassen. Ich zeige auf das Ehepaar, das uns dies bestätigen könnte. Die Frau ist ziemlich groß und kompakt, eine richtige Walküre, und trägt ein enges figurbetontes langes Kleid, welches vollständig mit silbern glänzenden Pailletten besetzt ist.

Das war der Moment, in dem die Story vom „Silberpanzer" geboren wurde. So albern wie an diesem Abend waren, sind wir am Tisch die ganze Fahrt nicht gewesen. Schon die Worte „Silber" oder „Panzer" waren Auslöser eines Lachanfalls. Von „Walküre", vom fehlenden „Wikingerhelm", von „Vom Panzer überfahren", alles musste herhalten für diese Blödelei. Das lief sich schließlich bei der Bewaffnung der Walküre tot, als wir statt in den Entwurf eines germanischen Schwertes uns in die Einzelheiten eines mit ziselierten Silberbeschlägen geschmückten Nudelholzes verloren. Zum Glück fiel das nicht auf. Gleich neben uns wurde lautstark und noch festlicher getafelt. Das Hotelrestaurant war an diesem Abend vermietet, und zwar an eine arabische Hochzeitsgesellschaft. Man verstand manchmal sein eigenes Wort nicht mehr, wenn da etwas vorgetragen wurde und dann der Beifall aufbrandete.

Der Hoteldirektor selbst kam und beglückwünschte alles, was zur engeren Familie des Brautpaares gehörte. Unsere Frauen verdrehten ihre Hälse nach all dem, was so furchtbar wichtig ist bei einer Hochzeit, und es liefen die Wetten wie viele Schwiegermütter und Nebenfrauen denn nun so ein arabisches Brautpaar habe, ob der Bräutigam heute nur eine oder gleich mehrere Frauen heirate, wie viele er schon besitze und ob denen das auch passe, Sie wissen schon ... bis wir wieder beim Thema waren und bei der bestimmten Schwiegermutter. *„Welchemeinstdu? Nadiesau diearabische dieman ambestenmitdem panzerüberfährtes mussjakeinsilbernersein jetztistesabergenug benimmdichwirsinddochhiernichtzuhause neinundgetrunken habeichauchnichts esisthaltnursoschön undwennwirzu hausesindkaufeichdirauch soeinenpanzer aberüberfahrendas macheichdannmitdir undeinenbüchsenöffner kaufeichauch nochdazu wennderpanzer sich andersnichtknackenläßt unterstehdich wiekannmannüchternnursoalbernsein ..."*

176

Und dann stand da plötzlich dieser Hoteldirektor, bei dem wir nun schon einige Zeit und mehrmals gewohnt hatten auch bei uns und bedankte sich, dass wir seine Gäste seien, dass er gerne zufriedene Gäste habe und wir das Hotel weiterempfehlen sollten. Er wünschte uns, dass es uns in Ägypten gefallen hätte, behauptete, wir würden unvergessliche Erinnerungen mitnehmen, sollten froh sein, dass wir zur Zeit der Erdstöße nicht in Kairo gewesen seien, und versicherte uns, dass wir hier sicher seien und auch kein weiteres Erdbeben zu erwarten sei. Er sagte das wohl alles auf Arabisch, und wir erhielten es als Übersetzung übermittelt. Der Dolmetscher hatte jedenfalls keinen Grund, seinen Chef durch falsche Übersetzung bei uns in Misskredit zu bringen.

Das war doch mal etwas, was Sicherheit gab. Ich meine, ich war schon drauf und dran, mich gegen Erdbeben impfen zu lassen, auch wenn es nicht billig sein würde, sicherheitshalber mit der ganzen Familie. Geld wäre mir da bedeutungslos, aber sich so wie dieser Direktor hinzustellen und im Brustton der Überzeugung den von Suleiman, oder besser, den von Salomo in die Tiefen der Hölle verbannten Drachen und Geistern der Vorzeit, auch dem Leviathan zu gebieten, dass sie Ruhe halten müssten, vielleicht sogar wegen uns, das zeugt von Größe und Gottvertrauen. Dann verabschiedete sich der Direktor von uns, ging raus … und fuhr anschließend nach Hause.

Als wir später noch einmal vor das Hotel gingen, um der Klimaanlage in der Lobby zu entgehen und uns draußen etwas aufzuwärmen, ist mir ein Moment im Gedächtnis geblieben. Im kalten blauweißen Licht der Hochdruck-Quecksilberdampflampen kam ein Reiter auf seinem Dromedar inmitten der Autokolonnen die Hauptverkehrsstraße an uns vorbeigeschaukelt, mit seiner Ghallabija und dem lässig gebundenen Turban auf und ab hüpfend im Zuckeltrab seines Reittieres. Als er vorbei war, sah man, dass hinter ihm ein gefüllter Quersack über dem Dromedarrücken lag, dessen Enden auf und nieder schwangen.

Ein Anachronismus in dieser europäisierten Großstadt, eine schaukelnde graue Silhouette mit einem stolzen Kamelkopf und vier langen Kamelbeinen, so ritt er als Riese inmitten der kleinen und flachen Autos in die Stadt hinein, die ihn umflossen wie in einem Bach das Wasser einen rollenden Stein, und ich wette, dass er sich an der nächsten Kreuzung in die richtige Spur einordnete, um dann, wenn es ihm die Ampel erlaubte, links abzubiegen, damit er nach Hause käme, wo das Kamel inmitten der Großstadt seinen Hinterhofstall hatte. Besser kann man die Anachronismen, mit denen Ägypten lebt, nicht auf einem Bild darstellen.

Wir würden frühzeitig aufstehen müssen. Gepackt war schon, bis auf das, was wir noch brauchten. Als wir in den drittletzten Stock fuhren, bemerkte ich, dass der vorletzte auf der Etagenskala ein blinder Knopf war. Da konnte man nicht aussteigen. Das war in dem Fahrstuhl, mit dem ich vorhin hinunter gefahren war, nicht so gewesen. Da gab es diesen Knopf. Ich war neugierig und meine Gute auch. Oben angekommen, liefen wir den Gang entlang, von dem die Zimmer abgingen und fensterlose Wäschekammern und Abstellräume, die Fahrstühle und vielleicht auch die Schächte mit den Versorgungsleitungen. Da waren der Lastenaufzug und dann die Personenaufzüge auf der anderen Seite. Einer der Aufzüge, den ich rief kam hochgefahren, und wir fuhren ein Stockwerk höher. Nun weiß ich nicht, was ich erwartet hatte, aber das hier war die Fitness-Hölle. Da gab es die Folterinstrumente vom Laufband über den Home-Trainer bis zu den Streckbänken mit ihren verschiedenen variablen Gewichten, womit sich der Wohlstandsbürger quält, um seinem Alltag Paroli bieten und dem Jugendwahn huldigen zu können. Es war aber niemand dort, weder Personal noch Gäste, und die Glastür war verschlossen. Das war die eine Hälfte dieser Etage. Die zweite war durchgängig mit einer Wand abgesperrt, aber es gab eine Treppe in die nächste Etage, zur voll überglasten Dachterrasse. Da war ein piekfein eingerichtetes Restaurant.

Diese Terrasse war geschlossen, so dass wir uns nur die Nasen an der Glastür des Eingangs plattdrücken konnten. Man sah, dass es sich bestimmt sehr luxuriös in diesem orientalischen Ambiente feiern ließ, und die Bar schenkte bestimmt nicht nur alkoholfreie Getränke aus. Im Hintergrund lag das Becken eines Pools, mehr eines Schwimmbades, welches fast die halbe Etage einnahm, zurzeit aber leer. Deshalb also die Wand in der unteren Etage. Es war da der Raum für das Wasserbecken des hier ebenerdig abschließenden Pools, denn irgendwo muss ja der Raum herkommen, in dem bei Bedarf eine Wassertiefe von mindestens zwei Metern realisiert werden kann.

So machten wir uns wieder auf den Weg nach unten, duschten noch einmal, hatten zwar die Fernsehnachrichten der „Deutschen Welle" verpasst, aber das war uns egal. Wir schalteten die Klimaanlage aus und öffneten das Fenster zur Stadt. Die sanfte nächtliche Hitze war uns lieber. Das Geräusch des von unten herauf zu hörenden, langsam leiser werdenden Straßenverkehrs schläferte uns ein, und wir träumten von den schönen und manchmal ungewohnten, auch unverständlichen und überraschenden Dingen, die uns an diesem Tag begegnet waren. An das Klima hatten wir uns in der Zwischenzeit schon ziemlich gut gewöhnt. Kein Vergleich mit den Aufgeregtheiten der ersten Nacht in diesem Hotel, nach der Anreise.

Gegen Mitternacht wachte ich von einem monoton rauschenden Geräusch auf und registrierte, dass da jemand wohl schon sehr lange im Haus viel Wasser laufen ließ. Vielleicht täuschte ich mich auch, und das Geräusch kam von draußen. Noch später wurde Musik gemacht, nicht nur arabisch. Vielleicht konnte jemand nicht schlafen und hatte den Fernseher zu laut gestellt. Das musste wohl eine Übertragung sein von einer Veranstaltung mit Saufliedern ... Dann stieß mich meine Gute an und vermutete, dass die Hochzeitsgesellschaft jetzt über uns auf der Dachterrasse feierte.

„Sie feiern doch nicht, um uns mit ihrem Krach zu ärgern, sondern weil sie etwas zu feiern haben", gab ich verschlafen zurück, und wir versuchten wieder einzuschlafen. Mir gelang das jedenfalls, und irgendwann gegen Morgen waren sie fertig und gingen ins Bett oder nach Hause ... Allahs Frieden über allem.

Als ich das nächste Mal aufwachte, dachte ich, dass mich jemand derb geschüttelt hätte. Da war aber niemand und im Zwielicht des Zimmers auch keiner zu sehen. Man hört ja oft von nächtlichen Einbrüchen und erlebt sie auch nicht so gerne selbst. Das Leuchtzifferblatt meiner Armbanduhr zeigte kurz vor halb fünf. Einmal munter, ging ich ans Fenster und zog den Vorhang beiseite.

Vom vielleicht zwanzigsten Stockwerk des Hotels aus sah ich da in der Ferne von Heliopolis herüber quer über Kairo einen Lichtschleier herüberziehen, der sich ausbreitete, wie Wasser breit läuft, akustisch unterstützt vom Rufen der Muezzins von den Minaretten der Moscheen, und dazwischen auch Glockengeläute wie von Kirchtürmen.

Das war ein Brausen, was sich da ausbreitete, heranzog, lauter wurde, zu einem unerhörten Geräusch verdichtete, in dem ein Grollen war, mehr fühl- als hörbar, in das sich nach einer Weile Polizeisirenen und Autohupen zu mischen versuchten. Das zog vor meinen Augen und

Ohren in vielleicht zwei Kilometern Entfernung vorbei und setzte sich in Richtung Gizeh fort.

Dieser Lichtschein rührte vom Anschalten des Lichtes in den Häusern her. Die übrige Stadt erwachte jetzt mit Verzögerung, und Fahrzeuge mit Rettungskräften fuhren am Hotel vorbei in die Richtung dieses Streifens. Dann kamen aus dieser Gegend Autos herangerast, als seien sie auf der Flucht.

Es dauert oft lange, bis man begreift, was man sieht, weil das Gehirn es abblockt. Was ich da gehört hatte, war der Schrei von zehntausenden von Menschen, die in diesem Moment von einem Erdbeben aus dem Schlaf gerissen wurden und wussten, was ihnen gerade passierte oder passieren konnte ...

Als ich so dastand, wurde mir bewusst, dass wir hier genauso geliefert waren, wenn das Erdbeben stärker wurde und auch auf diesen Stadtteil übergriff. Der eine Erdstoß hatte mich schließlich geweckt.

Die Aufzüge funktionierten schon so nicht zuverlässig, das Treppenhaus war auf der anderen Seite, die Decke unseres Apartments war ein Teil des Bodens des in der Nacht wieder gefüllten Pools der Dachterrasse, und wenn wir nicht ersaufen oder erschlagen werden wollten, blieb nur noch der Sprung aus dem Fenster, und diese mehr als fünfzig Meter freier Fall endeten dann auf dem Beton neben der Straße.

Die Hinweise, sich bei Erdbeben unter Türstürze oder Schreibtische zu flüchten, damit man einigermaßen geschützt wäre, kamen mir in unserer Situation so lächerlich vor, dass ich unwillkürlich ein Zucken im Zwerchfell verspürte. Es verschwand für mich alles in einem geistig unbestimmten Nebel. Das war Schock.

Dann war alles vorbei, und das Schreien draußen verlor sich im zunehmenden Verkehrslärm.

Jetzt kam die ganz persönliche Panik und damit der bei mir übliche Herzanfall. Auf den war ich vorbereitet und nahm die stets griffbereite Tablette. Es war höchste Zeit, aus Ägypten zu verschwinden.

Sonnabend/Sonntag, 24./25. Oktober 1992
Erdbeben in Marokko
Keine Ruhe in Ägypten

KAIRO/RABAT (afp). Bei einem erneuten Erdbeben in Ägypten am Donnerstagabend sind nach Mitteilung des ägyptischen Innenministeriums vier Menschen ums

Leben gekommen und mehr als 50 Menschen verletzt worden. Geologen verzeichneten Erdstöße der Stärke vier auf der nach oben offenen Richter-Skala. Ein Beben der Stärke fünf erschütterte am Freitagmorgen auch verschiedene Landesteile Marokkos. Wie die marokkanische Nachrichtenagentur MAP meldete, wurden bislang zwei Todesopfer registriert, zahlreiche Gebäude in verschiedenen Landesteilen stürzten ein.

In Ägypten starben den Angaben zufolge drei Menschen in der 30 Kilometer von Kairo gelegenen Stadt Kailub. Die Mehrheit der Verletzten hatte versucht, aus ihren einstürzenden Häusern zu fliehen. Nach einem ersten offiziellen Lagebericht stürzten in Kairo sieben Hochhäuser ein, über vierzig Gebäude wurden beschädigt. Aus Furcht vor neuen Erdstößen verbrachten mehr als 100 Einwohner Kairos die Nacht zum Freitag im Freien. Zehn Tage zuvor waren bei einem Erdbeben mehr als 500 Menschen ums Leben gekommen.

Fazit.
Wohin man zu fahren glaubte, und wo man eigentlich war

Aus dem Alltag des untergegangenen „real existierenden Sozialismus" über die einzelnen Stufen der Wende hinweg gejagt und noch nicht ganz in der Realität der westeuropäischen Marktwirtschaft angekommen, hatte ich mir im Geheimen noch ein paar Wünsche und Träume bewahrt, von denen ich nicht lassen wollte. Dazu gehörten auch die Vorstellungen vom Orient und dem, was ich darunter verstand. Das Reiseangebot allein hatte schon ein Erlebnis außergewöhnlicher Art versprochen:

„Ägypten ist eines der schönsten und erregendsten Reiseländer. Kaum ein anderes Land dieser Erde eignet sich zum Reisen besser als Ägypten. Sie werden fasziniert sein und mit Eindrücken zurückkehren, die noch lange anhalten werden. Voraussetzung ist aber, dass Sie kein Europa erwarten und nicht mit den Ansprüchen nach Ägypten reisen, die Sie gewöhnlich an eine Urlaubsreise stellen ... legen Sie nie deutsche Maßstäbe an.

Bitte seien Sie großzügig und tolerant, wenn es mal mit der Organisation und Schnelligkeit nicht so klappt wie gewohnt. Vielleicht versuchen Sie, in der dortigen andersartigen Lebensform Ihre eigene neu zu verstehen. Und bedenken Sie, dass Ägypten für uns nur so lange seine Faszination behalten kann, solange wir keine perfekten europäischen Zustände vorfinden. Nur so lange wird das Land für uns fremd und teilweise unbegreiflich bleiben.

Das stand im Reiseprospekt, und es hat sich für mich vollinhaltlich als probate Gebrauchsanweisung, Warnung und Versprechen, manchmal sogar als Verheißung bewahrheitet.

Wir kamen in ein arabisches Land mit seiner arabischen Kultur, welches die Kulturgüter einer antiken Hochkultur, auf deren Trümmern es saß, aus rein ökonomischen Interessen zur Erhaltung seines Lebensstandards touristisch vermarktete und seine Bevölkerung daran individuell teilhaben ließ. Man träumte davon, in eine vergangene Welt einzutauchen, in der die alten Ägypter noch herumschlichen und an allen Ecken die alten Traditionen hochgehalten würden, und kam in eine Welt, in der bei unzureichenden wirtschaftlichen Voraussetzungen und einer sich stark vermehrenden und vor allem in Kairo stark konzentrierenden Bevölkerung jeder sehen musste, seine Lebensgrundlage und die seiner Familie abzusichern. Da wird der Tourist schnell nur noch zum Wirtschaftsfaktor, zum ungeliebten Anhängsel seiner Brieftasche.

Die Unverschämtheiten und Zumutungen, denen man deshalb oft ausgesetzt ist, sind nur Ausdruck des Verhältnisses zwischen den sich begegnenden Menschen, deren eingesessener Teil nicht einsehen kann, dass wir da auftauchen und mit unserem Geld alles fordern können, während sie gezwungen sind, den dienenden Part zu übernehmen, ohne dass es sich für sie besonders auszahlt.

Wie sich der Reisepreis eigentlich verteilt, ist offensichtlich. Die am Ende der Servicekette mit dem Touristen direkt in Kontakt treten und den Service erbringen, bekommen am wenigsten davon. Von den 200 Mark, die mich als Einzelperson der Urlaubstag in Ägypten kostete, bekommt die Kraft, die für meine Wünsche stets auf dem Sprung sein und am meisten um ihren Arbeitsplatz bangen muss, am allerwenigsten.

Die Einheimischen fühlen sich einfach als nicht gleichberechtigt behandelt, nicht immer vom Urlauber persönlich, sondern von der Ordnung, der alle unterworfen sind. Und man kann nichts Prinzipielles dagegen tun. Als Einzelner sowieso nicht. Es war mir irgendwie peinlich vertraut, was die dachten und taten, mit denen wir es zu tun bekamen.

Dass wir dort aber mit der anderen, der ausbeutenden Seite identifiziert wurden, war gewöhnungsbedürftig, weil man normalerweise als täglich im Laufrad japsender mitteleuropäischer Arbeitnehmer nicht so denkt, wie die glauben, mit denen man da in Kontakt kommt. Dazu muss man veranlagt sein, im Ausland den Big Boss zu spielen.

Ich konnte nur feststellen, dass sich gerade die, welche sich im täglichen Leben selbst in der Rolle des ständig getretenen Hundes befanden, dann dort, wo sie freigelassen und sich außer Kontrolle wähnten, als die argwöhnischsten Hetzer und erbarmungslosesten Serviceschinder erwiesen, denen wirklich niemand etwas zu ihrer Zufriedenheit erledigen konnte.

Ich selbst nehme mich nicht aus, wenn ich meine persönlichen Vorurteile auch zu bekämpfen versuche, liegt es mir fern, mich aus lauter

Gutmenschverständnisdussligkeit dauernd übers Ohr hauen zu lassen. Etwas unterscheidet uns immer voneinander, selbst wenn es nur die Vorurteile sind. Derjenige, der einem gegenüber steht, merkt das. Niemand kann aus seiner Haut, und wenn ich einmal wieder trotz aller Vorsicht und anpassender Einfühlungssucht in einer Situation ordentlich hereingefallen war, lag es überwiegend an dem Zusammenstoß dieser konträren Vorstellungswelten und nicht etwa an gezielter Gehässigkeit.

Die Fanatisierung politisch-religiöser, meist islamistischer Gruppen, die Überfälle auf Touristengruppen, Busse oder Schiffe auf dem Nil, den Zufahrtstraßen zu den Seebädern, vor dem Ägyptischen Museum in Kairo oder das Blutbad auf dem Areal des Taltempels der Hatschepsut in Theben, gegenüber von Luxor und Karnak waren damals noch nicht passiert, obwohl schon in Vorbereitung. Terrorismus wurde noch als Randerscheinung abgetan. Diese vernachlässigende Einstellung zur Problematik hat sich leider bitter gerächt. Wir hatten selbst gesehen, dass die staatlichen Ordnungskräfte nicht auf das vorbereitet waren, was sich da zu entwickeln begann.

Bei keiner anderen Auslandsreise sind die Eindrücke für mich wieder von solcher Intensität gewesen wie bei dieser, denn es war mein erster echter Kontakt mit dem außereuropäischen Ausland. Es war für mich fremdartiger als vielleicht viel weiter entfernte Reiseziele wie beispielsweise Kanada, die USA, Australien oder sogar Neuseeland, Chile oder Argentinien, wohin der neuere Trend zielt. Dort findet der Europäer art- und seelenverwandte Kultur, die aus Europa einstmals dahin verpflanzt wurde. Da fühlt er sich schnell heimisch. Mit den Einheimischen, ob nun Aborigines, Maoris oder Indianern, bzw. Eskimos oder Indios bekommt man da weniger zu tun, sofern man sich an die aus Europa Eingewanderten hält, wie es üblich ist. Das andere ist dann höchstens Folklore. Das wird nur noch für den Touristen inszeniert.

Diese Mischung aus gelebter ägyptisch-arabischer Tradition, die mir in Ägypten begegnete, auch wenn sie mich nur gestreift hat, das war für mich viel intensiver und lag im Vergleich zu Vorgenanntem damit fast weiter weg, als der Mond, obwohl doch so nahe vor Europas Haustür gelegen.

Abgesang

Wieder zu Hause. Als wir in Schönefeld landeten, war es später Abend, finster, nass und kalt. Der Wind trieb einen kalten dünnen „Bindfadenregen" vor sich her. Das letzte Laub der Bäume war gefallen und lag auf Straßen und Wegen, Wiesen und auch vor dem Flughafen herum, klatschnass zusammengepappt.

Der Heimreisebus stand ziemlich weit vom Flughafenausgang entfernt, und das Gepäck kam auch nur schleppend herzu, so dass sich die Abfahrt immer weiter verzögerte.

Die vereinzelten Straßenlampen blinzelten auf die Szene und waren machtlos gegen den feuchten Boden, der ihr Licht verschluckte. Nur da, wo der Asphalt frei von Blättern war, glänzte er, und Pfützen setzten Lichtspots. Ich bin an diesem Abend vielleicht eine halbe Stunde in meiner Regenjacke mit Kapuze zwischen Bus und Flughafen hin und her gelaufen, aber nicht nur aus reiner Hilfsbereitschaft gegenüber denen, die erst so spät ihr Gepäck bekamen und denen der Bushalteplatz gezeigt werden musste. Es war einfach herrlich, in dieser feuchten kühlen Luft durch den Regen zu laufen. Jetzt verstand ich den Fellachen, mit dem wir uns zu unterhalten wünschten und aus dessen Mitteilungen Madame den Satz übersetzte: „*Jetzt ist alle Tage schlechtes Wetter. Immer nur Sonne.*"

Den nächsten Tag versuchten wir wieder in die Normalität einzutauchen. Dann kam der erste Arbeitstag, und er schlug zu wie ein ordentlicher Schmiedehammer. Für eine Übergabe war keine Zeit. Mein Stellvertreter war urlaubsreif und hatte zu tun, seinen eigenen Kram wieder soweit auf Vordermann zu bringen, dass er wusste, wo im Chaos zuerst einzugreifen war. Materialbestellungen waren nachzuholen, Kunden hingen in einer Telefonwarteschleife, und an den Maschinen fehlten die Unterlagen für die anschließenden Arbeiten. Kapazitäten waren belegt, die schon lange für weitere und terminlich überzogene Aufträge verplant waren, andererseits fehlte der Nachschub für andere Fertigungsbereiche, und was alles an Kundenreklamationen anliegen mochte, wollte ich schon gar nicht wissen. Das war mir sehr vertraut. Es hatte sich nichts geändert. Man konnte gleich wieder voll einsteigen. Das Selbstwertgefühl bessert sich auf alle Fälle, wenn man feststellt, dass auch andere im Chaos absaufen. Ein wichtiger Kunde hatte neben einem Großauftrag auch einen klitzekleinen privaten Nebenauftrag erteilt, und gerade dieses Kinkerlitzchen machte uns technisch und kostenmäßig unvorhergesehene Sorgen, die mittels eines langen einfühlsamen Gespräches am Telefon zu übermitteln waren.

Ein realisierbarer Gegenvorschlag musste gemacht und auch die Genehmigung dazu eingeholt werden. Darüber ging Zeit hin, die anderswo zu fehlen begann, und viele fertigungstechnische Abstimmungen liefen ohne Kontrolle nur noch auf Zuruf.

Plötzlich war das Telefon kaputt, nur eine Stunde lang.

Da fällt man in ein Loch, das können Sie sich nicht vorstellen. In der Zeit schaffen Sie es, den Auftragsbestand zu erfassen und auch die dringendsten Materialengpässe in Bestellungen zusammenzufassen, sich mit den Leuten zu unterhalten, festzustellen, wer gerade im Urlaub ist und wer krank, welche Maschine einen Schaden hat und ob man einen Monteur braucht, oder vielleicht nur einen Elektriker...

Man wird gefragt und man erzählt. Erlebnisse bringt man schwer mit Worten rüber.

„Ich gewesen Ägypten, sein großes Erdbeben. Mir gefallen, sehr, Pyramide, ... auf Kopf ... Nix verstehen? ... Große Beule gehabt ... Pyramide kaputt... Schrecklich ... Ich wieder nach Hause ... Ich nicht bezahlen Ägyptern Schadenersatz ... Pyramide schon vorher kaputt ... Ich gesehen Foto. – ...So geht das nicht raus. Nachmessen, Aussortieren, Nacharbeiten. Das ist nicht zu verkaufen. – ... Du musst abbrechen. Bei dir kommt ein anderer Auftrag rein. – ... Ich hoffe, du hast heute nichts mehr vor, den Auftrag musst du heute noch fertig bekommen. Ich weiß, dass es spät wird. – Nein, Angst haben wir nicht gehabt. Wir haben es doch nicht gewusst, was in der Zeitung steht – Rechts auf meinem Schreibtisch liegt alles. Das findest du schon, es steht ganz groß der Firmenname drauf ...“ –

Das Telefon funktioniert wieder. *„... Entschuldigen Sie bitte, ich bin gerade nicht an meinem Platz, können Sie bitte noch einmal anrufen? – Gut, aber das dauert, ich hab's ziemlich weit. – Komm bitte mit, ich muss dir das noch erklären – Nein, später, fang inzwischen ruhig an. – Das interessiert mich nicht, ich habe schon ein Gespräch. – Jetzt habe ich es vor mir liegen, sind Sie noch dran? – Aufgelegt. – Pass auf, bei dem Auftrag musst du ... – Ja? Ich sagte doch, dass ich erst durch den ganzen Betrieb muss. Bitte, worum ging es Ihnen denn ganz genau ... – Könnten Sie diese Änderung bitte noch per Fax bestätigen? – Ja, stell' ihn jetzt zu mir durch ...“*

Deutschland, eilig Vaterland, du hast mich wieder.

Der Tag hatte wieder 24 Arbeitsstunden, und man schlief, wenn gerade mal Zeit dafür war. Telefonanschluss hatte ich zu Hause immer noch nicht, obwohl seit Jahren bestellt und nach der Wiedervereinigung sofort gemahnt. Der soeben verlebte Urlaub kam einem vor wie ein Aufenthalt auf einem anderen Stern. Zwei Wochen hätte ich ja noch, aber die würden bestimmt verfallen, denn nehmen ging nicht und bezahlen lassen auch nicht.

Der Firma stand das Wasser „Oberkante Unterlippe", die Kunden waren knapp und selten bei Kasse. Wenn etwas nicht stimmte, waren wir automatisch die Schuldigen. Hier arbeitete eine Herde von Sündenböcken, und ich war einer der Leitböcke.

Nun war ich schon im Orient gewesen, aber zaubern konnte ich immer noch nicht. Aladins Wunderlampe befand sich wohl in der Gegend von Bagdad. Von dort hätte ich sie mir mitbringen können, aber nicht aus Kairo.

Wie man den Leuten auf die Nerven geht und sie an den Sachen zupft und ‚Bakschisch' fordert, das wusste ich jetzt. In Europa ist das aber nicht anwendbar. Eins hatte ich aber bestimmt mitgebracht, dorther, wo die wohnten, für die man uns seit neuestem bei uns zu Hause hielt und auch so zu behandeln versuchte: Selbstbewusstsein.

Am Donnerstag, es war der 29. Oktober, brachte einer zur Spätschicht die „Bild-Zeitung" mit. Die einzig mich interessierende Meldung stand bei den kleinen Nachrichten unter der Rubrik „Wo wird der Urlaub zu gefährlich?":

Urlaubsland Ägypten
Englische Touristin in einem Kleinbus erschossen. Extreme Moslems wollen die Regierung in Schwierigkeiten bringen, die Touristen aus dem Land jagen, damit die Devisenquellen versiegen. Schon mehrmals wurden auch Kreuzfahrtschiffe auf dem Nil beschossen.

Ich sagte nur: *„Das ist letzte Woche passiert in Assiut. Ich habe es euch doch erzählt. Wir haben es damals abends im Fernsehen, im Hotel erfahren. Die „Deutsche Welle" hat da die Meldung gebracht. An dem Tag waren wir gerade auf der Flucht. Die müssen direkt hinter uns gefahren sein."*

Von da an konnte ich alles erzählen, auch dass es eine Impfung gegen Erdbeben gibt und sie auch hilft... Seitdem bin ich gegen ziemlich viel immun. Als Nebenwirkung, sagt man, sei mir eine Menge Hornhaut gewachsen, vor allem in den Ohren ... und auch auf der Seele ... Das werde ich aber nicht zugeben und auch keinem weitersagen.

*

Im Nachtrab zu dieser Reise holte mich eine Information ein, die mir wieder einmal bewies, wie blind und dumm wir uns heutzutage in der Welt von gestern bewegen. Da war doch die Sache mit dem göttlichen Parfüm der Ägypter. Sie erinnern sich an das Relief, auf dem der Gott dem Pharao die Blüte überreicht?

Ein Geruchsforscher berichtete neulich in einer Fernsehdokumentation von seiner Suche nach den Düften der alten Ägypter. Es gibt also auch Archäologen, die auf olfaktorischem Gebiet unterwegs sind. Aus Inschriften und alten Papyri hatte er Hinweise auf Zutaten, sowie deren Herkunft und auch Rezepte für Parfüms gefunden. Auch der war auf den Lotos gestoßen, und zwar auf den blauen Lotos. Der Duftstoff der Blüte dieser Pflanze erzeugt bekanntlich Halluzinationen, ähnlich denen des LSD.

Jetzt weiß man endlich, woher die Bezeichnung „Betörender Duft" kommt, und weshalb Kleopatra erst Cäsar und dann auch noch Antonius so schnell in ihre Fänge bekam. Hightech ist also nicht nur technische Wissenschaft und deren Anwendung, sondern war schon damals ein Mittel der unerwarteten Überrumpelung des Unvorbereiteten mittels des ihm Unerklärlichen. Das waren wohl Kleopatras „KO-Tropfen".

Zum Buddhismus und seinen jenseitig geprägten Erfahrungen im Zusammenhang mit dem Lotos sage ich hier nichts. Dass die, welche angeblich in der Hippiezeit dem Buddha Richtung Indien nach Nepal hinterhergefahren sind, es auch oft nur auf das Bekifftsein abgesehen hatten, setze ich als bekannt voraus. Die sind bestimmt auch auf den blauen Lotos gestoßen, wenn sie Buddha als „Kleinod im Lotos" anbeteten.

Die Ägypter hatten demnach schon das, was wir nicht haben, sich jede Frau aber vielleicht wünscht: Ein Parfüm, welches sie unwiderstehlich macht, den Mann sofort um den Verstand bringt und ihm in ihrer Gegenwart gar keine andere Wahl lässt, als blind vor Begehren über sie herzufallen ...

Das ist natürlich eine ganz gemeine haltlose Unterstellung. Ich meine das mit den Wünschen der Frauen, und nicht das mit der Wirkung des Parfüms. Die ist garantiert.

Man kann das mit dem Lotosparfüm, wie der Geruchsforscher darlegte, auch nicht offiziell nachprüfen, ohne gegen das Betäubungsmittelgesetz zu verstoßen. Er sagte, es hätte zwar Versuche gegeben, dieses Parfüm nachzubauen, aber sicherheitshalber mit einem Extrakt aus der Muskatnuss, der bekanntlich auch berauscht. Man hat allerdings nicht veröffentlicht, mit welchem Ergebnis.

Auch mit den Hieroglyphen habe ich mich erst zu Hause etwas intensiver beschäftigt. Da gibt es ganz lustige Sachen, wenn man nicht nach der Silben- oder Buchstabenbedeutung, sondern nach den dargestellten Gegenständen geht.

Das Wort „Ich" besteht beispielsweise aus zwei Bildzeichen, und zwar aus dem eines kleinen kugeligen Trinkgefäßes und dem eines Brotkörbchens mit nur einem Henkel. Der sich selbst in den Vordergrund zu spielen versucht, muss einen Grund haben. Er ist unabhängig von allen anderen Sinnzusammenhängen sozusagen immer der Bettler um Wasser und Brot. Man hätte sonst doch die Zeichen für Wasser und für Brot zur Darstellung verwendet und nicht die Behälter mit denen man darum bettelt.

„Ich" sagt man eben nicht, weil es unhöflich ist. Erlaubt ist es jedoch, wenn man in Not, es demzufolge „nötig" ist.

„Chef" schreibt sich übrigens als großer Brotvorratskorb. Alles klar?

Das Wort „Arbeit" hatten sie damals noch nicht, aber etwas „tun" oder „machen" schrieb sich als Kombination aus einem Auge und einem Mund. (Nix da mit dreckigen Pfoten, schwer schleppen oder sich die Knochen ruinieren ... das ist doch keine Arbeit.) Wo der Herr befiehlt und sein Auge drauf hat, da wird auch etwas getan. Der arbeitet wirklich. (Dazu ein alter Kalauer: ,*Chef stets fleißig, ich immer bloß arbeiten...*')

„Tüchtig", da stellt man sich sonst etwas vor. Es schrieb sich mit einer Rohr- oder Schreibfeder, einem zusammengewickelten Papyrus, einem Mund und einem Berg.

Unverständlich? – Man hat einen niedergeschriebenen Plan, den man denen erklärt, die dann die Berge versetzen sollen. Wer sich das zutraut, ist – „tüchtig". Das ist doch leichtverständlich. Hat er es geschafft, ist er „erfolgreich". Das ist nämlich die zweite Bedeutung dieser Hieroglyphenkombination. „Erfolgreich" ist demzufolge die vollendete Form des Wortes „tüchtig".

„Sprechen" schreibt sich als offen hingehaltene Handfläche in Verbindung mit einer zum Angriff aufgerichteten Kobra. „Schweigen" als Kombination aus einem Mund und einem Gestell für einen Wasserkrug, ohne diesen Krug.

Ich will ja nicht sagen, dass schon damals arglos Herausgeplappertes für den, der es tat oder für andere tödlich sein konnte, aber dass der, welcher hartnäckig schwieg, aus dem man nichts herausbekam, verdursten würde, das ist schon wahrscheinlich. Es gibt da bestimmt noch mehr und überraschendere Kombinationen von Hieroglyphen, ihrer tatsächlichen Bedeutung und ihrer Verwendung im Text. Das ist aber schon wieder eine andere Welt, die mit meiner Reise nichts mehr zu tun hat.

Ich beende deshalb hiermit meinen Bericht von einer Pauschalreise auf den Spuren der Pharaonen im Land der Araber und wünsche allen, die es bis hierher gelesen haben, ein „Langes Leben". Das schreibt sich hieroglyphisch mit „*Gottvertrauen*", „*Gesundheit*" und immer „*etwas zu essen*".

Die Ägypter malen bei der Hieroglyphenkombination dieses Begriffes erst „*ein Henkelkreuz*" für die geistige Gotteskraft, dann „*eine Giftschlange*" für die Medizin und schließlich „*ein Brot*" gegen den Hunger.

Daraus könnte man auch entnehmen: „*Es ist manchmal schon ein Kreuz, wie man sich durchschlängeln muss, um sein täglich Brot zu verdienen.*" Es kann aber auch sein, dass ich das völlig falsch deute. Vielleicht heißt es auch, „*dass man auf dem Bauch zu Kreuze kriechen muss, wie die Schlange, um sich zu ernähren.*" Da geht es uns wirklich oft wie den alten Ägyptern.

Die Hieroglyphen der Ägypter wurden aber bestimmt auf keinen Fall für die erfunden, welche die Steine zu den Pyramiden herbeischleppten. Das ist sicher.

Schuhplattler muss ich übrigens noch lernen.

Skizze der Reiseroute Ägypten

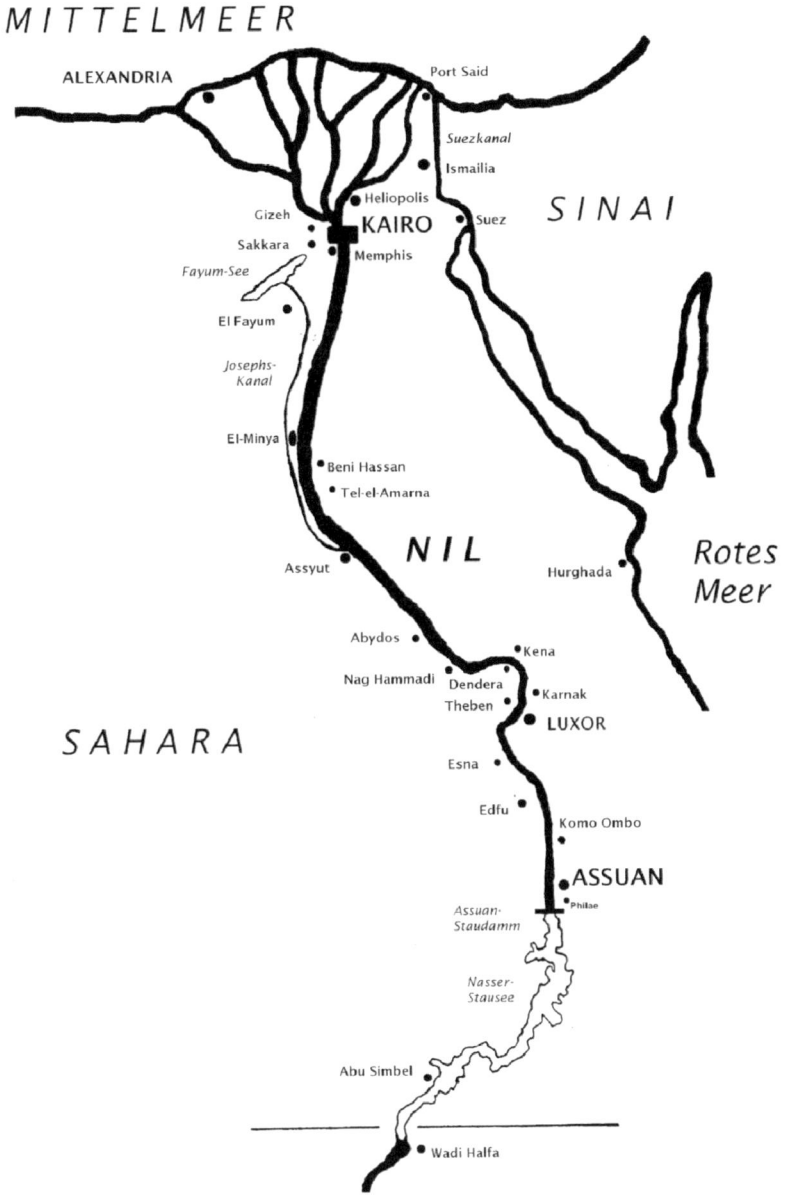

Georg Naundorfer
Die hausbackene Diktatur

ISBN 978-3-8391-1430-8
Von politischen und anderen Schelmenstücken
Ein essayistischer Langzeitreport
über die untergegangene DDR

Georg Naundorfer
Selbstverwirklichung mit Mann

ISBN 978-3-8370-9456-5
Der ultimative satirische Ratgeber
für die moderne Frau

Georg Naundorfer
Der Mann, der Judas Iskariot war

ISBN 978-3-8370-3487-5
Eine spektakuläre und amüsante
religionsgeschichtliche Ermittlung

*

Weitere Bücher Georg Naundorfers im Buchhandel

Außerdem unter

www.georg-naundorfer.de

und im Internetbuchhandel